JN015328

指導主事の仕事大全

次世代の教育を切り拓く実務・技能・知識

編著

東京学芸大学理事・副学長
佐々木幸寿

東京学芸大学教職大学院教授
伊東　哲

教育開発研究所

令和時代の指導主事に期待すること

📖 学校現場から行政現場へ──行政マンとしての戸惑いと不安

　多くの指導主事は、学校現場で活躍している教師の中から任用される。ある者は自ら指導主事となることを希望して、ある者は人事異動によってはからずも指導主事として着任する。

　指導主事として着任した者の多くが、洗礼を受けるのが、学校現場の教師との仕事の進め方の違いであろう。職位や職務に伴う権限と責任に基づいて仕事を進めること、上司の命を受けて仕事を進めること、住民の選挙で選ばれた首長や議会（政治家）の指示や監督を受けること……などなど。一定の自由を認められている教師とは大きく異なる体験であろう。

　とくに、教師出身の指導主事は、その多くは30歳代後半〜40歳代になって指導主事となり、行政の世界に入っていく。そして一定の期間を過ごすと、学校管理職として再び学校現場に戻っていくのが通例である。教育行政の場に長く残るのはごく一部で、多くの指導主事にとっては、あくまで自分の「本籍」は学校であり、教育行政は、「臨時」の職場と認識されているのかもしれない。

　そのせいもあって、指導主事は、法律上は学校教育に関する専門職でありながら、指導主事としての十分な基礎的な教育を受ける間もなく教育行政の現場に放り込まれ、戸惑いと不安の中で、必死で行政実務を処理しているのが実態であろう。

📖 専門職として、エージェントとして、バッファーとして

　指導主事は、学校教育に関する専門職としての役割を果たすこと

が期待されている。指導主事の職務と権限、一般行政の仕組み、教育行政の仕組み、教育関係法令の知識、行政実務の知識、企画・立案の仕方、議会対応、指導・助言の仕方、学習指導要領や教育課程の知識、教員研修の進め方、危機管理や組織マネジメントの在り方、学校経営支援、チーム学校の展開など、学ぶべき内容は数限りない。

　指導主事は、法令に規定がない役割も担っている。学校現場の実態を知る者として、学校、教職員、児童生徒の視点から教育施策にその意見を反映させたり、一方で政治や行政からの指示や施策を学校現場がスムーズに受け入れられるよう調整し、伝えたりする役割を担っている。いわば、「教育」と「行政」「政治」をつなぐ上で、時には教育現場のエージェント（代理人）として、時には両者のバッファー（調停役）としての役割を果たすことが期待されているのである。

本書の役割

　任命権者である都道府県教育委員会等において、指導主事のための基礎的な研修を提供している場合もあるが、指導主事に期待される多様で複雑な役割を果たしていくために、その多くは一人一人の自主的な学びに依存しているのが実態である。

　本書は、指導主事の皆さんが職務を進める上で基礎となる知識や考え方を学ぶことができるように構成している。執筆陣は、実際に教育行政に関わり、行政実務で苦労を重ねてきた方々である。教育行政の知識など、形式的に学ぶことができるものだけでなく、指導主事としての仕事を進める上での留意点、心構えなどを含めて、実践や実務に役に立つ情報を提供できれば幸いである。

2022年3月
東京学芸大学理事・副学長
佐々木幸寿

目次 指導主事の仕事大全

1章 次世代の指導主事になる
──これからの教育をリードする

2章 指導主事の職務を知る
──指導主事の仕事はネットワークの中で展開

12章 危機に対応する
——危機管理の諸相と新しい危機への対応

13章 研修手法を身につける
——学ぶ教師、学ぶ集団をつくる

14章 連携・調整する
——多機関・多職種間の連携

本書の使い方・読み方

📖 指導行政の実務を知り、生きて働く知識・技能を獲得すること

　多くの指導主事は、学校の教師の中から選ばれて、それまで経験したことのない教育行政の世界に飛び込むことになる。本書で学んだ知識・技能を生きたものとするために次の点に留意してほしい。

　第一には、指導主事にとって最も重要なことは、自分に与えられた役割をしっかりと果たすということである。まずは、自分の役割を十全に果たすイメージを持って、それに必要な知識・技能を確実に身につけてほしい。仕事を進める上で必要とされる国や教育委員会の行政施策を理解し、ニーズの把握、予算確保、学校への効果的な働きかけなど、本書で得た知識を、実践的に活用するイメージを持って学んでほしい。

　第二には、指導主事として勤務する先は、都道府県教育委員会、市区町村教育委員会、教育事務所、教育センターなど様々であり、仕事を相互連携して進めるために広く指導行政に関する知識・技能を身につけてほしい。仕事をより効果的・効率的に進める上で指導主事間・組織間の連携は必須であり、そのために背景となる教育行政全体の構造や多様な組織の職務内容や組織環境を理解しておく必要がある。

　第三には、指導主事に求められる仕事は教育行政だけで完結するものではないということを理解しておく必要がある。貧困や虐待に苦しむ子どもや家庭を支援するためには、学校や教育委員会の枠組みを超えて、児童相談所やスクールソーシャルワーカー、NPOなど広く社会と連携して、現実の問題解決に生かせる骨太なものにすることを心がけてほしい。

📖 本書の構成を知る

　本書の全体構成は、前半（1章〜5章）と後半（6章〜14章）に区別される。前半は主に指導主事として必要かつ基盤となる考え方や知識を扱っており、後半は実践・実務に関する事項や仕事を進める上での留意事項などを記述している。

　本書を読む上で、まず指導主事としての心構え、とくに新しい時代を

切り拓く上で期待されていることは何かを考えてほしい。また、指導行政を責任を持って進める上で、広く教育行政制度や地方教育行政組織を概観することは必須であり、さらに、権限と責任の原理に基づいて運営される行政においてはその基盤となる法的知識やその学び方を知っておく必要がある。

　その上で、後半では行政職としての実務内容、指導行政を担う専門職としての知識・技能、個々の教育領域や教育課題に対応する上での基盤的知識、また、指導主事として学校に指導・助言し、教職員の研修を効果的に展開するための知識・技能、危機管理や他機関・多職種間の連携を深めるための知識等について解説している。後半ではこれらについて、それぞれの指導主事が、領域・対象・職層ごとの違いに留意しながら学べるように工夫している。

　本書ではさらに指導主事としての仕事を進める上で、参考となる視点やテーマを提供するための「Topics」を設けている。興味・関心に応じて活用していただきたい。またコラム「モーレツ指導主事体験記」では先輩指導主事が経験した指導主事の仕事のリアルな姿を描いている。

本書をどう読んで活用するか

　本書は、読者のニーズに応じて活用してもらいたい。指導主事としての仕事をスタートする上で、全体を一気に通読して指導主事の業務の全体像を把握するという使い方もあろう（その際には、その後も実際の実務経験を踏まえて、折に触れて二度・三度という読み方をしていただくことを推奨したい）。通読後、インデックスを付して手引きとし、日々の職務に活用することもお薦めしたい。

　また、毎日の多忙な仕事の中で十分に本書を読み込む時間がない方には、日々の業務において、仕事に必要が生じた都度、当該部分だけを読んだり、また、職務で迷ったときに手に取ったりという使い方もある。

　本書は、思い立ったときに読み返したり、必要なときに随時、必要な部分に目を通すことができるように、ぜひ、身近に置いておいていただきたい。

📖 本書での表記と法令略称

本書では読みやすさの観点から、次のルールで本文中の表記や意味を統一している。

(1) 市町村 ⇒ 市区町村

一部を除いて東京都特別区を含めた「市区町村」で統一。

(2) 学習指導要領

とくに断りがない限り、本文中の学習指導要領は、2017（平成29）年・2018（平成30）年告示のものを指す。

(3) 文部科学省・中央教育審議会

項目内での初出以降は文科省・中教審と略記。

(4) 法令略称

下記の法令は略称を用いている。

・日本国憲法　⇒　憲法
・地方教育行政の組織及び運営に関する法律　⇒　地教行法
・公立義務教育諸学校の学級編制及び教職員定数の標準に関する法律
　　⇒　義務教育標準法
・義務教育諸学校の教科用図書の無償措置に関する法律
　　⇒　教科書無償措置法
・公立の義務教育諸学校等の教育職員の給与等に関する特別措置法
　　⇒　給特法
・義務教育の段階における普通教育に相当する教育の機会の確保等に関する法律　⇒　教育機会確保法
・児童虐待の防止等に関する法律　⇒　児童虐待防止法
・障害を理由とする差別の解消の推進に関する法律
　　⇒　障害者差別解消法
・子どもの貧困対策の推進に関する法律
　　⇒　子ども貧困対策推進法
・医療的ケア児及びその家族に対する支援に関する法律
　　⇒　医療的ケア児支援法

1章
次世代の
指導主事になる

——これからの教育をリードする

これからの教育課題とは
—— 変化する社会、学校、教師

 世界、社会はどのように変わっていくのか

　世界はこれからどのように変わっていくのか。2021（令和3）年
1月の中央教育審議会答申「『令和の日本型学校教育』の構築を目指
して」では、「人工知能（AI）、ビッグデータ、Internet of Things（IoT）、
ロボティクス等の先端技術が高度化してあらゆる産業や社会生活に
取り入れられた Society5.0時代が到来しつつあり、社会の在り方そ
のものがこれまでとは『非連続』と言えるほど劇的に変わる状況が生
じつつある」と指摘している。

　また、新型コロナウイルス感染症の感染拡大は、テレワークなど
の普及を促進しており、社会のデジタル化・オンライン化が急速に
進展している。今後、ビッグデータの活用など、社会全体でデジタ
ルトランスフォーメーション（DX）[1]は急激に進むと言われている。

　OECDが2015（平成27）年からスタートさせた「Education2030 プ
ロジェクト」は、2030年を「VUCA」（Volatile：不安定、Uncertain：
不確実、Complex：複雑、Ambiguous：曖昧）な時代と表現している。
近未来において、我々は、急速に変化する世界に直面し、複雑で、解
決困難な問題に直面していくという見方を強めている。

　「Education2030 プロジェクト」は、そのようなVUCAの時代にお
いては、「自分で目標を設定し、振り返り、責任をもって行動する能
力」が必要とされるとしている。我々が実現する未来の方向性とし

---

[1]　DXの提唱者のエリック・ストルターマン氏は、DXについて「ITの浸透が、人々の生活をあらゆる
面でよりよい方向に変化させること」と説明している。

て、個人と社会が一つのエコシステムとして維持される教育の目標が求められており、それに合致するものとして「ウェル・ビーイング*²」が設定されている。

🏫 実現をめざすべき「子どもの学び」「教師の姿」

社会の急激な変化を踏まえれば、子どもの学び、教師の姿も、大きく変わっていくと考えられる。

子どもの学びについて、今後の学校教育においては、GIGAスクール構想により、コンピュータや情報通信ネットワーク等の整備が進み、また、ICT環境の整備を背景にして、これらを積極的に活用した学習活動がさらに充実していくことが期待されている。

このような学校をめぐる社会変化のなかで、多様な個性や資質・能力を有する子ども一人一人が、自立した学習者として成長していくことを保障するために、「指導の個別化」と「学習の個性化」がより重要となっていくと考えられる。これらの考え方を学習者の視点から整理した概念が「個別最適な学び」である。これからの子どもの学びにおいては、すべての子どもたちの可能性を引き出すために、「個別最適な学び」を重視するとともに、これまで我が国の学校教育で実践されてきた「協働的な学び」を一体的に充実させ、学習指導要領が掲げている「主体的・対話的で深い学び」の視点を重視した授業改善を進めていくことが求められる。

一方、教師については、急激な技術の進歩、学校教育を取り巻く環境の変化を前向きに受けとめ、新しい知識や技能を授業に取り入れるなど、教師が自ら学び続ける姿勢を持ち、子ども一人一人の学びを最大限に引き出し、子どもの主体的な学びを支援する伴走者としての役割も果たしていくことが期待される。また、今後、多様な人材の活用が進み、外部人材や専門スタッフ、他の行政機関等の職

---

*2　ウェル・ビーイングとは、個人の権利や自己実現が保障され、身体的、精神的、社会的に良好な状態にあることを意味する（厚生労働省「雇用政策研究会報告書」より）。

員などと連携するなど、「チーム」として学校の教育目標を共有しながら、組織として仕事を進めていくことが求められる。

　指導主事としては、このような子どもの学びを実現し、教師が担う役割を支えるための支援を行うとともに、それを可能とする条件（ICT環境、施設・設備、指導体制など）を整えていく必要がある。

指導主事として社会、学校の変化にどのように臨むのか

　前述の中教審答申や「Education2030 プロジェクト」の示す近未来における子ども、教師、学校像は、あくまで一般的な記述である。一人一人の指導主事が対象とするのは、「特定の地域」「特定の教育委員会」「特定の学校」「特定の教師」「特定の子どもたち」である。

　指導主事（教育委員会）としては、中教審答申等を踏まえながらも、自分の目の前にある地域、子ども、教師、学校の現状を前提にして施策を考え、指導行政を展開していく必要がある。その際に参考となるのが、学習指導要領が作成されるプロセスである。

　中教審答申「幼稚園、小学校、中学校、高等学校及び特別支援学校の学習指導要領等の改善及び必要な方策等について」（2016年12月）は、教育内容の基準を考えるプロセスとして、はじめに①「これまでの学習指導要領改訂の経緯と子供たちの現状」（現状）を確認し、その上で②「2030年の社会と子供たちの未来」（近未来）を想定している。そして、①②を踏まえて、③学校教育を通じて子どもたちに育てたい姿（目標とする姿）を描き、④目標とする姿を実現する上での教育課程の課題（教育課程の課題）を提起するという構造になっている。これらの検討の結果として、⑤学習指導要領改訂の理念や枠組み、改善の方向性、教育課程編成の原理、改訂の具体的方向性を設定している。そして、同時にこれを実現するためには、⑥何が必要なのか（政策、条件、環境）ということを考えていく手順が示され

〈前提となる検討〉

```
①経緯と現状の確認  →    ③育てたい姿      →   ④教育課程
                        （生きる力）            の課題設定
②備えるべき未来像  →
```

↓

＜理念・枠組み、原理の設定＞

⑤学習指導要領の理念・枠組み、方向性、編成原理の設定（学びの地図）
　→ 改訂の具体的方向性の検討

↓　　　　　　　　　　　　↑

⑥改訂に伴って必要な政策、条件、環境とは何かの検討

図　学習指導要領を策定するプロセス（教育計画の参考として）

※國分充・佐々木幸寿「未来の教育を考えるキーワード：『エージェンシー』『ウェルビーイング』」を考える」『栄養教諭』64号、7頁、2021年、日本文教出版を修正したもの

ている。

　いままでに経験したことのない社会変化、子どもの学び、教師の役割を考える上で、学習指導要領の策定プロセスは非常に参考となる（**図**）。とくに、指導主事としての具体的な教育施策や指導方針等を考える上で重要なのが、「前提となる検討」である。つまり、いままでの経緯と現状を確認し、備えるべき未来像を想定する。それをもとにして目標とする子ども、教師、学校の姿を措定する。そして、それを実現するための基本的な考え方を提示するというプロセスである。

　「前提となる検討」があってはじめて、本題である具体的な教育施策や指導方針を策定し、そしてそのための条件整備の検討が可能となるからである。　　　　　　　　　　　　　　　　**（佐々木幸寿）**

鍵を握る指導主事
── 指導主事から教育界のリーダーへ

 指導主事としての第一歩は……

　指導主事として任用され、教員という仕事からはほど遠い業務を命ぜられ、まさに転職をしたような思いで出勤する4月当初の日々。右も左も、何もかもわからず、ただただ上司や先輩の指導主事の指示に従って動き回る状況が続くなかで、これからの指導主事としての生き方に大きな不安とわずかばかりの期待を抱いている。その一方で、1日も早く一人前の指導主事として、学校での指導・助言や事件・事故などの対応を経験し、教育委員会事務局の一員として貢献したいと思う日々が続く。日増しに、「自分は指導主事としての適性を欠いているのではないか」「指導主事を選択したことは間違いだったのではないか」と後悔の念が募る。

　このような思いに陥り、一人で悶々とする状況は、おそらくすべての指導主事経験者が通過する体験であろう。そしてこれまでの学校での子どもとの触れ合いや、楽しかった教育活動の情景を思い出し、できることならもう一度学校に戻りたいと考えている人もいるかも知れない。

　もしも、そんな思いに悩んでいる新任の指導主事の方がいたなら、「つらく苦しい時間は一時のことですよ」「これからの新しい時代の教育を支援する鍵を握っているのはあなたですよ」ということを、いま、この場からお伝えしたいと思う。

🏃📋 もっと教育委員会事務局のことを知ろう!

　指導主事の勤務場所は多様であるが、一般的には、市（区）役所などの庁舎の一角にある教育委員会の事務局に配置される場合が多い。では、市区町村の教育委員会の事務局とはどのような職場なのだろうか。

　教育委員会事務局の状況を概観してみよう。まずは教育委員会事務局の長である教育長をトップとして、次長、その下に部長、課長などといった管理職が配置されている。指導主事は通常、教育指導課や指導室と呼ばれる課の中の一員として勤務する。周りを見渡せば、ほとんどの職員が2年から4年ほどの任期で異動を繰り返している行政系職員であり、学校の教員を経験した職員のほとんどが指導課長（指導室長）と指導主事である。そんな職場が教育委員会事務局である。

🏃📋 教育委員会事務局における指導主事ってどんな存在?

　教育委員会事務局における指導主事という立場は、人数的には圧倒的な少数派であるが、指導主事は学校教育のことを熟知していない行政系職員にとっては、最も信頼できる貴重な存在ということになる。教育委員会事務局の職員は、困ったことがあれば必ずと言っていいほど、指導主事に相談し、解決に向けたアドバイスを求めてくる。新任の指導主事にはなかなか信じがたいことかもしれないが、教育委員会事務局全体も試行錯誤を繰り返していくなかで山積する教育課題への対応を図っていると言っていいだろう。

　こうした環境にあるなかで、教育に関する様々な知識や見識を有し、学校における教育課程の編成や学習指導のあるべき姿、さらにはすべての教育活動に関する教養と経験がある指導主事が果たす役割はきわめて大きい（**表**）。

つなぐ	学校と教育委員会をつなぎ、円滑な教育行政を実現するインターフェースとしての役割
支える	学校が抱えている課題を共有し、学校管理職やミドルリーダーなどと共に、その解決方法を見いだす役割
育てる	初任者研修等様々な研修や学校訪問等を通して、多様な職層の教員を育てる役割

表　指導主事が果たす役割のイメージ

驚かれる指導主事集団の結束力と特性

　市区町村教育委員会事務局に配置された指導主事は、少ない人員体制の中で膨大な事務と学校等での指導・助言を行うとともに、様々な学校で生じる事故対応等を同時に並行して取り組むことが日常である。こうした指導主事の職務の特殊性から、指導主事同士の結束はきわめて強固であり、綿密な情報交換やそれぞれの業務に対するバックアップ体制が確立している。そして考えられる危機への対応も可能な限り万全な体制を構築し、互いの立場を守る仕組みが作られている。このような指導主事の組織文化は、各教育委員会事務局に勤務してきた歴代の先輩指導主事が築き上げてきた英知の結晶とも言えるものである。

　教育委員会事務局に見られる指導主事集団という組織の在り様は、他の行政系職員からは一般的に理解されにくい場合もある。しかしながら、教育委員会事務局の幹部職員として、管下の公立学校に対する指導行政を一手に担っている指導主事の存在は、時代や社会がどのように変化したとしても、大きく変わることはないだろう。

新しい時代の教育を支援する鍵は指導主事が握っている!

　これまで指導主事が勤務する教育委員会事務局の状況や、事務局内における指導主事集団の特性について紹介してきたが、今後、指

導主事として多様な職場に勤務する方々には、前例にとらわれることなく、新しい時代の教育を支援する教育界のリーダーとして存分に活躍してほしい。これからの指導主事には、時代や社会の変化に伴って生じている教育課題が複雑化・多様化しており、教員一人が個人として対応していくことのみではもはや解決することが困難なものばかりであること、また、過去の経験値に基づく体験談や使い古された指導方法等を繰り返し伝えていくだけの旧態依然とした指導・助言では、現代的な教育課題への対応に日夜悪戦苦闘している学校現場の教員からの信頼は得られないことに気づいてほしい。

　新しい教育課題への対応は、学校が主体的・継続的に取り組んでいかなければ本質的な解決を見いだすことはできない。指導主事には、それぞれの学校に起因する個別の状況や実態を的確に把握し、管理職のみならずミドルリーダー層の教員とのコミュニケーションを図り、学校現場から主体的に解決策が提示できるように導いてもらいたい。その意味で、これからの指導主事にはコーチング ▶▶ P270 やファシリテーション ▶▶ P272 といったスキルとともに、多様な関係機関との連携や調整を図るコーディネーター ▶▶ P292 としての資質・能力も必要になるだろう。

　そしていま、我が国の学校教育においては、新たな課題として「令和の日本型学校教育の構築を目指して、全ての子供たちの可能性を引き出し、個別最適な学びと協働的な学びを実現すること」が求められている。同時に、社会に開かれた教育課程の編成や、主体的・対話的で深い学びの視点からの授業改善など、まさに新しい時代の教育を創造していかなければならない。いまこそ、指導主事は教育界のリーダーとして学校教育をけん引する役割を担い、管理職だけでなく一般教員からも大きな信頼と期待をかけられる存在として活躍してほしい。

（伊東　哲）

令和時代の指導主事像
──新しい課題に取り組む指導主事

指導主事の光と影

「おめでとうございます」「大変ですね」。

あなたが指導主事になるとわかったとき、周りの人たちからこんな両極の言葉をかけられたかもしれない。

指導主事は「教員〈略〉をもつて充てることができる」（地教行法18条4項）とされ（いわゆる充て指導主事）、身分は教員のままで昇任したわけではない場合も多いのだが、それでも、それに任用されれば「ご栄転」と言われ、多くの人々に祝福される。それだけ名誉な職であると認識されているのである。

一方、指導主事の仕事はたいへんな激務であり、働き方改革に逆行する長時間勤務が常態化している場合も少なくない。しかも高度な専門性を求められる業務を山ほどこなさなければならない。過労から心身に不調を来す者や、家庭生活を犠牲にしてしまう者もいる。そんな実態もあるから、そのような職に就くとは気の毒なことだ、とも見られている。

光と影の両面があるなかで、激務であっても誇りを持って取り組み、教育長や課長などから高く評価される指導主事もいれば、重い職責を十分に果たし得ず、評価されない指導主事もいる。学校訪問等を通して校長・教員から信頼され敬愛される者もいれば、バカにされ相手にされない者もいる。その違いはどこにあるのか、どうし

てその差が生まれるのか。

能力の差

　一つは能力の問題である。

　本書を一読すれば、指導主事が学ぶべき知識やなすべき業務は膨大であることがわかるであろう。新任者は気が滅入るかもしれないが、これをこなさなければならない。指導主事として採用されたということは、少なくとも「教育に関し識見を有し、かつ、学校における教育課程、学習指導その他学校教育に関する専門的事項について教養と経験がある者」（地教行法18条４項）であるはずだが、人によって、その能力には採用段階で差があり、採用後の成長の度合いによっても差ができる。

　まず、採用段階での能力差について。

　指導主事の採用は教育委員会の教育長の「選考」によって行われる（教育公務員特例法15条）が、選考方法は自治体ごとに様々であり、同じ自治体の小中学校と県立学校によって異なる場合もある。大別すれば、「競争試験」（地方公務員法17条の２）に似た筆記試験等を課して合否判定する方法と、「人事評価」（同法23条〜23条の３、地教行法44条）その他の能力の実証に基づいて教員異動の一環として一本釣りする方法がある。前者の方法であれば受験勉強を通して指導主事に必要な知識等を採用前にある程度は習得するであろうが、後者の方法ではそれがないので採用後に頑張って差を詰めねばならない。ただ、有能であるのに指導主事になることには消極的な教員も少なくないなか、そういうタイプを前者の方法では取り逃がしやすいとも考えられる。能力の高い指導主事の採用に関して、どの選考方法がよいかは一概に言えないのである。

　次に、採用後の成長差について。

地方公務員である指導主事にも、「その勤務能率の発揮及び増進の
ために、研修を受ける機会が与えられなければならない」（地方公務
員法39条1項）。また指導主事は「専門的教育職員」（教育公務員特
例法2条5項）であり、「その職責を遂行するために、絶えず研究と
修養に努めなければならない」（同法21条1項）。地方公務員法39条
1項の「研修」は任命権者が行う（同条2項）が、教育公務員特例法
21条1項の「研究と修養」は、指導主事が自発的に行うべきもので
ある。この研修を受け、研究と修養に努める姿勢が指導主事として
の成長を大きく左右する。加えて、指導主事にとってはOJTによる
成長がきわめて大きく、むしろ実際の職務のなかで身につけていく
能力のウェイトが高い。

人格の差

　もう一つは人格の問題である。

　上述「研究と修養」の、「研究」は主として能力を高めるものであ
るが、「修養」は人格を高めるものである。「教育は、人格の完成を
目指し、〈中略〉行われなければならない」（教育基本法1条）とされ
るが、これは教育を受ける者（児童生徒等）の「人格の完成」を目指
すべきことはもちろん、教育を施す者（教員等）もまた自らの「人格
の完成」を目指し続けるべきことを含意する。「専門的教育職員」で
あり、一般教員等を指導する立場にある指導主事もまた、指導を受
ける者（教員等）の「人格の完成」を目指すと同時に、自らの「人格
の完成」をも目指し続けなければならない。すなわち、「修養に努め
なければならない」のである。

　どれほど能力が高くても、どんなに話がうまくても、修養の足り
ない指導主事は尊敬されない。カッコイイことばかり言いやがって、
と陰口をたたかれる。

社会の激変と不易なるもの

　近年の中央教育審議会答申[*1]では、「社会の変化は加速度を増し、複雑で予測困難となってきて」（2016年12月）いるとか、「Society5.0時代が到来しつつあり、社会の在り方そのものがこれまでとは『非連続』と言えるほど劇的に変わる状況が生じつつある」（2021年1月）[*2]など、環境の激変を見据えた上で、それへの対応を主眼に置いた提言がなされている。指導主事の職務も、この激変への対応を抜きに語ることはできない。

　たとえば、上記2016年答申を受けた改訂学習指導要領について言えば、その新たなポイントである「主体的・対話的で深い学び」「社会に開かれた教育課程」「カリキュラム・マネジメントの確立」等を学校現場に定着させることは指導主事の大きな役割である。それにあたって、文部科学省の説明等をそのまま受け売りするような指導主事は不十分であろう。改訂の趣旨を十分理解した上で、自分の言葉として語り、指導・助言できる者でありたい。

　一方、激変への対応に奔走するばかりで、大切な教育の根幹を見失ってはならない。学習指導要領が変わっても、コロナ禍に見舞われても、デジタル教科書が主流になっても、AIが教壇に立つ日が来ても、人格の完成を目指すという教育の大目的は不易の大事であり続ける。令和時代の指導主事には、次々に湧出する新たな課題への対応に追われるなかで、ともすれば忘れられがちとなる不易の大事を常に想起し、それに照らして教育の在り方を正し続けるという姿勢が、これまでにも増して強く求められることになる。

　予測困難な劇的変化に翻弄される時代であるからこそ、忙しく走り回るだけでなく、ぶれない教育信念を持って泰然と構える指導主事に、人々はオーラを感ずるのである。　　　　　　　　　**（廣瀬裕一）**

＊1　幼稚園、小学校、中学校、高等学校及び特別支援学校の学習指導要領等の改善及び必要な方策等について（答申）
＊2　「令和の日本型学校教育」の構築を目指して〜全ての子供たちの可能性を引き出す、個別最適な学びと、協働的な学びの実現〜（答申）

時代を超えて求められる
指導主事としての「いろは」

📺 先輩から学ぶ

　現在私は、教育長として自市の指導主事の他にも東京都や他市の指導主事とかかわる機会がある。そこで「指導主事の『いろは』とは何か」聞いてみたところ、「どんな場面のいろはですか」という問い返しが多かった。なるほど指導主事は学校訪問、市民対応、調査の依頼と集計・報告、教育委員会や校長会資料作成、児童相談所等関係機関との対応など様々な場面で活躍しているため、所作、言動、仕事の進め方などはそれぞれの場面ごとに基本的な事項が複数想起されるというわけである。読者の皆様は、指導主事の「いろは」と聞かれると、何を思い浮かべるだろうか。

　私は36歳のときに東京都武蔵村山市の指導主事になったが、指導室長や先任*の指導主事から、指導主事の仕事について、実に具体的な指導をいただいた。たとえば、「情報の共有が組織を強くする。そのためには報告・連絡・相談が大切」「学校から指導訪問の要請があれば断らない。校長先生を助けることが指導主事の使命」「自分の発する言葉は、教育長の言葉と等しい。覚悟して発せよ」「失敗に気がついたら、誤魔化さずに正しい対応を」「事故の第一報は最終報と思って、５Ｗ１Ｈを聞き取れ」等。指導主事の「いろは」と聞かれたら、私は真っ先に、初任の頃に先輩から学んだこれらの言葉を思い浮かべる。

　また、指導主事経験がある校長先生方からも、その豊富な体験を踏まえた多くの示唆をいただいてきた。その中でも、1995（平成７）年度まで東京都教育庁指導部指導主事だった後藤忠先生から教わった「指導主事　十戒」は格別に印象に残っている。

　先生のご経験に裏打ちされた十戒は、若手指導主事として日々悪戦苦闘していた私の心に響く警句となった。そして、指導主事としての職務

---

*　先に任じられたいわゆる上席の指導主事。

― 指導主事　十戒 ―

❶　職務上の権限と責任を常に考えよ

❷　めんどうでいやな仕事から先にやれ　　❸　熟慮断行の習慣を

❹　誠心誠意努力して どうにもならないことはあきらめよ

❺　出た結果には責任をもて　　　　　　❻　守備範囲を自分で決めるな

❼　主語・述語の明確な発言をせよ　　　❽　話は結論を先に　理由は後に

❾　学校の悪口を市教委で言うな　市教委の悪口を学校で言うな

❿　常に先任への報告・連絡・相談、そして記録を

【多摩市教育委員会指導主事　後藤　忠】

　経験が重なれば重なるほど、十戒は違った角度から指導主事の職について、私を振り返らせてくれた。

指導主事は学校の応援団

　東京都教職員研修センターでは「指導主事のCAN-DOリスト40」として「都教委訪問編」「挨拶文作成編」「研修会運営編」の3編を作成し、指導主事を対象とした研修会等で活用している。また、東京都教育庁指導部では「指導主事の服務等に関するガイドライン」を作成し、指導主事の職務の特質から陥るおそれのある事項をまとめて、年度初めの指導主事連絡協議会等で配付し確認・徹底を求めている。

　このような資料等は、おそらく他県でも独自のものがあり、指導主事が身につけるべき「いろは」となっているだろう。職務を通じて先輩指導主事等から学びつつ、都道府県など広域自治体の資料等を参考にしながら、自分なりの「いろは」を練り上げていっていただきたい。その上で、GIGAスクール構想下、令和の新しい時代の学校を指導・助言する指導主事に対して、エールの意味も含めてお伝えしたい。

　時代を超えて求められる指導主事の「いろは」は、「指導主事はどこまでも学校の応援団であること」である。指導主事に対する学校の期待は厚い。それに呼応し、常に学校を視野の中心に据えて、児童生徒、校長・教職員を主語として語れる指導主事であってほしいと願う。**（石田　周）**

コラム●モーレツ指導主事体験記1-1

指導主事の「働き方改革」──やりがいは無限大

横浜市教育委員会事務局　首席指導主事　長島和広

新たな教員生活へのチャレンジ

「君の人生が変わるけど、受験しなさい」。ある日、校長室に呼ばれ告げられた言葉です。当時、指導主事の登用が指名登用から試験による選抜へと方針が変更され、受験者を募集していました。前年度、研究員として教育センターで勤務していたことから、なんとなく教育委員会事務局のイメージを持ちつつも新たな教員人生を送ることになると覚悟しました。

採用されて7年、30代での指導主事生活の始まりでした。研究研修指導課のちに教職員育成課と人材育成を担う部署で初任者研修から教師塾、中堅教員研修、30年次経験者研修、管理職研修など幅広い層をターゲットに研修を企画運営していました。

当時、横浜市の初任者研修対象者は、毎年1,000人近くおり、名簿管理だけでも大変な事務量になります。午前中に打合せ、午後に研修、夜に振り返りシートの集約・欠席者対応といったことが日常でした。これに、突発的な対応が加わり、とくに8月末までは様々な研修が立て込んで密度が濃い日々でした。気づくと体重が約10キロ落ち、秋から次の春までに5キロ戻すといった生活になっていました。

直面した行政の厳しさ

2年目からは主担当として教師塾が加わり、土曜日も勤務となり、時間外勤務が膨大となりました。そこで学んだのは、一人で仕事を抱えない、調整が必要な事案は、難しい相手から攻めていって方向性を定めるといった仕事のマネジメントでした。

さらに厳しい対応も増えてきました。教師塾の塾生が採用試験に不合格となったことの説明を求められ、面談を重ねたことや、これを受けた指導方針の改善を校長OBである指導教官と共有すること、学校での不祥事防止研修、指導改善研修を巡る訴訟、指導力不足教員の対応など様々なことがある日々でした。

➡️ 42頁へ続く

2章
指導主事の
職務を知る

──指導主事の仕事はネットワークの中で展開

指導主事の役割と多様な職務

指導主事の職務の概観

　指導主事は、教育委員会事務局内において学校現場での教員経験を有する貴重な人材である。指導主事は学校の教員として直接児童生徒を指導したり、学校運営に携わったりした経験を生かし、教育委員会における指導行政の中核を担う存在であり、教員としての経験と実績、そして教育全般に関する高い指導力が求められる。

　地教行法18条では、「指導主事は、上司の命を受け、学校〈略〉における教育課程、学習指導その他学校教育に関する専門的事項の指導に関する事務に従事する」（3項）とし、「指導主事は、教育に関し識見を有し、かつ、学校における教育課程、学習指導その他学校教育に関する専門的事項について教養と経験がある者でなければならない」（4項）と規定している。

「つなぐ」「支える」「育てる」が指導主事のミッション

　指導主事の役割と多様な職務について端的に表すとすれば、それは「つなぐ」「支える」「育てる」ということに尽きる。

　まず、指導主事は教育委員会と学校を「つなぐ」存在である。学校教育に識見と経験のある指導主事が教育委員会事務局の一員として、学校と教育委員会事務局をつなぐインターフェースとしての役割を果たすということである。

　また、指導主事はあらゆる意味で学校を「支える」存在である。様々な情報を学校や教員に提供するとともに、管理職の学校経営や学校運営を支え、万が一、学校で事件や事故が発生したときは当該校の管理職と連携してその解決を図っていくことが求められる。

　そして、指導主事は自己の経験や研究実績をもとに学校現場の教員を「育てる」存在である。たとえば学校訪問や教員の授業観察などでの指導・助言や、多様な教員研修計画などを立案・実施して職層の異なる教員の資質・能力の向上を図ることが求められる。

指導主事の専門性がとくに発揮される職務（指導主事の出番）

　地教行法21条では、教育委員会の職務権限について広範囲にわたって規定している。その中でも指導主事がとくにその専門性を発揮して遂行していかなければならない職務は以下の三点である。

●教育委員会の所管に属する学校の組織編制、教育課程、学習指導、生徒指導及び職業指導に関すること（同法5号）

　この職務は指導主事としての中核的な職務内容であり、どのような部署に配置されようとも、学校に対して適切に指導・助言ができなければならない。具体的には、学校が、学校教育法その他法令等に基づき、適切に管理・監督された学校経営が行われているか、学習指導要領等が示す基準に基づいた教育課程が編成され、各教員の教科等の指導は適切に実施されているかなど、学校での教員経験がなくては絶対に指導・助言ができない職務である。

　学校にとっては、教育活動の根幹となる内容であり、指導主事からの指導・助言により、学校が大きく変わる場合もあれば、混乱を招いてしまう場合もある。したがって指導主事は自己の指導・助言の質を高めるために、たゆまぬ自己研鑽を積んでいくことが必要である。

●教科書その他の教材の取扱いに関すること（同法6号）

教育委員会の職務権限は広範囲にわたっているが、その中でも教科書の採択（**参考**）は最も重要な権限の一つであるとされている。とくに、義務教育諸学校の教科書の採択については、教科書無償措置法に基づき、それぞれの教育委員会がその権限と責任により、主体的に採択を行うことが規定されている。指導主事は教科書の採択が円滑に行われるよう、文部科学省による検定済みの教科書についてさらに入念に調査するとともに、教育委員会における採択行為の公正性かつ中立性を確保するためのシステムを構築しなければならない。

　なお、指導主事は教科書採択事務全般に直接関わることから、自身が特定の教科書や発行会社と特別な関係にあることを疑われるようなことは厳に慎まなければならず、各都道府県教育委員会が規定している指導主事のガイドラインや服務規程に従わなければならない。

●校長、教員その他の教育関係職員の研修に関すること（同法8号）

　指導主事にとって最もやりがいと自己の専門性を発揮できる機会は、様々な通所研修を企画したり、実際に研修での講演を自らが行ったり、場合によっては専門性の高い学識経験者を講師として招聘したりして、人材育成を行っていく場面である。

　具体的には、初任者研修や中堅教諭等資質向上研修などの法定研

- ●教科書採択とは、学校で使用する教科書を決定すること
- ●公立学校で使用される教科書については、その学校を設置する市区町村や都道府県の教育委員会が権限を有する
- ●小中学校ともに通常、4年に一度の教科書検定に伴う採択行為
- ●根拠規定：地教行法21条6、同法48条、教科書無償措置法

参考　教科書採択について

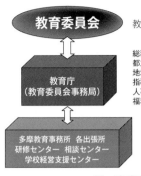

図　東京都教育委員会の組織

修やその他必要に応じて実施する職務研修、教員が自己の希望により選択して参加する承認研修などの運営を行うことになる。併せて校内研修への参加も重要な職務として位置づけたい。

指導主事の多様な職務と配置される職場の決定

　通常、指導主事はそれぞれの教育委員会の裁量に基づく選考により現場の教員から任用される。指導主事が勤務を命ぜられる配置部署は、それぞれの教育委員会の組織編成等（**図**）により若干の違いはあるが、おおむね都道府県教育委員会事務局、市区町村教育委員会事務局、教員研修センター、教育相談センター、その他教育事務所などである。

　配置にあたっての基準については明らかにされていないが、一般的には任用される指導主事の校種や教科等の専門性、これまでの学校での経験や研究実績等を総合的に勘案して適材適所の部署に配置されることになる。指導主事は多様な職務に対する総合的な資質・能力を身につける必要があることから、一ヵ所に長く留まることなく、複数の職場を経験することを通してキャリアアップが図られていく。

（伊東　哲）

指導主事に求められる資質・能力

 指導主事の職務内容を概観してみよう!

　教育委員会と学校をつなぎ、日々、学校を側面から支援するとともに、研修等を通して教員を育てる存在としての指導主事には、どのような資質・能力が必要とされているか。

　地教行法18条４項では、「指導主事は、教育に関し識見を有し、かつ、学校における教育課程、学習指導その他学校教育に関する専門的事項について教養と経験がある者でなければならない」と規定し、指導主事に求められる資質・能力について示している。

　多くの指導主事が勤務する市区町村教育委員会においては、学校での勤務ではほとんど経験することのなかった各種通知文の作成や、文部科学省あるいは都道府県教育委員会から発出される各種調査の集計作業などといった事務処理のウェイトが大きい。また、管下の学校への指導訪問 ▶ P140 や校内研修会等 ▶ P266 で配付する資料の作成など、デスクワークに要する時間が大半となる。どんなに多忙であっても毎年、教育課程届の受付事務や教科書採択に関わる教科書の調査研究事務、そして議会対応等 ▶ P120 での答弁書や基礎資料の作成などが一定の時期に割り込んでくる。加えて、事務作業に集中して取り組みたいというときに苦情 ▶ P250 の電話や思わぬ来客があったりすることも珍しいことではない。

　一方で、指導「主事」という名称だからといって事務作業にばかり

時間をかけていることもできない。むしろ研修や学校訪問、あるいは事故対応・緊急対応 ▶▶ P242 のために学校や教育センターなどに出向く時間の方が事務作業よりも多くなることもある。

　いずれにしても、指導主事は学校や教員に対して、文書で、あるいは直接対面し口頭により様々な情報を伝達するという仕事を行っている。

🏃 同時並行で処理する手法を身につける!

　教育委員会事務局における指導主事の人数はきわめて少ない。しかしながら、指導主事の職務は広範囲で多岐にわたっていることから、一人で同時に複数の仕事を並行して処理することが求められる。一つずつ順番に仕事を処理していては学校や関係機関からのオーダーに迅速に応えることはできない。

　こうした同時処理的な職務を遂行していくためには、抱えている一つ一つの仕事に関する上司への報告・連絡・相談を、初期段階・中期段階・最終段階などの状態の中で定期的に細目に行うことが重要である。学校とは違い、教育行政などの組織においては自己完結型ではなくみんなで積み上げながら完成につなげる手法が一般的であることに留意する。

🏃 指導主事業務の基盤となる資質・能力とは?

　このような指導主事の業務を支え、教育委員会事務局や学校等での職務において適切かつ効果的なパフォーマンスを発揮するためにはどのような資質・能力が必要であろうか。以下に指導主事に求められる資質・能力について列挙する。

　第一はコミュニケーション能力である。これまでも述べてきたように、指導主事のミッションは「つなぐ」「支える」「育てる」ことで

あり、校長や副校長・教頭だけでなく、一般教員とも直接かかわることが多い。こうした人と人とのつながりを円滑にしていくためには、たとえば人の話を聞く力や、人の話に対してきちんと質問する力など「傾聴」を基盤としたコミュニケーション能力が必須の資質・能力となってくる。また、教育委員会事務局には、保護者や地域住民からの問い合わせや苦情も多く寄せられ、それに対して一つ一つ丁寧に対応していくことも重要である。どのような相手にも、どのような場面でも、教育委員会を代表する重要な職務を担当する職員としてのコミュニケーション能力が求められることになる。

　第二は情報収集力、情報選択力、情報活用力である。新しい情報をいち早く入手し、それを迅速に学校や教員に伝えることは指導主事としての信頼を高めることになる。古典的な手法ではあるが、新聞の切り抜きを行い、教育課題ごとにジャンル分けをしてスクラップブックを作成したり、データベース化してスマホやタブレット端末からいつでもアクセスできるようにしたりすることも重要である。また、文科省が配信するメールマガジン＊などを登録し、文科省の情報を定期的に入手することも有用である。

　第三はプレゼンテーション能力である。指導主事は学校の教員であり、潜在的にプレゼンテーション能力が高いように思われるが、実際の行政職場においては教員時代には経験したことがない場所や場面でのプレゼンテーションの機会が多々ある。たとえば、教育委員会事務局内における会議の場面である。会議においては通常、事務局サイドから会議の趣旨や基調提案、議題に関する説明などを行うことが一般的であり、その役割は指導主事に任せられることが多い。プレゼンテーションは限られた時間のなかで、わかりやすい平易な言葉で、要領よくポイントを説明していかなければならない。学校における授業のようなわけにはいかないことが多い。また、上司へ

＊　「メールマガジンの配信について」文部科学省

の説明や報告も一種のプレゼンテーションであると認識すべきである。

　第四は協働して課題を解決する能力である。教育委員会事務局には、一般的に校種の異なる複数の指導主事が配置され、チームが一丸となって課題の解決に向け取り組んでいる。自分とは違う校種や性別、年齢などの違いを乗り越え、チームワークのとれた職務遂行を心がけていかなければならない。こうした指導主事の能力や態度が、複雑化・多様化する課題を解決するためには必要である。

　第五は確認する力である。確認する力とは、まず、作成した文書等を自分で見直す。メールも同様である。調査集計資料は計算ミスや入力ミスがないか、指導主事の同僚や事務方の力を借りて確認する。次に上司の決裁を得る。決裁をもらったらすぐに文書を発送するのではなく、最終的に再度確認する。こうした一連の作業を根気よく徹底し、ミスを防ぐことが重要である。

指導主事必携アイテムを持とう！

　かつて指導主事の三種の神器は手帳、地図、傘と言われた覚えがある。予定、学校の位置、悪天候での移動などを担保するアイテムだ。いまはスマホやタブレット端末があれば外回りの仕事でも困ることはない。問題はどんなアプリをインストールするかということである。指導主事の仕事を支援してくれるアプリとしては情報をデータベース化していつでも引き出せるものが大いに役に立つ。クラウド型のアプリの場合にはWi-Fiのルーターも欠かせない。

　いずれにしても、Society5.0の時代の指導主事には、ICTを存分に活用できる資質・能力とスペックの高いモバイル端末が必携アイテムということになる。

（伊東　哲）

指導主事としての成長・キャリア形成

スペシャリストからゼネラリストへ

　指導主事のキャリア形成は人それぞれによって異なり、これといった決まりはない。都道府県教育委員会の考え方により、新任指導主事から若手、中堅、そして管理職としての立場へとキャリアアップしていく場合もあれば、行政の職場から学校での勤務に戻り、さらに数年後にステージの高い指導主事として行政職場へ復帰するといった場合もある。端的に言えば、指導主事の世界は経験と異動を交えながらキャリアアップが図られる仕組みとなっている。

　一般的に、指導主事が初任の頃に担当する業務内容は、通知文の作成 ▶ P112 、調査集計 ▶ P104 などの事務作業や、学校訪問 ▶ P140 等における指導・助言が中心である。こうした業務については、教員時代に身につけた教科等の専門性や学校の組織文化、あるいは保護者対応などに関する経験に基づく知見があればとりあえずこなせるものである。なぜなら、指導主事に任用される教員は、もともとは教科等の指導の専門性が高く、学校教育全般にわたってのスペシャリストだからである。しかし、経験を重ねるごとに次々に業務の範囲や性質は拡大・変化し、議会対応 ▶ P120 や新規事業の立案 ▶ P108 、予算編成 ▶ P116 などといった教育行政全般の業務を担当する立場に立つようになる。こうした段階に入ると、もはや教員時代に身につけた教科等の専門性などのスキルだけでは対応す

ることができず、一般企業での総合職のようなゼネラリストとしての資質・能力が求められるようになる。

心に響く指導・助言ができる指導主事をめざして

　しかしながら、指導主事がいかに上席の立場や課長級などの管理職になろうとも、指導行政の最前線に立ち、学校の教員に対して直接指導・助言を行う機会は他の行政系職員 ▶▶ P70 に比べ圧倒的に多くあることに違いはない。指導主事としてどのようなキャリアステージにあろうとも、事務作業に埋没することなく最新の教育情報や教育課題への対応などに関わる講演やプレゼンテーションができるよう日常から準備しておくことが重要である。すなわち、指導主事である以上、いついかなる場合でも、児童生徒に対する教育内容の充実・改善に向けた取組の重要性について、心に響く言葉で明確に指導・助言ができるよう心がけてほしいものである。

先輩の姿から学ぶ

　人材育成の方法には、「研修（off-JT）」「OJT（on the job training）」「自己啓発（self-development）」の３つの要素があるが、指導主事にとってはOJTによる現場での学びが最も有益である。教員時代には経験したことのない行政職場独特の業務内容や、指導主事社会のルール、慣行などを習得するためには、先輩指導主事や行政系事務職員からのOJTが欠かせない。一見厳しい指導に思えても、今後の指導主事として働く上で必要なノウハウやスキルを身につけさせてもらっていると考えよう。また、自分のロールモデルとなるよき先輩を見つけ、仕事への取り組み方や上司への報告・連絡・相談の在り方、学校等への指導・助言のスタイルなどをしっかり学び取り、自分に合うものに咀嚼して身につけていこう。

（伊東　哲）

指導行政と管理行政
──その違いと連携

📺 指導主事と管理主事

　教育委員会の職務権限は、①学校の設置・管理等、②教育財産の管理、③教職員の任免等の人事、④児童生徒等の入学・転学・退学、⑤学校の教育課程・学習指導等、⑥教科書等教材の取扱い、⑦学校施設・設備の整備、⑧教職員の研修、⑨教職員・児童生徒等の保健・安全・厚生・福利、⑩学校等の環境衛生、⑪学校給食、⑫社会教育、⑬スポーツ、⑭文化財、その他多くの範囲に及ぶ（地教行法21条参照。なお、同法23条により⑫⑬⑭等の一部は首長の職務権限とすることができる）。

　これらの事務を処理する教育委員会事務局の組織や事務分掌は自治体ごとに異なるが、⑤⑥⑧を中心に指導行政を担うのが指導主事、③を中心に管理行政を担うのが管理主事である。なお、職名が指導主事であっても人事管理を担当する例もある。

　指導主事は各自治体の教育委員会事務局のほか、出先の教育事務所や教育センター等に配置されるが、管理主事が配置されるのは都道府県・指定都市の教育委員会事務局と教育事務所である。それ以外の市区町村教育委員会の事務局等にはあまり配置されないのは、市区町村立学校の県費負担教職員の任命権は市区町村教育委員会ではなく都道府県教育委員会に属するからである（地教行法37条1項）。

　指導主事の職務内容については本書で詳しく述べているが、学校訪問などで表舞台に立つ機会も多く、花形的である。

　これに対して管理主事の仕事は裏方的であり、校長等以外の一般教員には見えにくいが、人事異動（教職員の新規採用・転退任、管理職登用、講師配置等）、人事評価、定数管理、分限・懲戒処分、表彰、職員団体対応、争訟対応など教職員人事に係る重要な職務を担当している。

　なかでもメインは人事異動であり、総仕上げとなる年度末だけでなく、年間を通して「人事評価」（地方公務員法23条〜23条の３、地教行法44条）やヒアリング、学校訪問等により異動のための基礎資料となる情報を集めている。ヒアリングは、県立学校等教職員担当であれば校長等から、県費負担教職員担当であれば教育事務所長、市区町村教育長等から行い、人事異動に関する情報交換がなされる。学校訪問を行う場合も、指導主事の場合とは目的が異なり、人事管理に係る確認等が主眼になる。

　なお、管理主事は人事に関する機密の事項等に接することから、職員団体との関係においては「当局」の立場に立つ「管理職員等」（地方公務員法52条３項。「管理職」とは意味が異なる）の範囲に含まれるものとされる（人事委員会規則等で規定）。一方、指導主事は通常「管理職員等」の範囲には含まれない。

両者の連携

　児童生徒に関することは指導主事、教職員に関することは管理主事が担当するという大まかな棲み分けがあるが、截然と区別できない領域もあり、両者が連携しなければならないことも多い。

　たとえば、いじめ事件が発生すれば生徒指導上の問題として指導主事が担当するとしても、校長・教員の対応に落ち度があるとなれば教職員の問題として管理主事の出番となる。人事異動は管理主事の本務であるが、学校訪問等を通して教員の指導力等を直接に把握している指導主事の情報等が、それに反映することも重要であろう。

　こういう連携が円滑に行われるか否かは、行政組織の在り方によっても左右される。たとえば、県教育委員会事務局に指導課と管理課があり各課内に県立担当係と小中担当係がある場合と、県立学校課と小中学校課があり各課内に指導係と管理係がある場合とでは事情が異なる。自治体の規模、執務室の間仕切りや座席の配置の仕方にもよるが、後者の方が指導主事と管理主事の連携は取りやすいだろう。しかし、県立と小中の指導主事同士、管理主事同士の連携も大切であり、それは前者の方がしやすいから、どちらがいいとは一概に言えない。　　　　　（廣瀬裕一）

➡28頁から続く

このような厳しい場面での判断の根拠となるのが法律や条例、各ガイドライン、学習指導要領です。これらの理解と説明する力量が自分にとって必要なことだと強く感じました。

また、研修講師や教員を指導することを重ねるなかで、子どもの学びと大人の学びに違いがあることに気づき、人材育成やファシリテーションなどを学ぶようになりました。経験知が邪魔する大人にどのようにアンラーニング[*1]してもらうか……、大人である塾生を指導するために教師塾の指導教官と打合せを重ねました。

さらに、指導主事は行政の一端を担うことから、事業の成果を出すことに学校との違いを感じました。費用対効果が求められるなかでどのように効果を示すことができるのか、それが本質を示しているのか、疑問が募るばかりでした。

子どもたちや学校のためを思い、施策を考えますが、市民や市民の代表である議員に理解してもらえるよう示すのにはどうすればよいか……。

📝大学院での学び

そのなかで自分自身にインプットする時間がほしいと考え、市職員対象の長期国内留学派遣研修に応募し大学院に行くことを決断しました。庁内選考を経て、大学院を受験し、運よく合格することができました。派遣先は政策研究大学院大学教育政策プログラムと決まっており、指導主事5年目は大学院での学生生活を送ることになりました。

政策研究大学院大学は行政機関から派遣されてきた公務員と海外の行政機関からの留学生で構成されており、修士課程を1年間で修了するプログラムが用意されています。そのうちの一つである教育政策プログラムに所属することになり、各地の指導主事等7名と一緒に学びました。

経済学、統計学などをベースに教育を計量分析し、教育政策を構想できる力といったEBPMの基礎を身につけるとともに研究を深めました。教科教育とは異なる分野で教育を俯瞰することから、これまでと景色が違うことに新鮮さを感じました。教育格差や教育の効率性、学級サイズの効果など様々な教育問題に関して統計データを通して議論を重ねる日々でした。判断をするための根拠をエビデンスとして見いだすことは、いま必要な力です。

年度末には、ポリシーペーパー（修士論文）を提出し、修了しました。

➡62頁へ続く

*1 「学習棄却」のこと。これまで得てきた知識や経験を社会や環境の変化に合わせて捨て去り、新たに学び直すことを表す。知識や経験の中には価値観や様々なものが含まれ、年齢とともに判断が硬直化することを自覚し、それらを再構築して生かし学び続ける必要がある。［参考文献］松尾睦『仕事のアンラーニング』、同文舘出版、2021

3章
教育行政制度を知る

—— 分権時代の教育委員会はどうあるべきか

教育行政の基本原理と
我が国の教育委員会制度

 教育行政とは

　指導主事として任用されれば必然的に指導主事の職務内容や果たすべき役割についての理解と認識は深まっていくが、指導主事の職務を遂行する上での基盤となる教育行政の定義や根拠規定についても、正しい理解と認識を深めていくことが必要となる。

　そもそも教育行政とは、国または地方公共団体が公権力を行使して、教育政策の実現をめざし教育事業を組織・運営する活動であると言えよう。根拠法規としては教育基本法16条で以下のように規定されている。まず、「教育は、不当な支配に服することなく、この法律及び他の法律の定めるところにより行われるべきものであり、教育行政は、国と地方公共団体との適切な役割分担及び相互の協力の下、公正かつ適正に行われなければならない」（1項）とし、教育行政における政治的な中立性の原則とともに、国と地方の役割についても規定している。そして「国は、全国的な教育の機会均等と教育水準の維持向上を図るため、教育に関する施策を総合的に策定し、実施しなければならない」（2項）として国の教育行政を中心的に担う文部科学省の役割を明示している。また、「地方公共団体は、その地域における教育の振興を図るため、その実情に応じた教育に関する施策を策定し、実施しなければならない」（3項）とし、行政委員会としての教育委員会を含め地方公共団体の役割を明示している。さ

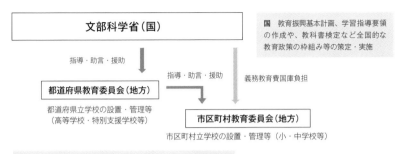

図　我が国の教育行政のイメージ

らに、「国及び地方公共団体は、教育が円滑かつ継続的に実施される
よう、必要な財政上の措置を講じなければならない」（4項）とし、
学校教育の環境整備など、国と地方公共団体が密接に連携した財政
施策を実施するよう規定している。このような我が国の教育行政の
姿を学校教育に焦点を当て大まかに示すと上記の**図**のようになる。
　加えて、教育基本法17条では、「政府は、教育の振興に関する施
策の総合的かつ計画的な推進を図るため、教育の振興に関する施策
についての基本的な方針及び講ずべき施策その他必要な事項につい
て、基本的な計画を定め、これを国会に報告するとともに、公表し
なければならない」と規定している。また、「地方公共団体は、前項
の計画を参酌し、その地域の実情に応じ、当該地方公共団体におけ
る教育の振興のための施策に関する基本的な計画を定めるよう努め
なければならない」（2項）としており、教育基本法の理念を実現す
るとともに、我が国の教育振興に関する施策の総合的・計画的な推
進を図るために、教育振興基本計画を策定することを定めている。国
の基本計画を踏まえ、各地方公共団体においても地域の実情に応じ
た教育振興基本計画を策定することが求められている。

📜 我が国における教育委員会制度の変遷

　表は戦前・戦後における地方教育行政制度の変遷を示したものである。戦後、アメリカ合衆国から導入した教育委員会制度を実現するために教育委員会法が制定された。それから十年足らずで教育委員会法が廃止され地教行法が策定された。同法についてはその後何度となく改正がなされ現在の教育委員会制度が実施されている。表中の節目となる制度改正により教育委員会制度はどのように変化し、その影響はいかなるものであったか、また、2000（平成12）年度から始まった教育委員会制度はなぜ改正されなければならなかったのかなど、各自で問いを立て我が国における教育委員会制度の変遷について理解を深めてもらいたい。

📜 2015（平成27）年度以降の教育委員会制度の概要

　2014（平成26）年度に改正された地教行法においては、これまで

～1945（昭和20）年	**戦前の地方教育行政制度**　国による中央集権体制。地方の教育行政も国の事務とされ、視学や学務委員などによる監督等が実施
1945（昭和20）年	**GHQによる軍国主義的教育の禁止**
1946（昭和21）年	**米国教育使節団来日**　同使節団による報告書がGHQに提出
1947（昭和22）年	**教育基本法、学校教育法公布**　新しい学校教育制度が発足
1948（昭和23）年	**教育委員会法公布**　教育委員会制度開始／教育委員は住民による選挙で選出／教育委員会に教育長を置くこと
1956（昭和31）年度 ～ 1999（平成11）年度	**地方教育行政の組織及び運営に関する法律の下での教育委員会制度**　教育委員は地方公共団体の首長が地方議会の同意を得て任命／教育委員会には教育長と教育委員長が併存／市区町村教育委員会の教育長の任命に際し文部大臣（当時）や都道府県教育委員会の承認を必要とする教育長の任命承認制度が導入／国による全体的な教育行政の機能を文部省（当時）が所管し、具体的な学校教育全般に関わる教育行政機能は都道府県と市区町村が担当
2000（平成12）年度 ～ 2014（平成26）年度	**地方分権一括法による制度改革**　教育長の任命承認制度の廃止／都道府県や市区町村への指導に関する規定が改正されるとともに、都道府県による市区町村立学校の管理についての基準設定が廃止
2015（平成27）年度～	**現行の教育委員会制度**　教育委員長の廃止／総合教育会議の新設

表　教育委員会制度の変遷

の教育委員長という職を廃止し、教育委員会事務局の長である教育長に権限と責任を一本化した。また、教育長の任期を3年とし、首長の在任中（4年任期）に必ず教育長の任命に関与できるようにした。さらに、地方公共団体の首長が主宰する総合教育会議を設置し、首長が教育行政の大綱的な方針を策定できるようにした。

　こうした改正により、これまでの教育委員会制度に比べて地方公共団体の首長が教育行政に関わる度合いが大きくなったことが最大の特色と言えるだろう。

教育委員会制度の意義と特性

　教育委員会制度の意義と特性については以下の3点に留意する。

　第一は政治的中立性の確保であり、教育は個人の精神的価値の形成に直接影響を与える営みであることから、中立公正であることが求められる。第二は継続性・安定性の確保であり、教育施策の実施については一定期間の継続が必要であり、それが途切れることがなく安定したものとなるよう、教育長や教育委員の在任期間は同一ではなく、全員が一度に交代することがないようにしている。第三は地域住民の意向の反映であり、特定の見方や教育理論の過度の重視などの偏りが生じないよう住民の代表が教育委員を構成している。

　また、上述した3つの意義を確保するために、以下のような制度的な特性がある。これらも併せて理解することが重要である。

　第一は首長からの独立性である。そのため、教育委員会は首長部局から一定の距離を置いた行政委員会として組織されている。第二は合議制である。重要な意思決定を行う場合には教育長と教育委員が活発な意見交換を行い、合議により決定されている。第三はレイマンコントロールであり、教育の専門家や行政官ではない住民が教育委員会事務局を指揮監督している。　　　　　　　　**（伊東　哲）**

文部科学省と
中央教育審議会の役割

文部科学省の組織

　文部科学省は我が国の教育行政の中心として、内閣の決定した方針に基づき、所掌している事務を執行・管理している。文部科学省設置法3条では、「文部科学省は、教育の振興及び生涯学習の推進を中核とした豊かな人間性を備えた創造的な人材の育成、学術の振興、科学技術の総合的な振興並びにスポーツ及び文化に関する施策の総合的な推進を図るとともに、宗教に関する行政事務を適切に行うことを任務とする」と規定している。また、同法4条では、文科省が所掌する事務について95項目にわたる広範囲の内容を規定している。文科省の組織の概略は**図1**に示したとおりである。

文部科学省の予算

　図2のグラフは2021（令和3）年度の文科省における一般会計について示したものであり、総額は約5兆2,980億円となっている。そのうち、教育関係に占める予算は約4兆円で全体の74.5%を占めている。最も多くの割合を占めている「義務教育費国庫負担金」は、教育の機会均等と教育水準の維持向上を図るため、義務教育費国庫負担法に基づき、都道府県・指定都市が負担する公立義務教育諸学校の教職員の給与費について、3分の1を国が負担するものである。また、「高校生等への修学支援」については、2010（平成22）年に開始

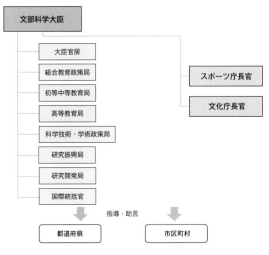

図1　文部科学省の組織

された「高等学校等就学支援金制度」を担保するための予算である。この制度により、受給資格を持つ生徒について国から支援金が支給

されることにより、国公私立を問わず高等学校の学費が実質的に無償となっている。

なお、この制度については所得要件等を満たす世帯の生徒を対象としていることに留意しておこう。加えて、「教科書購入費」については、義務教育諸学校における教科

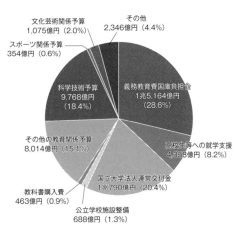

令和3年度文部科学省一般会計総額　5兆2,980億円

その他 2,346億円（4.4%）

文化芸術関係予算 1,075億円（2.0%）

スポーツ関係予算 354億円（0.6%）

科学技術予算 9,768億円 （18.4%）

義務教育費国庫負担金 1兆5,164億円 （28.6%）

その他の教育関係予算 8,014億円（15.1%）

高校生等への就学支援 4,358億円（8.2%）

教科書購入費 463億円（0.9%）

国立大学法人運営交付金 1兆790億円（20.4%）

公立学校施設整備 688億円（1.3%）

図2　文部科学省の予算

書の無償給付措置に関わる予算である。

　こうした文科省の予算を手がかりとして、文科省が我が国の教育行政においてどのような役割を果たしているかについて、さらに詳細な整理を行うことが重要である。

中央教育審議会の役割

　中央教育審議会は文部科学大臣の諮問機関であり文科省の施策の立案に大きな影響を与える提言を行っている。**図3**は文科大臣と中教審の関係を表したものである。

　教育行政は児童生徒や保護者に大きな影響を与えることから、文科大臣は重要な施策を決定する際、中教審に意見を求め（①諮問）、学識経験者や学校現場等の代表者等が慎重に審議をし（②審議）、その結果をまとめて意見を文科大臣に報告する（③答申）。文科大臣は中教審の審議結果を踏まえた施策の立案や検討を各局に指示し（④施策の立案・検討）、そのうえで施策を実施していく（⑤施策の実施）。

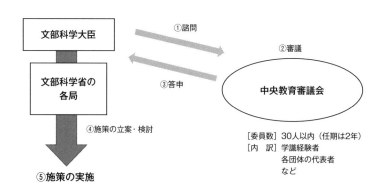

図3　文部科学大臣と中央教育審議会の関係

　こうした①から⑤の手続きを経ることにより教育行政としての公正性・中立性を高めている。文部科学省組織令76条では中教審が所掌する事務として、「文部科学大臣の諮問に応じて教育の振興及び生涯学習の推進を中核とした豊かな人間性を備えた創造的な人材の育成に関する重要事項を調査審議」し、「文部科学大臣に意見を述べること」や「文部科学大臣の諮問に応じて生涯学習に係る機会の整備に関する重要事項を調査審議」し、「文部科学大臣又は関係行政機関の長に意見を述べること」などが規定されている。

　中教審の構成は任期が2年で30人以内の委員と、「教育制度分科会」「生涯学習分科会」「初等中等教育分科会」「大学分科会」の4つの分科会等により構成されている。

中央教育審議会答申を常にチェックする習慣を身につけること

　中教審の中間まとめや答申には、学校等における指導・助言に活用できる情報が満載である。また、過去に示された中教審答申の中には、現在の学校において実施されている制度や重要施策についての背景や基本的な考え方が示されているものが多い。

　指導主事の生命線は新しい教育情報をいち早く入手することにある。そして学校訪問等において現場で必死に児童生徒と向き合っている教員に新しい有益な情報を伝達し、指導や評価に生かしてもらうことが何よりも重要な職務となる。教育委員会事務局の中で、ただ漫然と待っているだけでは有益な情報を収集することは困難であり、情報収集力に優れた指導主事とは言えない。学習指導要領の改訂の趣旨や基本的な考え方、あるいは各教科についての指導や評価の在り方など、学校現場の教員に対する指導・助言を行うために必要な情報や教育界の新しい動向を把握するためにも、中教審答申についてのアンテナを高くしていこう。　　　　　**（伊東　哲）**

文部科学省と都道府県（指定都市）教育委員会、市区町村教育委員会、学校の関係

教育行政における国及び都道府県・市区町村の関係

　指導主事として教育行政機関で働く以上、我が国の教育行政を担う文部科学省と都道府県（指定都市）教育委員会、そして市区町村教育委員会の役割分担や相互の関係を整理しておくことはきわめて重要である。

　図1のように、文科省は全国的な教育の機会均等と教育水準の維持・向上を図るために、制度的な枠組みや大綱的な基準を作成するとともに、都道府県教育委員会や市区町村教育委員会に対し交付金や補助金を支出している。

　また、地教行法48条の規定により、「地方自治法第二百四十五条の四第一項の規定によるほか、文部科学大臣は都道府県又は市町村に対し、都道府県委員会は市町村に対し、都道府県又は市町村の教育に関する事務の適正な処理を図るため、必要な指導、助言又は援助を行うことができる」としている。

　また、同法51条では、「文部科学大臣は都道府県委員会又は市町村委員会相互の間の、都道府県委員会は市町村委員会相互の間の連絡調整を図り、並びに教育委員会は、相互の間の連絡を密にし、及び文部科学大臣又は他の教育委員会と協力し、教職員の適正な配置と円滑な交流及び教職員の勤務能率の増進を図り、もつてそれぞれその所掌する教育に関する事務の適正な執行と管理に努めなければ

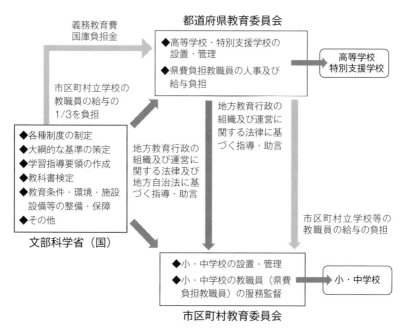

図1　教育行政における国・都道府県教育委員会・市区町村教育委員会の関係

　ならない」とし、それぞれの機関が相互に関係性を深めていくことの重要性について規定している。

　さらに、同法54条2項では、「文部科学大臣は地方公共団体の長又は教育委員会に対し、都道府県委員会は市町村長又は市町村委員会に対し、それぞれ都道府県又は市町村の区域内の教育に関する事務に関し、必要な調査、統計その他の資料又は報告の提出を求めることができる」とし、各種統計調査や全国学力・学習状況調査などを実施する上での根拠規定となっている。

　都道府県教育委員会と市区町村教育委員会はそれぞれの地域における教育の振興を図ることを目的として対等の関係で教育行政を展

開しているが、前述した通り、地教行法48条の規定により市区町村教育委員会は都道府県教育委員会から指導・助言を受けることがあることを理解しておくことが重要である。

県費負担教職員とは？

　義務教育費国庫負担法２条では、「国は、毎年度、各都道府県ごとに、公立の小学校、中学校、義務教育学校、中等教育学校の前期課程並びに特別支援学校の小学部及び中学部〈略〉に要する経費のうち、次に掲げるものについて、その実支出額の三分の一を負担する」と規定している。また、市町村立学校職員給与負担法１条では、市町村立学校の教職員の給与等は都道府県が負担とすることを規定しており（指定都市立学校の教職員の給与等は指定都市が負担）、給与全体から国の支出金を差し引いた残りの３分の２は都道府県（指定都市）が負担することになる。

　すなわち、市区町村立の小・中学校等の教職員については、市区町村の職員ではあるが、その給与については都道府県が負担してい

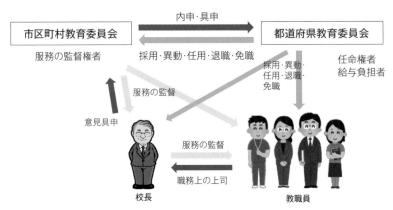

図２　県費負担教職員を巡る身分・服務等の関係

ることから県費負担教職員と呼んでいる。この制度の趣旨は、まず、給与水準の確保と一定水準の教職員の確保、教育水準の維持向上を図ること、また、身分は市区町村の職員としつつ、都道府県が人事事務を担当し、広く市区町村を越えて人事を行うことにより、教職員の適正配置と人事交流を図ることにある。

📑 県費負担教職員を取り巻く関係

　図2は県費負担教職員の身分や服務等の関係について整理したものである。校長及び教職員の側から市区町村教育委員会や都道府県教育委員会の関係を見てみると、校長も教職員もそれぞれ任命権者である都道府県教育委員会に採用され、その後の異動や管理職への任用、退職などといった人事についても市区町村教育委員会との連携の中で一体的に行われていることが理解できよう。

　また、学校内においては、校長は教職員にとって職務上の上司であり、直接の服務監督を受ける存在となるが、校長及び教職員の最終的な服務監督権者は市区町村教育委員会である。校長及び教職員が服務事故などの非違行為を起こした場合には、服務監督権者である市区町村教育委員会は自ら処分等を行う権限がないことから、任命権者である都道府県教育委員会に服務事故の状況を報告し、しかるべき処分と処分量定を決定してもらうよう意見具申する。

　このように市区町村の小・中学校の教職員である県費負担教職員の給与や人事、そして服務の取り扱いについて整理することは、文科省と都道府県（指定都市）教育委員会及び都道府県教育委員会と市区町村教育委員会との関係について理解することにつながるので、関係法令等も含めて正しい理解と認識を深めてもらいたい。

（伊東　哲）

首長部局と教育委員会との関係

首長と教育委員会の関係

　教育委員会は、地方公共団体における執行機関の一つではあるが、首長（都道府県知事、市区町村長）から独立した地位と権限を有する行政委員会である。

　図1は、地方自治における住民と執行機関及び議決機関との関係を示したものであるが、執行機関の長である首長と教育委員会などの行政委員会との関係についても読み取ることができる。本書においてこれまでも示しているように、教育委員会は政治的中立性を確保することが求められていることから、一党一派の政治的な主義・主張が持ち込まれたり、首長への権限が集中したりすることがないように、首長から独立した行政運営が担保されている執行機関である。

　地教行法3条では、「教育委員会は、教育長及び四人の委員をもつて組織する。ただし、条例で定めるところにより、都道府県若しくは市又は地方公共団体の組合のうち都道府県若しくは市が加入するものの教育委員会にあつては教育長及び五人以上の委員、町村又は地方公共団体の組合のうち町村のみが加入するものの教育委員会にあつては教育長及び二人以上の委員をもつて組織することができる」とし、数人の構成員からなる合議制の機関であることが規定されている。

　また、同法4条では、「教育長は、当該地方公共団体の長の被選挙

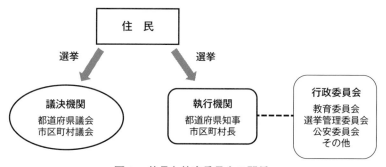

図1　首長と教育委員会の関係

権を有する者で、人格が高潔で、教育行政に関し識見を有するもののうちから、地方公共団体の長が、議会の同意を得て、任命する」とし、首長が議決機関である地方議会の同意を得て教育長を任命することを規定している。同様に「委員は、当該地方公共団体の長の被選挙権を有する者で、人格が高潔で、教育、学術及び文化〈略〉に関し識見を有するもののうちから、地方公共団体の長が、議会の同意を得て、任命する」（同条2項）とし、教育委員についても教育長と同様に首長が議会の同意を得て任命することとなっている。

　なお、教育委員会は首長から独立した執行機関ではあるが、予算の調製・執行等、議会の議決案件の議案の提出については、原則として権限を有していないことや、教育委員会事務局の組織編成や職員定数、身分の取り扱いについては首長との協議が必要となるなど、完全に独立しているわけではないことに留意する必要がある。

新教育委員会制度の主な変更点について

　2015（平成27）年4月より、改正地教行法が施行され、首長と教育委員会の関係が大きく変更された（**図2**）。法改正の背景には、いじめ問題への対応などにおいて従前の教育委員会組織における責任

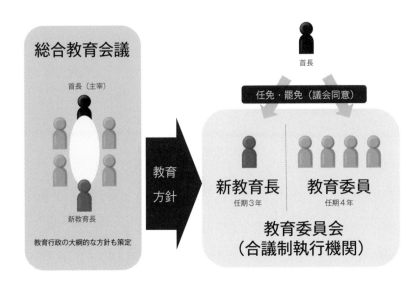

図2　2015年度以降の首長と教育委員会の関係

の所在の曖昧さや、教育委員会への首長の権限が弱かったことなどがあげられる。

　新しい教育委員会制度の主な改正点は、①これまで存在していた教育委員長の職を廃止して、教育委員会の権限や責任の所在を教育長に一本化したこと、②教育長の任期を3年とし、4年間の任期がある首長が在任中に必ず教育長の任命に関わることができるようにしたこと、③首長が主宰する総合教育会議を新たに設置して首長が各地方公共団体における教育行政の大綱的な方針等を策定できるようにしたことなどである。

　改正された地教行法では、同法1条の3で「地方公共団体の長は、教育基本法第十七条第一項に規定する基本的な方針を参酌し、その

地域の実情に応じ、当該地方公共団体の教育、学術及び文化の振興に関する総合的な施策の大綱〈略〉を定めるものとする」とし、首長の教育行政における権限が大きく強化されたことも指摘しておきたい。

　こうした首長の教育行政への権限の強化については、教育委員会の政治的中立性への懸念を指摘する声もあるが、いじめ問題への対応など首長部局が関わることによって問題の解決に向けた方向性が示される事例などが見受けられており、今後の状況を注意深く見守っていくことが重要である。

総合教育会議とは？

　地教行法１条の４では、「地方公共団体の長は、大綱の策定に関する協議及び次に掲げる事項についての協議並びにこれらに関する次項各号に掲げる構成員の事務の調整を行うため、総合教育会議を設けるものとする」とし、首長が総合教育会議を主宰することを規定している。

　総合教育会議では、「教育を行うための諸条件の整備その他の地域の実情に応じた教育、学術及び文化の振興を図るため重点的に講ずべき施策」（同条１項１号）、また「児童、生徒等の生命又は身体に現に被害が生じ、又はまさに被害が生ずるおそれがあると見込まれる場合等の緊急の場合に講ずべき措置」（２号）などについて首長と教育長及び教育委員が協議することが規定されている。

　総合教育会議の企画・調整及び運営等については、主に首長部局が対応することになるが、教育委員会事務局側からも様々な部署から事前の準備等が求められることになるので、指導主事としても日常からの準備を行っていくことが必要である。　　　　　（伊東　哲）

指導主事の任用・昇任のパターン

指導主事に任用される教員

　地教行法18条4項では、「指導主事は、大学以外の公立学校〈略〉の教員〈略〉をもつて充てることができる」とされている。したがって、指導主事という職に就くためには、まず、公立学校の教員に採用されることが前提条件となる。次に同項において、「指導主事は、教育に関し識見を有し、かつ、学校における教育課程、学習指導その他学校教育に関する専門的事項について教養と経験がある者でなければならない」と規定していることから、学校での教員としての勤務を相当の期間勤め上げ、子どもからも、保護者からも、そして上司や同僚からも信頼され尊敬される教員でなければならないということになるだろう。

　学校現場を離れて行政という立場から学校や教員を指導・助言する職をめざすのであれば、まずは誰よりも児童生徒との触れ合いや毎時間の授業を大切にし、日々の教育活動に真摯に取り組んでいくことが求められる。

　また、指導主事として任用されたからには、児童生徒に対する教育活動を充実させるための努力を厭わず、常に学校と行政をつなぎ、学校を

図　指導主事の昇任のパターンの例

支え、教員を育てることに腐心する姿勢が求められる。地教行法が規定している〈指導主事に任用されるべき人材〉とは、このような教員でなくてはならない。

なお、教員から指導主事への任用については都道府県・指定都市教育委員会によって大きく異なっており、選考によって選抜される場合もあれば、定期異動の一環として自己の希望の有無を問わずに任用される場合もある。

指導主事の昇任のパターン

図は指導主事の任用と昇任のパターンを大別したものである。

例1は、指導主事として任用された後、一定期間を経た上で再度学校現場に戻り、教員として指導主事に任用される前の仕事に戻る。その後は教頭あるいは副校長として昇任し、最終的には校長職に就くパターンである。例2は、指導主事として任用された後、教頭あるいは副校長として学校現場における管理職に任用され、最終的には校長に昇任するパターンである。そして例3は、指導主事として任用された後、市区町村教育委員会の指導課長や本庁課長などを歴任した後、校長として学校現場に戻るパターンである。

例1から例3までのいずれの場合においても、指導主事の最終到達点は校長職となる。学校現場や行政の管理職など、どのようなプロセスやルートを経由しても最後は校長という重責を担うことになる。言い換えれば、指導主事経験者のキャリアプランについては校長という職を最後の到達目標として設定し、その実現に向けて自身のキャリアアップを図っていくことが重要であるということになる。

これ以外のケースとして、指導主事として任用された後、事務局の管理職である指導課長や指導部長等を務めた後、さらに教育委員会のトップである教育次長や教育長に昇任するきわめて稀な人事もないわけではない。また、研究者として大学教員に転身するケースも散見されている。どのようなルートをたどるかは、本人の努力もさることながら、様々な人との出会いやその時々の状況に影響を受けることが多い。**(伊東　哲)**

➡ 42頁から続く

マネジメントの大切さ

指導主事6年目は所属に戻り、新規業務の担当になりました。前年からプロジェクトが始まり、〆切が迫っている状況でした。しかし、制度設計や企業との協定書締結、教員の派遣調整など多くの工程が進んでおらず、ガントチャート*2を示しながら、今年度の実施は難しい旨、課長・部長に説明をしましたが、理解してもらえません。上司である首席指導主事が異議を唱え、学校も混乱すると折衝を続けてくれましたが、進めざるを得ず、土日なく働く日々になりました。この業務が通常業務に加わることでセルフマネジメントが効かない状況になり、7月には、昼休みにこっそり職場近くのクリニックで点滴を打って働く状態になっていきました。ここまで無理をして業務を進めていたのは、首席指導主事が自分たちを守ってくれていたことと、すでに同僚の指導主事が倒れていた状況だったからです。

過重な業務で気づかないうちに心身にダメージを受け、プロジェクトが軌道に乗る頃には、私の身体は無理がきかない状態でした。それでも研修講師や要請訪問で学校を訪れる指導主事業務は楽しいものでした。

先生方を通じて子どもたちのためになっていると実感できるときだったからです。この苦難は、職員を守るためにも管理職のマネジメント力の大切さを実感した出来事でした。

働き方改革は学び続けることに

翌年から学校管理職として、小学校・中学校で勤務をし、教職員の働き方改革に取り組むとともに発信を続けました。また、勤務校の先生方には新しい風をつねに感じ、学び続けることの大切さを感じてもらうこと、仕事を任せられていると感じられることを念頭に自律した学びを支える人材育成を心がけてきました。

コロナ禍で全国一斉臨時休業が実施されるなか、再び教育委員会事務局で筆頭の首席指導主事として約170人の指導主事の統括と教育課程をマネジメントする立場になりました。いまはプレイヤーにならずフォロワーに徹するようにしています。後輩の指導主事がやりがいをもって業務に取り組めるようフォローすることで、それぞれが自身の専門分野を見つけ、学び磨き続けることでやりがいを大きくし、自身の働き方改革につながると考えています。私はその支援にやりがいを感じる毎日です。

*2 縦軸に準備事項や担当者を置き、横軸に日付を置いて、業務の進行時期や手順を示した一覧表。プロジェクト管理で使われる。複数の担当者が業務を進めるとき、それぞれの進捗が一目で確認することができるので、効率的な準備や遅延へのすみやかな対応ができる。

4章
地方教育
行政組織を知る

―――行政組織としての位置づけと仕組み

広義の教育委員会の職務権限

教育委員会とは

　教育委員会という場合には、「狭義の教育委員会」を意味する場合と、「広義の教育委員会」を意味する場合がある（**図1**）。地教行法に定める教育委員会とは前者を意味する。地方公共団体（都道府県、市

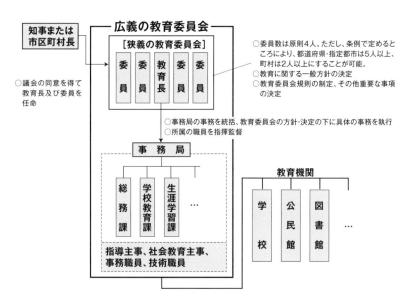

図1　広義の教育委員会と狭義の教育委員会

※文部科学省「地方教育行政の仕組み−教育委員会制度」より引用・改変

区町村等）に置かれている行政委員会の中の一つであり、教育長と委員（通常4名）で構成され、教育行政を担う合議制の執行機関を意味する。広義の教育委員会とは、教育事務を担う教育委員会事務局を含んでおり、一般的に、これを「教育委員会」と呼ぶ場合もある。

地方自治法180条の8に「教育委員会は、別に法律の定めるところにより、学校その他の教育機関を管理し、学校の組織編制、教育課程、教科書その他の教材の取扱及び教育職員の身分取扱に関する事務を行い、並びに社会教育その他教育、学術及び文化に関する事務を管理し及びこれを執行する」と定めているように、学校教育、社会教育などの教育、そして、学術・文化に関する事務を所管している。

ここで、「別に法律の定める」とは、地教行法（1948年に制定された旧教育委員会法を、1956年に大幅に組み替えて新しい法律として成立した）などを意味しており、同法では、教育委員会の設置・組織、教育委員会・地方公共団体の長の職務権限、教育機関、文部科学大臣・教育委員会相互間の関係等について定めている。

教育委員会の職務権限の基本的な考え方

地教行法1条の2には「地方公共団体における教育行政は、教育基本法〈略〉の趣旨にのつとり、教育の機会均等、教育水準の維持向上及び地域の実情に応じた教育の振興が図られるよう、国との適切な役割分担及び相互の協力の下、公正かつ適正に行われなければならない」とされている。教育委員会と地方公共団体の長は、教育基本法全体の趣旨を理解した上で、地域における教育の振興のために相互協力すべきことが規定されている。

このことに基づいて教育委員会の職務権限について、地教行法21条に「教育委員会は、当該地方公共団体が処理する教育に関する事

務で、次に掲げるものを管理し、及び執行する」とし、学校教育、社会教育、スポーツ、文化財などに関する19の内容を規定している。これらの広範にわたる事務の管理、執行は、教育委員会の指揮監督の下で、事務局を含めた広義の教育委員会の仕事として進められることになる。

📜 教育委員会事務局の組織体制と役割

(1) 教育委員会事務局の組織

　地教行法17条は、教育委員会の職務権限に属する事務を処理するため、事務局を置くことを定めており、同条2項は「内部組織は、教育委員会規則で定める」としている。

　教育委員会事務局の呼称・名称は「教育委員会事務局」のほかに、「教育庁」「教育局」等と呼ばれることがある。事務局職員について、地教行法18条1項は、都道府県教育委員会の事務局には指導主事、事務職員及び技術職員、所要の職員を置くとしている。その一方で、同条2項で、市区町村教育委員会については、1項の規定に「準じて」指導主事等を置くと規定しており、指導主事の配置を法律上の義務とまではしていない。事務局は、教育長が総括している。

(2) 事務局の組織体制と役割

　事務局の組織は、自治体の行政方針や課題、地域の特性や特色等で様々な部局室課が置かれている。大きく見ると概ね「企画系・総務系・財務系」「学校教育系」「社会教育・文化・スポーツ系」で構成されている。都道府県教育委員会事務局の組織体制の例として岩手県教育委員会事務局の組織を**図2**に示す。

　岩手県本庁の室課は、国と市町村の間に立ち、国や県の施策や課題を踏まえ事業を立案・展開し、市町村の教育施策や各学校の教育活動を支援するよう全県的な教育施策の推進を担っている。様々な

本庁	【教育企画室】	（企画）（総務）（学校教育情報化）（予算財務）（施設整備管財）（市町村助成）（営繕担当）
	【教職員課】	（組織人事）（免許）（給与制度）（厚生福利）（小中学校人事）（県立学校人事）
	【学校教育室】	（学校企画調整）（学力向上）（義務教育）（高校教育）（高校改革）（産業・復興教育）（特別支援教育）（生徒指導）
	【保健体育課】	（学校健康安全）（学校体育）
	【生涯学習文化財課】	（生涯学習）（地域学校連携）（文化財）（埋蔵文化財）（柳之御所）
教育事務所	【盛岡】【中部】【県南】【沿岸南部】【宮古】【県北】	
その他機関	【総合教育センター】【生涯学習推進センター】【図書館】【博物館】【美術館】【埋蔵文化財センター】【青少年の家・野外活動センター等の社会教育施設】	

図２　岩手県教育委員会事務局組織　※（　）は担当

職務内容があるが概ねその名称から想像できる。また、教育事務所や教育センター等、本庁以外の教育行政機関も位置づけられている。

　教育事務所の役割 ▶▶ P74 は、都道府県教育委員会事務局の出先機関として、国や県の教育課題の解決と地域課題の解決に向け、市町村教育委員会と連携して域内の学校の実態に即した支援を行うとともに生涯学習を推進し、管内の教育の一層の充実に取り組むことである。なお、都道府県の考えで設置していない場合もある。

　また、教育センターの役割 ▶▶ P74 は、教育の専門機関として、多様な教育課題の解決に向け、研修・支援・研究の側面から学び続ける教員を支え、教育活動の充実と教員の資質・能力の向上に資することにある。ただし近年、「研修」と「研究」に公所を分けて設置している場合や、「研究」の側面は担わず「研修」に特化したり重きを置いたりしている場合も見られる。　　　　　　　　　　**（藤岡宏章）**

狭義の教育委員会の権限と事務局の役割

教育委員会と首長の関係

　教育委員会制度は、元来、「首長からの独立性」「合議制」「住民による意思決定」を旨として設けられたが、住民によって直接選挙され、また、教育財産の取得・処分、予算執行の権限等を持つ地方公共団体との首長との関係の在り方が、長い間、問われてきた。

　2014（平成26）年の地教行法の改正により、教育の政治的中立性、継続性・安定性を確保しつつ、地方行政における責任の明確化、迅速な危機管理体制の構築、地方公共団体の長と教育委員会との連携の強化、地方に対する国の関与の見直しを図るとして、「総合教育会議の設置」と「首長による教育に関する大綱の策定」が位置づけられた。引き続き教育委員会は教育行政の執行機関であり、首長との協議・調整を行う。

　このように、最終的な執行権限は教育委員会に留保されているが、財源等の裏づけをもって教育施策を効果的に展開するためには、教育委員会と首長部局は、より密接な連携を進めていく必要がある。

都道府県教育委員会と市区町村教育委員会の関係——両者をつなぐ事務局

(1) 都道府県教育委員会と市区町村教育委員会の関係

　地方自治法2条2項「地方公共団体は、地域における事務及びその他の事務で法律又はこれに基づく政令により処理することとされ

都道府県	●広域的な処理を必要とする教育事業の実施 　（例）市区町村立小・中学校等の教職員の任命 ●市区町村における教育条件整備に対する財政支援 　（例）市区町村立小・中学校等の教職員の給与等の負担 ●指導・助言・援助 　（例）教育内容や学校運営に関する指導・助言・援助
市区町村	●学校等の設置管理 ●教育の実施

表　教育行政の役割分担のイメージ（義務教育）

※参考：「教育委員会制度について」文部科学省初等中等教育局（2013年2月）

るものを処理する」に基づき、当該地域の教育事務は、当該地方公共団体が処理する事務とされている。その上で、同条5項は、「都道府県は、市町村を包括する広域の地方公共団体として、第二項の事務で、広域にわたるもの、市町村に関する連絡調整に関するもの及びその規模又は性質において一般の市町村が処理することが適当でないと認められるものを処理するものとする」と規定している。

　学校教育（義務教育）を進める上での両者の役割分担を整理すると、**表**のようになる。

(2)　義務教育推進上の事務局（指導主事）の役割

　義務教育学校は、主に市区町村が学校の設置者であることから、市区町村教育委員会が直接的に学校の教育課程や教育活動、施設・設備等の教育環境等について所管することになる。

　しかし、財政事情や自治体規模を考えた場合、市区町村教育委員会が単独で施策を展開するには一定の限界がある。義務教育をより円滑により効果的に展開するため、都道府県教育委員会事務局（教育事務所、教育センター等を含む）と市区町村教育委員会事務局の連携・協力は欠かせない。両者をつなぐ指導主事の果たす役割は重要である。　　　　　　　　　　　　　　　　　　**（藤岡宏章）**

教育委員会事務局の多様な職員

 教育委員会、自治体の枠組みを超えた連携

　地教行法18条２項は、市区町村教育委員会には、指導主事が配置されるべきことを規定しているが、法的義務とまではなっておらず、現実に指導主事の配置状況や配置人数は都道府県によって、また、自治体規模によっても非常に大きな違いがある。

　文部科学省「令和元年度教育行政調査」によれば、全国の指導主事の配置率は74.7％であり、このことは、１／４以上の教育委員会には指導主事が配置されていないことを意味する。とくに、人口規模の小さい自治体での配置率が非常に低くなっている。このような地域においては、指導主事の配置がないだけでなく、事務局職員そのものが少なく、貧困や虐待など次々に生じる教育課題に対応する上で、様々な組織、機関、職員と連携を進めることは不可欠となっている。人的配置が不十分な教育委員会においては、首長部局との職員間の連携を進めることは必須である。

　また、都道府県教育委員会事務局や、とくに出先機関である教育事務所等に配置されている指導主事等による学校への支援が欠かせないものとなっている。

　指導主事としては、学校現場のニーズに応えるためには、教育委員会、自治体の枠組みを超えた多様な人的資源の活用を図っていく必要がある。

📖 行政系職員と学校事務

⑴　行政系職員との連携

　行政系職員である事務職員及び技術職員については、地教行法18条5項に「事務職員は、上司の命を受け、事務に従事する」、同条6項に「技術職員は、上司の命を受け、技術に従事する」とそれぞれ規定している。

　行政系の職員は、教育委員会採用の場合と、首長部局採用の場合がある。教育委員会採用の場合、多くは本庁の事務局のほか、学校、教育事務所、教育センター等の事務職など、教育行政の公所を経験する。勤務を重ねるなかで希望等によって首長部局への出向や転出もある。首長部局採用の場合は、幹部職員として配置される場合と、他部局経験による職能開発や将来のキャリア形成のために若くして配置される場合が多いように思われる。

　教育委員会事務局において通常、総務、財務、管財等については事務職員や技術職員が担当し、学校経営、教育課程、指導方法、教育相談等については指導主事等の教育系職員が担当している。

　両者は、教育委員会の策定した方針や計画に基づいて施策や事業を企画・立案し実施していく上で、共通認識のもとで協働して取り組んでいく必要がある。たとえば、近年のICT機器やネット環境の整備等を例に考えた場合、学校現場を知らずに行政サイドの認識だけで整備を進めても、教育ニーズとの乖離が生まれ、せっかく整備しても活用されなかったり、実際の運用時に新たな現場負担が生じてしまったりする。企画段階から、指導主事等の学校現場の事情に明るい教育系職員と行政系職員が、基本的な考え方を共有し、それぞれの職の特性と強みを生かし合い、協働して取り組んでいくことが何よりも大切となる。

⑵　学校事務職員の標準的な職務と新しい役割

学校事務職員についても、教育経営におけるSBM（School-based Management：自律的な学校経営）の考え方の普及を背景として、学校管理職や主任等と連携して、管理運営や学務管理を進めていく存在として、その役割があらためてクローズアップされている。

　2017（平成29）年に学校教育法が改正され、事務職員の職務規定は「事務に従事する」から「事務をつかさどる」に見直しがなされた。指導主事としても、学校を支援する上で、経営を分担する者としての事務職員の役割の見直し、事務職員と教師の新たな関係の構築、学校運営協議会などの地域対応・保護者対応における役割、学校への

	区分	職務の内容	職務の内容の例
1	総務	就学支援に関すること	就学援助・就学奨励に関する事務
		学籍に関すること	児童・生徒の転出入等学籍に関する事務 諸証明発行に関する事務
		教科書に関すること	教科書給与に関する事務
		調査及び統計に関すること	各種調査・統計に関する事務
		文書管理に関すること	文書の収受・保存・廃棄事務 校内諸規定の制定・改廃に関する事務
		教職員の任免、福利厚生に関すること	給与・諸手当の認定、旅費に関する事務 任免・服務に関する事務 福利厚生・公務災害に関する事務
2	財務	予算・経理に関すること	予算委員会の運営 予算の編成・執行に関する事務 契約・決算に関する事務 学校徴収金に関する事務 補助金・委託料に関する事務 監査・検査に関する事務
3	管財	施設・設備及び教具に関すること	施設・設備及び教具（ICTに関するものを含む。以下同じ。）の整備及び維持・管理に関する事務 教材、教具及び備品の整備計画の策定
4	事務全般	事務全般に関すること	事務全般に係る提案、助言（教職員等への事務研修の企画・提案等） 学校事務の統括、企画及び運営 共同学校事務室の運営、事務職員の人材育成に関すること

表　事務職員の標準的な職務の内容及びその例

※文部科学省通知「事務職員の標準的な職務の明確化に係る学校管理規則参考例等の送付について」（2020年7月17日）別添2より引用

権限と財源の移譲の基盤としての事務職員の職能開発などについて理解を深めておくことが必要である（**表**）。

多様な専門職員との連携

　教育委員会事務局には、指導主事だけでなく、様々な専門職員が配置されている。都道府県教育委員会や一定規模の市区町村教育委員会には、社会教育主事、文化財専門員、学芸員などの専門職員が配置されている。

　現在、学校教育と社会教育の連携の強化は、指導主事にとっても重要な課題となっている。社会教育について規定した教育基本法12条２項は、「国及び地方公共団体は、図書館、博物館、公民館その他の社会教育施設の設置、学校の施設の利用、学習の機会及び情報の提供その他の適当な方法によって社会教育の振興に努めなければならない」として、社会教育における積極的な学校施設の活用を提起している。また、2008（平成20）年に改正された社会教育法３条３項は「社会教育が学校教育及び家庭教育との密接な関連性を有することにかんがみ、学校教育との連携の確保に努め、及び家庭教育の向上に資することとなるよう必要な配慮をするとともに、学校、家庭及び地域住民その他の関係者相互間の連携及び協力の促進に資することとなるよう努めるものとする」として、指導主事が社会教育主事等の専門家と協働していくことの必要性を示唆している。

　近年では、学校の枠組みを超えて、教育と福祉の連携を進め、貧困や虐待に苦しむ児童生徒や家庭を支援するためにスクールソーシャルワーカーが配置されている。いじめを契機とした児童生徒や保護者間の対立、保護者からの過大な要求等に対応するために、法的な助言等を行うスクールロイヤーなどの配置も進められている。指導主事は新しい枠組みに対応していくことが求められる。**（藤岡宏章）**

教育事務所・教育センターの役割

教育事務所

(1) 教育事務所の役割

　教育事務所は、都道府県（指定都市）教育委員会事務局の出先機関として教職員人事に関する市区町村との連絡調整や、学校経営と教育課程の実施等の学校教育の推進のための指導主事の派遣など、域内の市区町村教育委員会の支援機関として重要な役割を果たしている。

(2) 教育事務所の設置

　都道府県（指定都市）教育委員会は、一般的に全域をいくつかの区域に分け、区域ごとに教育事務を執行する教育事務所を置いている。設置にあたっては、自治体の方針や施策、規模（面積や人口等）により、各都道府県教育委員会の考え方が反映される。そのため、設置数や設置の在り様は多様であり、設置していない自治体もある。

(3) 組織体制と業務内容

　一般的に、総務・管理（庶務、学事、人事等）を担当する部と、指導（学校経営や教育課程等）を担当する部が置かれており、総務・管理担当は事務職員が、指導担当には指導主事が配置されている。

　教育事務所は、都道府県と市区町村をつなぐ役割を担うため、都道府県教育委員会の施策や事業の実施及び国の事業に関する業務、市区町村教育委員会の支援に関する業務を行う。その一環として直接学校に対しての指導・支援を行う場合もある。

教育センター

(1)　教育センターの役割

　教育センターは、教育の専門機関として、多様な教育課題の解決に向け、大きく研修・支援・研究の三つの側面から学校における教育活動の充実と教員の資質・能力の向上に資する役割を担っている。研究機関であった教育研究所が、研修機能を備えた教育センターに移行してきたことで、「研修」に重きを置いている状況も見られる。

　2017（平成29）年４月の改正教育公務員特例法の施行により「校長及び教員としての資質の向上に関する指標」の策定が都道府県教育委員会に義務づけられたことを受け、研修の実施機関として教育センターの果たす役割は大きく、また近年の複雑・多様な教育課題への対応に向けた研究の重要性からもその役割は大きい。

(2)　組織体制と業務内容

　多くの場合、研修・支援・研究の機能を備え、各教育委員会の方針や課題に対応するよう業務が整理され組織が作られている（**図**）。教育行政施策と事業を直接担う教育委員会事務局本庁とその出先機関としての教育事務所、そして教育課題や教職員の指導法の研究や研修を担う教育センター。これらの組織が連携し、一体的に取り組むことで、学校現場における教育活動の充実が図られる。　　　　　　　　**（藤岡宏章）**

図　教育センターの組織体制の例

都道府県教育委員会・市区町村教育委員会・教育事務所・教育センターの機能と学校・地域

市区町村教育委員会・教育事務所・教育センターの連携

　市区町村教育委員会は最も学校との関わりが深い教育行政機関である。市区町村教育委員会に在籍する指導主事には、所管する学校の教育課程や諸計画への助言、教職員の学習指導や生徒指導等への指導を通して教育活動全体への支援が求められている。

　▶▶ P74 で述べたとおり、教育事務所は市区町村教育委員会を支援する機関であり、教育センターは研修・支援・研究の機関である。教育事務所・教育センターの指導主事は、市区町村教育委員会の指導主事を支え、協働的な姿勢のもと、共に考え学校を支援していくことが求められている。なお、岩手県においては、市町村教育委員会における県費負担による指導主事を「派遣指導主事」、市町村費負担による指導主事を「割愛指導主事」と呼称しており、「派遣」の形態により都道府県教育委員会が市町村教育委員会の負担をカバーするための仕組みを有している。

　所管する学校の教育活動の充実、教育施策の具現化に向け、都道府県教育委員会・市区町村教育委員会・教育事務所・教育センターの強固な連携は不可欠である。学校・地域の情報・問題の共有はもとより、協働する意識と姿勢を前提に、各機関において互いの強みを知り、共に活用し、時には補完し合うなど、良好な関係基盤が構築されていることが重要である。

学校・地域を支える機能の発揮と連携の在り方

　多様な課題を抱える現代社会において学校教育を進めていくためには、都道府県教育委員会・市区町村教育委員会・教育事務所・教育センターがそれぞれのアプローチで学校や地域を支えるだけではなく、相互に連携し、各機能をより効果的かつ重層的に活用していくことが今後ますます重要となってくる。

　その際、何よりも大切なのは、どうすればそれぞれの役割を十分に果たし、総合的かつ組織的に所管する学校や地域を支えることができているかということである。

(1)　ベクトル合わせ

　強固な連携を図るためには、立場や役割を超えて共有すべき考え方や方針が必要になる。そのためには都道府県や指定都市、市区町村における総合計画、振興計画、ビジョンや構想等における「教育」に関することや、教育委員会の経営計画等について理解しておくことが必要になる。

　そのことを踏まえてそれぞれの役割を考え、協働し、組織的な業務推進を考えていく。学習指導要領や国からの通知等を踏まえることにとどまらず、それぞれの地域のめざす姿を根底に置き、同じ柱のもと、多角的に物事を見つめ多様なアプローチで学校を総がかりで支援していくことが大切である。

(2)　課題意識の共有

　学校や地域を支え、豊かな教育を実現していくためには、全県的な課題、地域的な課題等について共有し、その上でそれぞれの立場や役割に落とし込み、持てる機能を十分に発揮する体制の構築が求められる。岩手県では本庁・教育事務所・市町村教育委員会・教育センターの指導主事等が一堂に会して協議する場を年に3回設定し、地域格差が生じることなく全県が組織的に教育課題に対応していくこ

とができるようにしている。

(3) 縦と横の連携

　教育委員会・教育事務所・教育センターの連携には、指導主事同士の良好な関係づくりが欠かせない。

　様々な課題に対応するために、たとえば教科や校種といった指導主事個々の専門性を超えた連携、つまり縦の連携が必要な場合がある。そのためには、どこにどのようにつながれば目の前の課題や問題の解決を図ることができるのか、各機関の持つ役割や機能、組織体系等について十分理解しておく必要がある。

　また、教科や担当業務の共通性という側面からの横の連携も重要である。狭い視野や思考の中での課題への対応にならないためにも、横の連携は欠かせない。地域に関することであれば教育事務所へ、より専門的なことや研究的なことであれば教育センターへ、全国的な動向や課題、世界の動向に関わるようなことであれば、都道府県教育委員会へというように、課題に即して適切に連携先とつながることができるよう組織の理解に努め準備しておくことが大切となる。また、必要に応じて大学等の関係機関とのつながりも構築しておくことも必要な視点である。

(4) 連携に基づくアプローチ

　都道府県教育委員会・市区町村教育委員会・教育事務所・教育センターが連携し学校や地域を支援することは、協働体制の中でそれぞれ機能の強みを十分に発揮できているかにかかっている。

　そのためには、直面する課題を踏まえながら、解決へのアプローチを何らかの形でマネジメントする必要がある。たとえば、域内の課題への対応の場合は教育事務所、地域や学校の課題への対応であれば市区町村教育委員会、広域的な課題への対応であれば都道府県教育委員会が、データ分析などの研究的側面や指導力の側面、人材

育成的側面における研修・研究への支援であれば教育センターがというように、それぞれの立場や役割の持つ特徴や専門性に基づき取組をリードできる仕組みづくりを考えていく必要がある。

【具体例】

●市区町村教育委員会主催の特別支援教育研修

[企画・立案]市区町村教育委員会

[研修対象者]所管する学校の教職員

[研修アドバイザー]教育事務所の特別支援教育エリアコーディネーター

[研修講師]教育センターの特別支援教育担当

●市区町村教育委員会主催の学力向上委員会

[企画・立案]市区町村教育委員会

[学校状況分析]各校学力向上担当

[所管校状況分析]市区町村教育委員会担当者

[域内状況分析・指導事例研究]教育事務所担当者、各教科担当者

[データ総合分析]教育センター担当者

● いじめ防止基本方針及びいじめ対策検討委員会

[実施主体]学校(生徒指導主事)

[アドバイザー]市区町村教育委員会担当者、教育事務所担当者

[事例等情報提供]教育センター担当者

● いじめ防止対策研修会

[企画・立案]教育事務所

[研修対象者]域内各校生徒指導主事及び管理職

[研修講師]大学教員(県教委からの派遣)、教育センター担当者

「連携」の形は様々あるが、実のある連携にしていくためには、学校や地域と最も近く身近な関係にある市区町村教育委員会のリーダーシップがとくに期待される。そのためには、①それぞれの地域の特性を生かした連携を進める、②実際に「動く」連携の体制を構築する、③PDCAサイクルに基づき継続した取組をめざす等の視点を持つことが大切である。 **(藤岡宏章)**

自分を知り、仲間を知り、ネットワークをつくる

横のつながりとネットワーク構築の重要性

　指導主事の業務は個業になりがちで、セパレートな形になっている場合が多い。事務局に一人配置の場合は当然一人で業務を遂行していくことになる。複数配置の場合も業務は各人に分担され、同じ業務を担当する者が他にいないこともあり、一つの業務をチームで対応するのはプロジェクト的な場合などに限られる。

　しかし、指導主事として確かな業務を推進していくためには、所属の教育委員会を超えて専門職同士の横のつながりやネットワークづくりが重要である。さらに、業務の正確さと効率化を図るためには、専門職だけではなく、事務職員等とのつながりや情報共有、コミュニケーションが欠かせない。

自分を知り、専門職としての専門性をどう高めていくか

　指導主事として、人的ネットワークを構築していくためには、まずは自分を知ることから始めたい。それはすなわち指導主事の強みや求められていることを知ることである。学校現場は、教育に関する専門性に裏づけられた指導・助言・支援を期待して、指導主事を研究会・研修会等に招聘している。指導主事の職務の中核は教育に関する専門性であり、強みは「教員免許を有している」「学校現場の経験がある」「学校以外の立場で学校教育を考える立場にある」ことである。

　しかし、学校現場にいたときの"財産"だけで対応するには限界がある。そこで重要となるのが、自分自身を見つめ、自己の専門性を高める機会を持つことである。自己研鑽しようとする積極性は何よりも必要な資質である。

💬 仲間を知り、ネットワークをつくる

　自分を知り、専門性の向上に努めることに加えて、それぞれの強みを発揮し、互いに弱みを補完し合う同僚性を発揮できる体制にあることは、個々の能力のさらなる向上につながるだけでなく、仲間を知り、横のつながりの強化と共通認識・共通理解の機会にもなる。

　では、横のつながりを強化していくために、どのような視点から自分を見つめなおし、仲間を見ていけばいいのか。そこにはいくつかのフィルターが考えられるが、共通するのは「状況の把握」と「課題認識」である。たとえば、①学校や地域の状況や実情、②自治体における施策や計画と課題、③国の教育動向や世界の教育動向等の視点から、担当業務や専門分野のみならず、広く教育の在り方について見つめてみたい。

　様々な視点や側面から改めて自らの能力や役割、立場を知り、同様に仲間について認識を広げ高めていく。状況に応じて仲間を探していく。こうして多様なネットワークをいかに持つことができるかが鍵となる。

　たとえば「校種を超えて学ぶ機会をつくる」。

　教科指導で考えた場合、義務教育では小・中の関連は意識するが、高等学校との関連はどうだろう。今般の学習指導要領の改訂により高等学校ではいくつかの教科で新科目が設定されたが、その内容について校種を超えて互いに学び、義務教育との一貫した指導を考えているだろうか。

　たとえば「時宜を得た内容を学ぶ機会をつくる」。

　中高一貫教育が話題の頃、今後を見据えてまだ担当が置かれていない小中一貫教育を学ぶために先進地を訪問したことがある。また、PISAの結果が国内はもとより世界中の話題になったとき、学校評価が本格的に検討され始めたとき、学ぶ機会を探し、海外へ研修と調査研究に出向いた経験があるが、そのときのネットワークはいまも続き、様々な課題や内容について意見交換・情報交流をしている。

　こういう機会に身を置く、必要なら自分でつくることで、新たなネットワークは多様につくられ、自らの業務の幅を広げていくことができる。

（藤岡宏章）

コラム●モーレツ指導主事体験記2-1

指導主事として得たもの

武庫川女子大学学校教育センター特任教授 **中山大嘉俊**

✏️ 憧れであった指導主事

「新任としては80点だね」。

2回目の研究授業の討議会での指導主事の言葉です。私が赴任した小学校では、新任教員は指導主事を要請した研究授業を年3回することになっており、校内で検討いただいた指導案を事前にその教科の指導主事に指導を仰いで本番に臨む、そういった流れができていました。

研究授業の打ち上げでは、指導主事、管理職をはじめ、教務主任、各学年主任から、「あの発問の意図は……」といった本音の指導を次々にいただいたのを覚えています。

また、教育委員会の新任教員研修会で、私の班担当だった主任指導主事にも、よく飲みに誘っていただきました。「何もないときにも、近くまできたのでと言って学校訪問している」など、おっしゃっておられたことをいまでも覚えています。

転勤してからも、多くの指導主事から指導・助言だけでなく、様々な話を聞かせていただきました。

いまでは考えられないことですが、当時、30代前半でも小学校教育研究会の研究員になれなかった実態があり、指導主事は私にとって憧れの存在でもありました。

✏️ 指導主事になってみて

教頭・指導主事候補の面接で、「教頭・指導主事のどちらになりたい」との質問に、「教頭です」とお答えしたら、教育長から「教育委員会はそんなに魅力がないか」と散々お叱りをいただいたことを覚えています。

2校で教頭をした後、初等教育課に指導主事として着任しました。そのときには、数年前の機構改革で、教育施策や学校対応については本庁、教科の指導に関することは教育センターとのすみ分けができていました。

いざ指導主事になってみると想像とはまったく違う仕事であったことは、経験者なら誰しも同意するでしょう。

➡️ 102頁へ続く

5章
法知識を
身につける

——指導行政を基礎づける法制

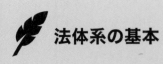

法体系の基本

指導主事にとっての法令——すべての職務は法令に根拠がある

　指導主事は、教育指導に関する専門職として、優れた実践的指導力を備えており、その能力をもとにして指導主事として任用されている。しかしながら、採用段階から一定の法令に関する知識を備え、通常の職務においても、日々法令を直接的に運用する行政職員と異なり、必ずしも、法令に関する知識や運用能力を備えているわけではない。

　とは言え指導主事となったからには、教育法規に関する知識は、公教育を担う学校経営を支援し、教育行政に携わる上での基礎であり、次々に発生する危機に対応する上での必須の前提である。

　教育基本法16条は、「教育は〈中略〉この法律及び他の法律の定めるところにより行われるべきものであり」と、教育の法律主義について規定している。教育行政は、法律に根拠をもって行われなければならないのである。

　学校現場では、一人一人の教師は日常的に校長や副校長・教頭の指示や助言のもとで教育活動を展開していることから、往々にして、「権限」（それには「責任」が伴う）ということを明確に意識せずに業務を行っている。しかし、行政機関である教育委員会においては、指導主事は「権限」に基づいて職務を遂行することが明確に求められている。つまり、指導主事は、事務局の構成員であり、事務局は、「教

育委員会の権限に属する事務を処理させる」（地教行法17条）とされていることから、指導主事が行おうとすることは、それが法令によって教育委員会の権限（同法21条）として位置づけられている必要がある。

　また、指導主事は「教育課程、学習指導その他学校教育に関する専門的事項の指導に関する事務に従事する」とされ、さらに、その職務を行う場合も「上司の命を受け」（同法18条3項）て行う必要があるとされている。指導主事の職務は、法令に根拠を有して行う必要があり、権限を超えることを行った場合には違法とされることがある。指導する相手の方の校長や教師にも、学校管理規則等を確認するなどして、どのような「権限」が付与されているのかを理解しておく必要がある。指導主事として仕事を進める上で、仕事の根拠が法令にあることを理解しておく必要がある。

教育に関する法令の体系を知る──法令の基本構造を知る

　教育に関する法令を学ぶ上で、第一に、法令の基本構造を押さえる必要がある。

　国の法規については、国民の意思に基づいて国の基本原則を定めた「憲法」を頂点とした法体系が形成されている。憲法の下には、国会が制定した「法律」が位置づけられ、その下に、内閣が制定した「政令」、内閣総理大臣や各省大臣が制定した「府令・省令」が位置づけられている。そして、これらの下に、上級官庁が下級官庁に発する命令である「訓令」や上級機関が所管の機関や職員に発する指示の通知である「通達」、行政機関の決定事項を広く国民に示す「告示」等が位置づけられることで、我が国の制定法の体系が形成されている（**図1**）。

　また、政府が締結（国会が承認）した「条約」も日本の重要な法源

となっている。条約については、そのまま法令としての国内法的な効力を持つ場合もあるが、個々の法律として立法を通じて国内法として効力を持つ場合もある。とくに近年は、子どもの権利条約や障害者の権利条約などは、児童福祉法、障害者差別解消法等を通じて、学校教育にも大きな影響を与えており、条約の提起する「子どもの最善の利益」「合理的配慮」などの理念は、大きな意味を持っている。

　地方公共団体には、憲法94条によって自主立法権が付与されており、法律の範囲内で議会が「条例」を、地方公共団体の長や各種委員会は、法令や条例に違反しない限りにおいて「規則」を制定できる（**図2**）。

　これらの地方公共団体の法令は、地方公共団体の事務に限定されているとされるが、国の法令とは別に独自の自治立法もできるとされている*。

指導主事にとって重要な「条例」「規則」

　地方公務員として仕事を進める上で、地方公共団体の定める条例、規則は、非常に重要な位置づけにある。

　それは、第一には、教育委員会の事務の多くは、国の法令に根拠を持ち、法令の具体的な規定に基づいて、条例や規則で、その具体

図1　国の法令の構造

図2　地方公共団体の法令

＊　地方自治法14条1項により、法律と条例で定めることとされている事項についても、地方公共団体の事務に属するものであれば条例を制定できる（例：青少年健全育成条例）。

を規定している場合が多いからである。たとえば、性行不良による出席停止については、「出席停止の命令の手続に関し必要な事項は、教育委員会規則で定めるものとする」（学校教育法35条3項）とされており、具体的な手続は教育委員会規則に委ねられている。

また、教育委員会は、その権限に属する事務を処理するために「教育委員会規則を定めるものとする」とされており（地教行法33条）、その内容は、所管する「教育機関の施設、設備、組織編制、教育課程、教材の取扱い」など多岐にわたっている。

また、条例や規則のもとで、組織上の詳細な内容を定めたもの、事務取扱い上必要な事項を定めるものとして「規程」「要綱」「要領」等が定められる。これらは、法令に根拠を持つもの・持たないものがあり、また、上級機関の命令（訓令）、法規の解釈や行政運用指針等の指示（通達）として発出されるものもある。こうしたことから、指導主事は、国レベルの法令だけでなく、職務を実施するにあたっては、地方公共団体のこれらの法令（例規集）にも根拠を求める必要がある。

📖 日常的に参照する「学校管理規則」

「学校管理規則」は、教育委員会と学校との権限関係を定めた教育委員会規則の通称である。教育課程や教材の取扱い、校務分掌の決定、職員会議の運営などが規定されている。従来は、細部にわたって、教育委員会への報告、許可を求める管理的性格の強い学校管理規則が見られたが、近年は、学校における自主性・自律性の確立、校長の裁量権の拡大を促す観点、また、学校に課される事務作業の軽減を進める観点から、学校管理規則の見直しが進められている。

指導主事として、日常的に参照する規則であり、教育委員会としても、内容の妥当性を確認しておく必要がある。　　**（佐々木幸寿）**

教育関係法令の学び方

教育関係法令の基本構造を知る――「縦」と「横」から見る

　教育法規を学ぶ上でのポイントは、我が国の教育関係法令の「縦の構造」と「横の構造」を理解することである。基本的な構造は以下のとおりである。

【縦の構造】

　憲法（国民が制定）－法律（国会が制定）－政令（内閣が制定）－府令・省令（総理大臣や各省大臣が制定）－告示・訓令・通達（行政機関が制定・発出）という構造である ▷ P86 。

　たとえば、学校の教育課程に関する法令は、教育基本法・学校教育法（法律）－学校教育法施行規則（省令）－学習指導要領（告示）という形で上位法から下位法へと具体化されていく構造にある。なお、教育基本法は、法形式としては「法律」であるが、すべての教育関係法令の根本法として位置づけられている。

【横の構造】

　教育関係法令を理解する上で、それぞれの法令が対象とする領域を区分して押さえることが有益である。たとえば「学校教育に関する領域」（学校教育法、学校保健安全法など）、「教職員に関する領域」（地方公務員法、教育公務員特例法など）、「教育行政に関する領域」（地方自治法、地教行法など）等に区分することができる。

　このように縦と横の構造を理解した上で、自分が直面している法

的な問題はどこに位置しているのかを知ることができれば、教育法規は格段に理解しやすくなる。たとえば、児童生徒への「懲戒」は、横の関係で見れば、学校教育の指導に関する内容であるので、学校教育法に規定されている。縦の関係でみれば、基本的根拠は学校教育法11条で、具体的な基準は学校教育法施行規則26条で、さらにその詳細は文部科学省の通知等で示されるということになる。

　この「縦の構造」と「横の構造」が理解できれば、「教育六法集」や「教育関係者必携」等で必要な法令を探すことができるようになる。国語の学習にたとえるなら、国語辞典が引ける段階にあるということになる。

　このことは、地方レベルの法令（条例、教育委員会規則等）においても同様である。ただし、条例や規則は、国レベルの法律、政令、省令を受けている場合が多いため、国の法令との関係にも留意する必要がある。

場面や状況に応じて具体的な法令運用を学ぶ──判例・通知

　教育関係法令の基本構造を知れば、例規集にあたり、ウェブ検索することで必要な法令を引くことができる。国の法令も地方公共団体の法令も、現在ではインターネット上で簡単に検索できるようになっている。

　しかし、実際には、法令の条文をそのまま適用できる場面は限定されており、個々の場面や状況に応じて適切に運用するためには、直面している事例等に応じて条文を解釈、適用していく必要がある。そのために必要なのが、具体的な事案について示された判例や、法令の趣旨や解釈・適用の在り方を示した国の通知等である。

　たとえば、教師が自分の子どもの入学式に出席するために年次有給休暇を取得し、勤務校の入学式を欠席したという事案が大きく報

道されたことがある。労働基準法39条5号は「使用者は、前各項の規定による有給休暇を労働者の請求する時季に与えなければならない。ただし、請求された時季に有給休暇を与えることが事業の正常な運営を妨げる場合においては、他の時季にこれを与えることができる」と規定しているのみで、年次有給休暇の法的性格についての解釈や校長が時季変更権*を行使する上での留意点は条文だけからは読み取れない。

　このような場合には、確立した判例や裁判例、また権限を有する行政機関の発出した通知・通達の内容等を確認する必要がある。年次有給休暇に関する判例（最判昭和48年3月2日）によれば、①年次有給休暇は、労働者が時季指定した場合に、使用者が時季変更権を行使しないかぎり指定によって効果が発生すること（使用者ができるのは時季の変更のみ）、②使用者が時季変更権を行使する要件として「事業の正常な運営を妨げる」か否かの判断は、当該労働者の所属する事業場を基準として判断すること、③労働基準法39条に基づく年次有給休暇の利用目的は、同条の関知しないところであり、労働者の自由であること等が確認されている。

　この基準を参考にして考えれば、校長は、その学校の状況を踏まえて可能な限りの手立てを講じても入学式の実施に支障が生じるという場合に限り、時季変更権が行使できるということになる。

最新の法律の制定、法改正の動向を着目する

　指導主事として、学校や教師を支援する上で、学校現場が抱える課題について法的争点を整理しておきたい。とくに、最新の法律の制定や法改正の動向、国の通知や判例を確認しておく必要がある。

〈医療的ケア児支援法〉

　2021（令和3）年6月に「医療的ケア児及びその家族に対する支援

---

*　校長または市区町村教育委員会は、原則として職員の請求する時季に年次有給休暇を与えなければならないが、その時季が校務の正常な運営を妨げる場合においては他の時季に変更できる。

に関する法律」が成立している。同法は、日常生活や社会生活を営むために恒常的に医療的ケア（人工呼吸器による呼吸管理、喀痰吸引その他の医療行為）を受けることが不可欠な児童（18歳以上の高校生等を含む）やその家族を社会全体で支援することを趣旨として制定されている。

　同法は、理念として、医療的ケア児の日常生活や社会生活を社会全体で支援すること、医療的ケア児が医療的ケア児でない児童と共に教育を受けられるように最大限に配慮しつつ適切に教育に係る支援が行われること等を掲げている。また、同法10条は、国や地方公共団体、学校の設置者等による措置を規定しており、学校設置者に対して、学校において医療的ケア児が保護者の付添いがなくても適切な医療的ケア等が受けられるように、看護師等の配置など必要な措置を講ずることを求めている。指導主事は、新法の立法目的、基本理念、教育委員会や学校が果たすべき責務等について具体的に把握しておく必要がある。

〈熱中症対応についての法令と通知等〉

　近年、学校の教育活動の最中に、熱中症によって児童生徒が死亡する事例が報告されている。熱中症への対応については、従来から教員側が指導上その防止に留意すべき事項として認識されていたが、近年の熱中症事故の多発によって熱中症対応のための基礎的知識は、すべての教員が備えておくべき必須の知識としてとらえられるようになった。具体的には、熱中症に関する学校保健安全法の規定、同法が学校に求める学校安全計画の策定、危険等発生時対処要領（危機管理マニュアル等）、熱中症対応についての文部科学省通知（たとえば「熱中症事故の防止について（依頼）」2021年4月30日）や日本スポーツ協会『スポーツ活動中の熱中症予防ガイドブック』（2019年改訂）等の改訂状況にも気を配っておく必要がある。**（佐々木幸寿）**

指導行政のための法律

指導行政の柱としての学習指導要領、教科書、指導・助言

　指導行政の中核は、「教育課程行政」であると言われる。教育課程行政の柱は、教育課程の基準である「学習指導要領」、教科の主たる教材である「教科書」の制度、学校や教師への「指導・助言」にある ≫ P31 。

教育課程の基準としての学習指導要領（文部科学大臣告示）

　教育課程とは、「学校教育の目的や目標を達成するために、教育の内容を児童（生徒）の心身の発達に応じ、授業時数との関連において総合的に組織した各学校の教育計画」（小・中学校学習指導要領解説・総則編）とされており、「各学校においては、教育基本法及び学校教育法その他の法令並びにこの章以下に示すところに従い、児童（生徒）の人間として調和のとれた育成を目指し、児童（生徒）の心身の発達の段階や特性及び学校や地域の実態を十分考慮して、適切な教育課程を編成するもの」（小・中学校学習指導要領・総則）としている。

　各学校は、教育基本法の規定を踏まえ、学校教育法や学校教育法施行規則等に基づいて、教育課程の基準である学習指導要領に従って教育課程を編成することになる（図）。法令上、学校教育法33条は、小学校の教育課程に関する事項は、29条〈小学校の目的〉及び30条〈小学校の目標〉の規定に従い、文部科学大臣が定めるとされ、学校

教育法施行規則52条は文部科学大臣が公示する学習指導要領による
としている。

　教育委員会は、教職員に対して学習指導要領の趣旨や内容を伝達
するだけでなく、学習指導要領等をもとに学校に対する指導指針を
策定し、学校が教育課程を編成するための管理や支援を行う必要が
あることから、指導主事は、学習指導要領について深く理解してお
く必要がある。なお、学校管理規則には、各学校の教育課程の編成、
そのための基準、届出等についての規定があり、指導主事は、同規
則に基づいて、学校の教育課程に関わっていくことになる。

教科書行政──教科書の使用義務、教科書検定・採択、無償措置

①教科書の使用義務

　学校の授業において授業内容を構成する題材や素材を学習活動に
適したように取捨選択し、授業を効果的に展開するための基礎とな
るのが「教材」である。教材は、図書、写真、地図、現物など多様で
あるが、法令は、教育課程の構成に応じて組織配列された教科の主

```
┌─────────────────────────────────────┐
│           教育基本法                  │
│ 1条（教育の目的）、2条（教育の目標）、5条（義務教育）│
└─────────────────────────────────────┘
```

```
┌─────────────────────────────────────┐
│           学校教育法                  │
│ 29条〈小学校の目的〉、30条〈小学校の目標〉、33条〈教育課程〉等│
└─────────────────────────────────────┘
```

```
┌─────────────────────────────────────┐
│      学習指導要領（文部科学大臣告示）      │
└─────────────────────────────────────┘
```

図　教育課程に関する法令

たる教材である「教科書」（教科用図書）を法令で規定している。

学校教育法34条は、「小学校においては、文部科学大臣の検定を経た教科用図書又は文部科学省が著作の名義を有する教科用図書を使用しなければならない」と規定し、検定教科書の使用義務を定めている。使用義務については、「授業に持参させ、原則としてその内容の全部について教科書に対応して授業をすべきであるが、その間、学問的見地に立って反対説や他の教材を用いての授業も許される」（昭和58年12月24日福岡高等裁判所判決）とされており、原則として教科書に対応した授業を行うことを前提とした上で、より効果的な授業展開のための教材等の工夫は許されるものと言える。

いわゆる資料集やドリルなどの副教材については、同条4項は「教科用図書及び第二項に規定する教材以外の教材で、有益適切なものは、これを使用することができる」と規定している。地教行法33条2項を受けて各教育委員会の学校管理規則等において教材の届出・承認の規定等を設けており、手続に従って使用することができる。

②教科書検定制度と教科書採択

我が国では、教科書の著作、編集に著作者の創意工夫が発揮されること等を期待して教科書の発行は民間に委ねているが、その一方、学校教育においては、全国的な教育水準の維持向上、教育の機会均等、適正な教育内容の維持、教育の中立性の確保等の観点から教科書検定制度が設けられている。教科書検定では、学習指導要領への準拠性、中立性、正確性等の観点から民間の教科書を審査しており、合格したものは、教科書としての使用が認められる。

教科書の採択の権限は、学校を設置する市区町村や都道府県の教育委員会にある（国・私立学校では、校長にある）。ただし、教科書無償措置法は、市区町村立の小・中学校で使用される教科書の採択にあたっては、都道府県教育委員会が「市町村の区域又はこれらの

区域を併せた地域」を採択地区として設定する。採択地区が2以上の市区町村の区域を併せた地域であるときは、採択地区協議会の協議に基づき種目ごとに一種の教科書を採択することとされている。

③教科書の無償給付

　義務教育諸学校の教科書については、教科書無償措置法により無償で配付される（3条）。なお、義務教育における教科書の無償給付は、憲法26条の規定する義務教育の無償（憲法上の権利としての無償措置）とは法的な性格が異なり、政策的判断によって教科書無償措置法に基づいて実施されているものである＊。

④デジタル教科書への対応

　デジタル教科書の時代を迎えて、一定の制約のもとで、紙の教科書に代えて学習者用デジタル教科書を使用できることとなった。それに伴って教科書の概念、その使用義務の考え方も時代にあったものへと変えていく段階に来ている。GIGAスクール構想が展開されており、今後、法制度の調整が必要となっていくものと考えられる。

指導主事による指導・助言──学校の自主性、創意工夫を促す支援

　指導行政を前線で担うのは、教育に関する専門職として配置されている指導主事である。学校教育は、学習指導、生徒指導等において、子ども一人一人の個性や発達段階に応じて行われるべきものであり、学校や教師の創意工夫が求められる。そのため、戦後、教育行政においては「指導と管理の分離の原則」により指導主事は教職員の昇任や懲戒等の人事には関与せず、教職員に対して権力的な指示・命令を行うことは適切でないとされてきた（旧教育委員会法）。法令改正、事務局組織改編によってその原則は曖昧になってきているが、学校の自主的・自発的取組、創意工夫を促す専門的支援の在り方を改めて考えていく必要があるように思われる。　　　**（佐々木幸寿）**

＊　判例によれば、憲法26条における義務教育の無償とは、授業料の無償を定めたものとされている（最高裁判所大法廷判決昭和39年2月26日）

教育と福祉の法律
—— 虐待、貧困、教育機会

「学習権の一律保障」の意義と法システムの限界

学校教育に関する法令、とくに、義務教育に関する法令は、すべての子どもの教育を受ける権利を、全国的に同じ基準で平等に保障する法体系が形成されている。

「教育の憲法」「教育の根本法」である教育基本法を基本として、学校制度、教育活動、教職員に関する法令が構造化され、組織的・体系的に、全国一律に、学習権を保障する法的なシステムが形成され、このシステムのもとで、我が国では教育水準が確保され、教育の機会均等が保障されてきたと言える（図）。

子どもの権利条約と児童福祉法、教育機会確保法

しかし、いじめ、不登校、貧困の問題等が深刻化し、従来の全国

図　教育基本法を中心とした法システム

一律、画一的な法システムでは、対応できない状況が現出している。どのように学校の施設・設備を充実させ、教職員を配置し、優れた教育課程を編成したとしても、学校のシステムの枠組みの外にいる不登校児童生徒には、公的な教育支援を行うことは難しい。また、就学義務が課せられない外国人の子どもに基礎的な教育を施すには、十分に対応できていない現実がある。

　このような状況に対して、近年、一人一人の学習権保障のための法整備が進められている。法的な背景としては、1999（平成11）年の地方分権一括法の成立以降、地方分権改革が進展し、地方における法制度の自主的運用が広まったこと（小中一貫教育、学校選択制、コミュニティ・スクールの導入など）、子どもの権利条約（1989年採択、日本は1994年批准）が国内法として浸透したこと（児童福祉法、教育機会確保法などの根拠としての位置づけ）があげられる。

　たとえば、従来は政令で定められた基準により障害のある児童生徒等は特別支援学校に就学することを原則としていたが、2013（平成25）年に学校教育法施行令が改正され、個々の児童生徒等について、市区町村教育委員会の判断によって障害の状態等を踏まえて総合的な観点から就学先を決定する仕組みに改められた。また不登校児童生徒が活用しているフリースクール等は、保護者に課される就学義務の履行形態としては認められていなかったが、2016（平成28）年に教育機会確保法が成立し、個々の不登校児童生徒の「休養」の必要性を認めるとともに、学校外におけるフリースクール等の民間施設の活用やそれに対する公的な支援に踏み出している。

障害者の権利条約と障害者差別解消法における合理的配慮

　2006（平成18）年に「障害者の権利に関する条約」が採択された（批准は2014年）。我が国は、条約を批准するために、国内法の整備

を進め、2011（平成23）年には障害者基本法を改正し、2013（平成25）年には、障害者差別解消法を制定している。障害者基本法、障害者差別解消法では、学校教育における障害のある児童生徒への対応において、障害者からの現に社会的障壁の除去を必要としている旨の意思の表明があった場合に、その実施に伴い負担が過重でないときは、合理的な配慮をしなければならないと規定された。

　障害のある児童生徒にとって、「合理的配慮」は自らの申出によって就学条件、就学環境が大きく改善される契機となったのであり、これによって学校教育における障害者法制は大きな転機を迎えている。障害者の教育機会の保障、学習環境の改善という点で、従来の全国一律の基準ではなく、一人一人の障害の状況や個別の学校の状況等に応じて、個別に保障していくという法制度が整備されつつある。

👨‍🏫 児童生徒に対する福祉的対応——虐待、貧困

〈児童虐待防止法〉

　指導主事には、虐待、貧困などの問題の深刻化に伴って、福祉、警察など広範な領域での対応が求められるようになっている。

　子どもへの虐待の深刻化を受けて、2000（平成12）年に児童虐待防止法が制定された。児童虐待を、身体的虐待、性的虐待、ネグレクト、心理的虐待の4種類として定義し、3条は児童に対する虐待の禁止を規定し、5条は学校等に対して児童虐待の早期発見の努力義務、虐待に関する児童の秘密を漏らさない義務を課している。また、6条では児童虐待に係る通告義務が児童虐待を受けたと「思われる児童」を含めて規定している。

　指導主事として、学校や教育委員会に対してこれらの責務が課されていることを周知する必要がある。

　また、2019（令和元）年には、児童虐待防止法が改正され、保護

者等がしつけに際して体罰を加えることなど、監護、教育に必要な範囲を超える行為により児童を懲戒することを禁止した。なお、東京都はこれに先立ち、「東京都子供への虐待の防止等に関する条例」を定め、保護者に対し「体罰その他の子供の品位を傷つける罰を与えてはならない」ことを義務として課している。

〈子ども貧困対策推進法〉

　子どもの将来がその生まれ育った環境によって左右されることのないよう、貧困の状況にある子どもが健やかに育成される環境を整備するとともに、教育の機会均等を図るため、2013（平成25）年に子ども貧困対策推進法が制定された。同法は、政府に対する子どもの貧困対策に関する大綱の策定義務、都道府県や市区町村に対する子どもの貧困対策計画の策定についての努力義務、教育支援、生活支援、保護者に対する就労支援、経済的支援等について規定している。

　政府の「子供の貧困対策に関する大綱」（2019年閣議決定）は、学力保障、高校中退予防、中退後支援の観点を含む教育支援体制の整備、生活困窮家庭の保護者の自立支援等を重点施策として掲げている。指導主事としては、地域に開かれた子どもの貧困対策のプラットフォームとしての学校指導・運営体制の構築が提言されていることに留意する必要がある。

　子どもの貧困対策のプラットフォームとして、学校には、スクールソーシャルワーカーやスクールカウンセラーが機能する体制の構築、少人数指導や習熟度別指導、補習等のための指導体制の充実等を通じて学校教育における学力保障を進めることが期待されている。指導主事には、学校、教育行政の枠組みを超えて、福祉、医療、警察など多様な機関、外部の専門家等と連携していることが求められている。

（佐々木幸寿）

県費負担教職員と教員ムラ
──インフォーマルな人的ネットワーク

設置者管理主義の例外としての県費負担教職員制度

　設置者管理主義、設置者負担主義として、学校の設置者が学校を管理し、その経費を負担するのが原則となっている（学校教育法5条）。しかし、地方公共団体には、財政力格差・地域間格差等がある。そのために、教育の機会均等を保障し、教育水準の維持向上を図るために、国や都道府県が、市区町村が負担すべき経費の一部を負担するなどの措置が採られている。その一つが、県費負担教職員制度である　▶ P54　。

　県費負担教職員制度とは、①市区町村立の小・中学校等の教職員につ

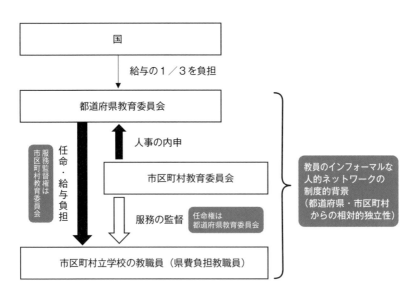

図　県費負担教職員制度を背景に形成される教員の人間関係

いては、その給与については都道府県が負担する（市町村立学校職員給与負担法1条）、②市区町村立の小・中学校等の教職員については、市区町村の職員としての服務監督は市区町村教育委員会が行いつつ、その任命権（採用、懲戒等）は都道府県教育委員会が有する（地教行法37条）、③都道府県教育委員会は、市区町村教育委員会の内申を待って、県費負担教職員の任免その他の進退を行う（同法38条）、④県費負担教職員の定数は都道府県の条例で定める（同法41条）、⑤県費負担教職員の給与、勤務時間その他の勤務条件については、都道府県の条例で定める（同法42条）、という仕組みが設けられている（図）。

　ここでは、県費負担教職員制度が教員相互の特殊なインフォーマルな関係の制度的な背景となっていることを説明する。

🖥 教員のインフォーマルな人的ネットワークと「教員ムラ」の批判

　県費負担教職員としての教職員は、その任免権を都道府県教育委員会が有することから、市区町村から一定の独立性を有している。その一方で、市区町村職員としての身分を有することから、日常の業務においては都道府県教育委員会の統制に服する関係にはない。

　このように、県費負担教職員制度と教育委員会制度を背景として、公立学校の教職員は、地域により違いはあるものの、独特なインフォーマルな人的ネットワークを形成していると言われる。端的には、教員集団は市区町村にも都道府県にも属さない存在として、教師間で築かれた人間関係のネットワークに依存していると指摘される。

　このような人間関係のなかで、子どもへの献身を競う風土、教員相互の結束力、同僚性を重視する文化などが育まれていることが指摘されており、これが我が国の学校教育を支えてきたとの指摘もある。

　その一方で、政治や行政のガバナンスの障害となる、教師間の人間関係を優先するなど「教員ムラ」として批判されることもある。また、近年は長時間勤務の背景となっているとも言われているインフォーマルな人的ネットワークの存在については、指導行政を進める上でも留意する必要がある。

　　　　　　　　　　　　　　　　　　　　　　　　（佐々木幸寿）

→ 82頁から続く

「着任後2週間は電話をとってはいけない」から始まり、「最初に電話を受けた者が最後まで対応する」「先輩の姿から対応を学べ」「事実関係と背景をつかめ」「汗をかけ」など、ことあるごとに指導主事としての心構えを叩き込まれたように思います。

虚しさが残った苦情対応

「もつれにもつれた事案がくる」。

当時の上司の言葉通り、寄せられる苦情の多くは解決の見通しが立たず、電話もしくは窓口に来られるほとんどの方が、不信感を露わにされ感情的になっておられました。

とにかく聞き手に徹して相手が何を望んでおられるのか、背景も含めて思いや状況を把握する。その上で、できること・できないこと、対応の方針や具体を丁寧に説明する。上司に1次報告し指示を受ける。当該校長から聞き取り、事実関係を明らかにして解決の道筋を具体化する。場合によっては、保護者、管理職同席のもとで、話し合いを持つ……。

こうした経験を繰り返すなかで、苦情対応の仕方は身につきましたが、現場にいたときのように、苦情主から却って信頼を得るといったことはほとんどの場合ありませんでした。

見極めの大切さ

指導主事2年目の初夏の夕方のことです。担当区の校長から「いますぐ来てほしい」とのSOSがありました。3人の保護者が子どものことで対立していてどうにもならない、教育委員会を呼べと言われているといった内容でした。

これまでの学校訪問で、その校長には、子どものことを第一に考える真摯で教育愛のある方だという印象を持っていました。事情がまったくつかめないまま現場に急ぎました。

校長室では、3人の保護者から事情を聞くことから始めました。保護者が口々に主張されるなかで、なぜそうなったのか未だに釈然としないのですが、話の内容が子ども同士のもめごとから、昨年の運動会での不審者対応の拙さに変わったのです。

「教育委員会として、どう考えている」。

対立していた3人の矛先が学校や教育委員会への批判へと変わり、私が説明をしても「それでは足りない」の一点張りになりました。「いますぐ職員を集めて会議を開け」「誠意ある対応をしろ」といった理不尽な要求がエスカレートし、明け方まで続きました。

→ 124頁へ続く

6章
企画・立案する

――行政職としての仕事

所管学校・地域の把握と調査

 指導主事は、所管する公立学校の「担任」

　教育委員会の事務局に勤務する指導主事には、所管する学校の現状や課題、教職員や児童生徒の状況、保護者や地域住民との関係などを熟知し、適切に指導・助言することにより、教育委員会等と学校とをつなぎ、学校を支え、育てることなどが期待されている。

　比喩的に表現するならば、指導主事は、所管する学校の「担任」としての役割を担う、と言ってもよいかもしれない。この役割を果たせるようにするため、あらゆる機会に様々な方法を駆使して、学校や地域の実態を把握することに努めなければならない。

学校が作成した諸資料の把握

　指導主事として、所管する学校の実態を把握するためには、まず各学校が作成する学校要覧やホームページ等を確認する必要がある。

　学校要覧の内容は、地方公共団体や学校によって異なるが、教育目標、沿革、在籍者数、学校運営組織、教職員一覧、生活時程表、教室配置図、校歌など学校の基本情報が掲載されている。

　ホームページには学校の基本情報とともに、校長の学校経営計画や学校評価の結果、学校だより、学習指導や生活（徒）指導、進路指導に関する情報、部活動の取組など、最新の情報が掲載されている。指導主事は、自分が担当する学校のホームページを定期的に確認し、

常に最新の状況を把握しておく必要がある。

　国や都道府県教育委員会等からの研究指定を受けた学校については、報告書や研究紀要等を熟読し、成果や課題を把握しておきたい。

学校訪問

　市区町村の教育委員会に勤務する指導主事は、校内研修の講師、研究指定校における研究の指導・助言や進行状況の確認、学校行事の視察、各種の打ち合わせなど、学校を訪問する機会は多い ▶ P140。近年は、役所内での業務が増加し、学校を訪問する機会を確保することが難しいとの現状もある。しかし、指導主事として学校や地域の実態を把握し、各学校に応じた施策を推進するため、学校訪問はきわめて重要であり、学校訪問の時間を捻出する工夫が必要である。

　指導主事が所管する学校を訪問する際、以下の点に留意して学校の実態を把握する必要がある。

　第一に、学校が所在する地域の特徴や通学路の状況、学校の校舎や教室の配置をはじめ施設・設備の特徴などを把握することである。教育環境を生かした教育活動の推進や学校事故の未然防止などについて適切に指導・助言するためには、写真や映像だけでは詳細な把握は困難である。学校を訪問する際には、少し早めに到着して、約束の時間までの間、学校の周辺も観察できるようにしたい。

　第二に、校長や副校長・教頭とのコミュニケーションを図ることである。指導主事が学校を訪問する目的には様々なものがあるが、どのような目的であっても校長や副校長・教頭に挨拶をし、情報交換を行うようにしたい。ホームページを通して児童生徒の活躍等の様子を把握し、それを手がかりとするなどにより、指導主事として、関心を持っている姿勢を示すことも重要である。こうしたことを積み重ねることによって、校長等との信頼関係が構築され、教職員や児

童生徒に関することなど、様々な情報提供を受けることができる。

第三に、教室や廊下の掲示物、清掃状況などを観察することである。これらを通して、児童生徒の健康、安全や人権等に配慮した教育環境の整備に関する取組や課題等を把握することができる。

第四に、児童生徒の状況を把握することである。授業中や休み時間、部活動などでの児童生徒の様子を観察することを通して、全体としての児童生徒の雰囲気を把握する。また、様々な課題を抱えた児童生徒については、その言動の特徴などを個別に情報収集することが重要である。

第五に、教職員とのコミュニケーションを図ることである。研究授業や学校公開、学校行事など様々な機会をとらえて、その学校の教職員に声をかけ、資質・能力、個性等の把握に努めたい。また、校長からの要請を受けて、校内研修会や職員会議などに出席し、教職員との意見交換等を通して、校長の人材育成への支援を行う。

調査結果や報告等の分析

学校は、文部科学省や都道府県教育委員会等が行う様々な調査の依頼を受け、回答している。その回答の多くは、学校を所管する市区町村の教育委員会を経由するため、指導主事はその集計等の作業を通して所管する学校の実態を把握することができる。

たとえば、毎年文科省が実施している「児童生徒の問題行動・不登校等生徒指導上の諸課題に関する調査」を通して、各学校における児童生徒の暴力行為、いじめ、不登校などの実態がわかる。

教育委員会には児童生徒の怪我や交通事故等、学校から様々な報告が入る。また、保護者や地域住民等から多様な要望や苦情などが寄せられる。これらに対しては、上司に報告・連絡・相談を行いながら迅速に対応するとともに、その対応記録をまとめ、課題の解決や

再発防止に向けた資料として活用できるようにすることが重要である。たとえば、登下校時の交通事故の発生状況について、発生時刻や場所等の特徴等を分析するとともに、学校に応じた対応策の検討や所轄の警察との具体的な連携などに反映させることが考えられる。

地域の実態把握

　指導主事は、学校運営協議会や学校行事などの際、学校運営協議会委員、PTA役員や学校評議員など、学校の様々な教育活動に協力してくれる地域住民と接することがある。その際には、積極的に自己紹介や挨拶を行い、日頃の支援に感謝するなど、円滑な関係を構築する機会としても活用する。

　また、教育委員会事務局の社会教育関係の課や、役所の中の産業や福祉などに関係する部署との連携を密にして、必要な情報を収集することも考えられる。生活（徒）指導との関連から、所轄の警察署の少年係やスクール・サポーターとは、日頃から十分な情報共有を図ることが重要である。

都道府県の教育委員会の場合

　都道府県の教育委員会では、直轄校については市区町村の教育委員会と同様の対応が求められる。また、市区町村立学校の実態については、所管する市区町村教育委員会との緊密な連携が必要である。

　たとえば、東京都教育委員会では、都内区市町村教育委員会の人権教育や生活指導等の各担当者による定期的な連絡協議会を開催し、指導主事間での情報共有を図っている。そこで得た情報に基づいて、先進的な取組について指導資料に掲載したり、その学校を研究推進校として指定したりして、都内すべての区市町村における教育活動の充実を図っている。

（増渕達夫）

事業計画等の企画・立案・稟議

教育委員会が行う多様な事業と指導主事の役割

　都道府県や市区町村の教育委員会においては、児童生徒の学力向上に関する事業、道徳教育や生徒指導の充実に関する事業、体力の向上や健康の保持・増進に関する事業など、多様な事業を展開している。これらの事業の中には、新規に企画・立案される事業と、前年度以前から継続される事業がある。

　新規の事業については、教育長の了解を得た上で、次年度の予算要求を行う時期までに、事業の趣旨や概要、期待される効果などの資料を添えて、必要な予算額等を、予算編成の担当部署に対して要求する ▶ P116。

　また、定例の教育委員会等で教育委員に対して説明を行うとともに、議会での審議・決定を経てはじめて認められるため、事業として実施できるまでには1年近くの時間を要することが多い。

　前年度から継続される事業については、前年度までの事業評価などをもとに改善・充実を図りながら実効性のある取組を推進することが求められる。

　教育委員会として様々な事業を企画・立案し、円滑に実施できるようにするためには、教育課程等に精通し、学校の実態や課題等を熟知している指導主事に期待される役割はきわめて大きい。

起案から決定までの流れ

　事業を担当する指導主事は、企画・立案した事業について各地方公共団体の規則に定められた様式や手順に従って文書により起案し、関係者に回付した後に決定権者の意思決定を得なければならない。

　たとえば、東京都の文書管理規則及び事案決定規程によれば、起案文書の決定権者が課長の場合は、その課の課長代理が内容や形式について意見を表明する「審議」を担当する。また、文書取扱主任が主として法令の適用関係の適正化を図る目的で起案文書について調査検討して、その内容や形式に対する意見を表明する「審査」を担当する。さらに、当該の事案の決定に関係する者によって意見の調整を図る「協議」を行う。回付にあたって、審議は協議に先立って行うこと、協議は同一部内を先に行ってから他の部や局と行うことなど、順序が定められている。

　起案者となる指導主事は、事前に予算担当や文書担当と十分相談しながら、所属する地方公共団体の文書管理規則等に基づいて起案文書を作成するとともに、協議を行う者に対しては、事業の趣旨や内容等について丁寧な説明ができるようにしておく必要がある。

日常業務を通した課題の把握・分析と事業の企画・立案

　指導主事の日常の業務には、学校の教育課程に関する指導・助言 ▶▶ P144 、学校訪問 ▶▶ P140 、教務主任等の主任会 ▶▶ P228 や研修会の企画・運営 ▶▶ P266 、調査物の集計・分析 ▶▶ P104 、学校事故 ▶▶ P242 や住民等からの電話への対応 ▶▶ P250 などがある。

　これらの業務を通して、学校の実態や課題を把握し、必要な事業を企画・立案している。たとえば、市区町村教育委員会においては、以下のような取組が行われている。

●学校訪問の活用

一例を挙げれば2021（令和３）年度、夏季休業期間中の学校訪問を通して、GIGAスクール構想の一環により配付されたタブレット端末を、必ずしもすべての教職員が活用できているとは言い切れない実態が確認された。そのため、全教職員がタブレット端末を活用したオンラインによる学習指導の方法等を習得し、教育活動を確実に継続できるようにすることが喫緊の課題として明らかになった。

　そこで、指導主事が講師となって、オンラインを通じて、夏季休業期間中に１回30分程度のミニ研修を実施することとした。主な内容は、基本的なタブレットスキルの習得、タブレットを活用した授業改善やオンラインを活用した１日の学習の組立例の紹介などである。また、９月の初旬には、すべての学校において児童生徒を対象にオンラインにより授業を配信し、使用方法等の確認を行った。こうした取組を通して、ICTの効果的な活用能力の育成を図った。

●調査結果の活用

　文部科学省が毎年実施している「児童生徒の問題行動・不登校等生徒指導上の諸課題に関する調査」は、毎年ほぼ同じ内容の設問で構成されているため、経年の変化を把握することができる。また、自らが勤務する市区町村の結果と、都道府県の結果や全国の結果などと比較することができる。

　ある教育委員会では、この調査結果を集計・分析したところ、不登校児童生徒のうち学校内外で何らかの指導や相談を受けた者の割合は全国平均などを下回っており、支援体制の充実が課題であることが明らかになった。この分析結果及び改善策の案を教育委員会の定例会で報告したことなどから、学校内外での支援体制づくりをはじめとする不登校施策の充実に関する検討が始まった。

●事故報告の活用

　教育委員会には電話や文書等により、様々な学校事故に関する報

告が入る。この多くは重大な事態に発展することなく収束するが、どの事故にも原因があり、その原因を明らかにして、再発防止のための対策を講じなければ大きな事故に発展する可能性もある。

　そこで、ある教育委員会では、毎月の校長会で事故報告を行うだけでなく、指導主事が四半期ごとに一つ一つの事故の発生状況を分析し、資料としてまとめ、情報提供を行った。たとえば交通事故について、地理的な位置関係や時刻、事故者の学年などを分析し、一定の傾向性を指摘した。また、これを管内の学校に配付する安全教育の指導資料に反映させ、安全教育に関する事業の充実を図った。

都道府県教育委員会の役割

　地教行法48条により、都道府県教育委員会は、市区町村教育委員会に対して、教育課程、学習指導、生徒指導等に関し、必要な指導・助言または援助を与えることができるとされている。また、市区町村教育委員会相互の間の連絡調整を図り、事務の適正な執行と管理等に努めることとされている（同法51条）▶ P52。

　都道府県教育委員会は教育事務所を置くなどして、市区町村の間の情報共有を確実に行い、教育活動の充実や児童生徒の安全確保などの取組を支援している。また、都道府県教育委員会が主催して、指導主事の連絡協議会等を開催し、市区町村教育委員会の取組を共有できるようにしている。こうして収集した情報を活用して、先進的な取組については、指導資料にして冊子やホームページ等に掲載したり、研修会で紹介したりして普及・啓発を行っている。

　都道府県教育委員会の指導主事は、市区町村教育委員会の課題等を迅速かつ的確に把握できるよう、市区町村教育委員会への計画的な訪問、日頃の電話やメールの活用などによる指導主事間のネットワークづくりを進めることが重要である。　　　　**（増渕達夫）**

通知・通達文の作成・配布

通知と通達

　指導主事は、日常の業務において様々な種類の通知文や通達文を作成し、学校等に配布している。通知文の作成等にあたっては、勤務する地方公共団体の規程に基づいて行う必要がある。

　『東京都文書事務の手引』（2021年３月）によれば、「通知とは、ある一定の事実、意思などを特定の相手方に知らせることをいう。つまり、ある事実、意思等を特定の相手方が認識できるような状態に置く行為である」（304頁）とされている。

　たとえば、教育委員会の方針や長期休業中の生活（徒）指導の留意事項を学校に周知するもの、研修会の講師としての派遣を所属長に依頼するもの、会議の開催を校長や本人に案内するものなどがある。

　また、同手引によれば、「通達とは、上級行政機関が、その機関の所掌事務について所管の諸機関及び職員に対して発する一種の命令」であり、職務運営の基本に関する「細目的事項、法規の解釈、運用方針等に関する命令事項を内容」とし、「通達は、その内容により拘束力が生ずる点で通知とは異なる」（305〜306頁）とされている。

　たとえば、2003（平成15）年10月に東京都教育委員会教育長が都立学校長に対して、学習指導要領に基づいて入学式や卒業式等を適正に実施すること等を求めた通達などがある。

　指導主事の通常業務では、通達文よりも通知文を作成する機会が

多いことから、通知文を中心に、その作成の実際について述べる。

通知文の必要性の吟味

　学校には、メールや郵送により、多くの文書が配布されている。このことが、副校長・教頭をはじめとする教職員の業務量を増やしているとの指摘もある。そのため、通知文の作成・配布にあたっては、その必要性を十分に吟味し、内容を精査し、焦点化することが必要である。また、通知文を受け取った学校が、どのように対応したらよいかを判断できるよう、具体的な内容にする必要がある。

適時性の検討

　通知文の種類や内容によって、適切な時機に周知する必要がある。たとえば、会議の開催通知の場合は、その通知文を受け取った教職員が授業等の校務の調整を行える時間を確保し、確実に参加できるよう配慮する必要がある。また、事件や事故の発生に伴って注意喚起を促す内容の場合には、必要な情報が揃い次第、直ちに作成・配布し、学校が迅速かつ確実に対応できるようにしなければならない。

　都道府県教育委員会が直轄の学校だけではなく、市区町村立の学校にも周知する必要がある場合には、通知文は市区町村教育委員会を経由することになるため、学校にその通知文が到着する時間から逆算して作成・配布のスケジュールを検討する必要がある。

通知文の作成

　通知文の作成にあたっては、平易で簡潔な言い回しであること、誤解の生じるおそれのない表現であることなどが求められる。具体的には、主語や述語を明確にすること、各自治体が定める表記便覧に従った表記とすること、必要な内容が欠落しないよう、When（い

つ）、Who（誰が）、Where（どこで）、What（何を）、Why（なぜ）、How（どのように）の５Ｗ１Ｈを明らかにすることなどに留意することが大切である。

　たとえば、次の文書は東京都教育庁指導部指導企画課が区市町村教育委員会に宛てて発出した通知「年度当初における幼児・児童・生徒の安全指導の徹底について」の一部を抜粋したものである。この通知には、参考とする資料（下線部①）、指導の例（下線部②）、根拠となる法令（下線部③）などが示されており、学校は幼児・児童・生徒に対してどのように指導したらよいかが具体的に示されている。

1　幼児・児童・生徒一人一人に、危険を予測し、回避する能力を育てるための学校安全計画を整備し、幼児・児童・生徒の安全対応能力の向上を図ること。

(2)　①「安全教育プログラム」に基づき、朝の会等の一声指導（安全教育プログラム20ページ参照）における「日常的な安全指導」、首都直下地震等を想定した避難訓練等の「定期的な安全指導」、関連教科や特別活動などで単元や学習課題等を特設して行う「教科等における安全学習」を相互に関連させて、意図的・計画的に指導する。

(5)　②横断歩道を通行するときには、ドライバーと視線を合わせ（アイコンタクト）、青信号であっても左右を確認して車が止まったことを確認してから進行するなど、横断歩道の安全な通行について指導すること。

2　全教職員による共通理解や役割分担の徹底を図るなど、教職員の安全対応能力の向上を図るための取組を計画的に実施すること。

(1)　施設設備の安全点検、幼児・児童・生徒に対する通学を含めた学校生活やその他の日常生活における安全に関する指導及び教職

> 員に対する研修等について、学校の状況や前年度の学校安全の取
> 組状況等を踏まえ、③「学校保健安全法」（平成28年4月1日施
> 行）第27条に定められた「学校安全計画」に関する全体計画及び
> 年間指導計画を毎年改訂し、これを実施する。

　作成した通知文の文案は、文書取扱主任と相談し、必要な助言を
得た上で起案文書として回付し、決定の手続きを経て発出する。

都道府県教育委員会からの通知文の取扱い

　都道府県教育委員会は、所管する都道府県立学校に対して通知文
を配布するとともに、地教行法に基づき、事務の適正な処理を図る
ために必要な指導・助言・援助等の一環として、市区町村教育委員会
に対し、管下の学校に宛ててその内容の周知を依頼することが少な
くない。

　市区町村教育委員会においては、都道府県教育委員会からの通知
文を収受した後、市区町村の教育委員会としての送付文書（鑑文）
を付け、その通知文の写しを管内の小・中学校に送付する。その際、
「このことについて、別紙のとおり○○県教育委員会事務局指導課か
ら通知がありましたので送付いたします」とするだけでなく、送付
された通知文の趣旨や内容の要旨、管内の学校の課題も踏まえた市
区町村の教育委員会としての方針を明記するなど、市区町村教育委
員会としてその内容を主体的に受けとめ、通知文に込められたメッ
セージを学校にわかりやすく伝えることができるよう工夫したい。

　また、調査の依頼に関する通知文の場合、学校から返送された調
査結果を都道府県教育委員会に送付するだけではなく、管内の学校
の回答内容を把握し、その結果を独自に分析して、効果的な施策の
構築等に活用することが必要である。　　　　　　**（増渕達夫）**

予算の編成・執行

予算編成とは

　予算編成とは、各自治体が次年度において計画していることや、今後の行政を行うために必要なことを部署ごとにまとめ、その実施に関わる経費について財務担当者へ要求を行い、それらを財務担当者が査定し、最終的に首長が予算案として議会に提出する作業をいう。

　予算案が議会で審議され可決されれば、次年度の予算が成立することになる。教育委員会事務局においても、次年度以降の教育行政を行う上で必要な経費を財務担当者に要求するが、その際、指導主事も予算編成に関わる作業について大きく関与することになる。

歳出総額に占める教育予算の占める割合

　図1は2021（令和3）年度の東京都における歳出の状況を示したものである。歳出総額（7兆4,250億円）に占める教育関連予算（教育と文化）（1兆1,680億円）の割合は約16.0％となっており、福祉と保健に関する予算（1兆2,975億円）と並び、歳出総額全体の中で高い割合を占めている。都道府県における教育予算の大部分は、都道府県立学校の教職員や県費負担教職員の人件費が占めており、事業経費として各施策を展開するための予算の割合は相対的に低い状況となっている。市区町村においては、公立小・中学校等における教職員の人件費を負担することはないが、小・中学校等の設置・維持・

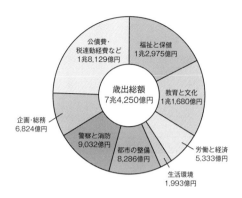

図1　一般会計歳出　令和3年度東京都主税局都税統計情報

管理等に関わる経費が高額となっており、歳出総額に占める教育費の割合は都道府県と同様に高い割合となっている。

予算編成事務と指導主事の役割

　各自治体の歳出総額に占める教育費の割合は相対的に高いものの、実際に新規の施策等に回る予算は多いわけでない。少ない予算の中から教育委員会事務局は教育委員会の意思決定の下に予算を編成し、教育課題の解決を図るための施策を立案・実施する。

　その際、学校教育における児童生徒への指導に関わる施策については指導主事の意見や考え方が大きく反映されることになる。そのため、指導主事は常日頃から予算編成に対して以下のような心構えを持っていることが重要である。①児童生徒への教育を充実させるために、学校現場の状況について誰よりも詳しい情報等を収集し、有益で即効性のある施策を立案し、その意義やねらい、施策展開後の成果の姿などについて財務担当者へ適切に説明できるようにしておく。②国や文部科学省、都道府県教育委員会及び市区町村教育委員会の施策の動向等を確実に把握するとともに、その意義について自

らの立場から財務担当者に適切に説明できるようにしておく。③所管する学校の校長や副校長・教頭をはじめ、学校全体の願いや思いを正しく受けとめ、今後、よりよい学校教育が展開できるようにするために必要な手立てについて、財務担当者へ客観的・合理的で説得力のある説明ができるようにしておく。

予算編成のプロセスと指導主事の役割

　図2は施策の立案から予算の要求、予算案の作成、議会での審議、施策の実施などのプロセスを示したものである。施策を実現するためには予算が必要となることから、施策の立案に際しては、策定に至る背景や必然性・必要性が求められる。

　一般的には以下のような経緯や背景に基づき施策は立案される。①教育委員会での議決も含め、教育委員会事務局の主体的な意思に基づく場合、②様々な調査から明らかとなった課題への対応による場合、③議会から提案される場合、④市民からの要望に対応する場合、⑤校長会などの団体からの要請に基づく場合、などである。どのような形で提案された施策であっても、それを具体的に制度化するた

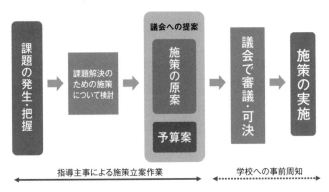

図2　予算編成作業における指導主事の役割

めの経費が必要であることについて庁内での意思形成を行い、予算要求資料としてまとめることが指導主事の重要な役割である。

施策の原案は同時に予算案の原案でもある。実際に多額の費用を要する施策もあれば、学校の教職員の取り組み方や学校における多様な教育活動のシステムを変更するような、とりたてて費用を伴わない施策もある。いずれにしても、新規の事業経費を伴うような施策や首長の肝いりの施策などについては議会での審議や承認が必要であり、長期間にわたる議会対応 ▶ P120 が求められることになる。

施策の立案やそれに伴う予算編成作業、また、実際に議会での審議が可決し原案が成立した後、学校等に事業内容等を周知していく仕事も指導主事に課せられた重要な仕事であり、新年度がスタートして間もない時期から翌年の年明け早々に開始される予算特別委員会等まで、年間を通して関わらなければならない職務である。

予算の執行と事業評価

教育行政においては住民が納める税金を財源とする経費を予算として獲得し、施策を実施するのであるから、その施策が有効であったかどうかについての効果を検証しなければならない。

効果検証の視点としては以下のことが考えられる。①一定期間が経過した段階で、多様な方法により、施策の効果について検証を実施すること、②施策は、継続的に実施すべき施策と、見直しや改善を図るべき施策、また、目的を達成した段階で終了させる施策とに峻別すること、③施策には、草創期・成熟期・終末期といった段階があり、各段階に応じた取り組み方があること、などである。

予算案の作成や事業評価の実施など、教員時代には想像もつかなかった業務かもしれないが、こちらも指導主事の大切な職務であると認識してほしい。

（伊東　哲）

議会・議員への対応、
教育委員会委員への対応

地方公共団体における議会の役割

　地方公共団体の議会は、憲法93条１項に基づく議決機関であり、住民の選挙により選ばれる議員で構成されている。地方自治制度においては、首長も住民の直接選挙によって選出され、議会と首長が相互に抑制と均衡を図りながら行政を担う仕組みとなっている。

　「意思決定機能」と「執行機関に対するチェック機能」を有する住民の代表機関として、地方議会の役割は大きいと言えよう。

議員への対応の基本的な考え方

　議員への対応の在り方は、各自治体のルールに従う。議員とのやりとりは課長以上とされている自治体、指導主事も行い得る自治体など様々である。

　いずれにしても、議員への対応は、組織全体で行うべきものである。指導主事として議員対応の機会を、ぜひ以下のように謙虚かつ前向きにとらえてほしい。

- ●教育委員会の施策を住民に説明する機会
- ●住民の思いや願いを受けとめる機会
- ●住民の思いや願いを、教育委員会の施策に反映させる機会
- ●教育委員会の施策を見直す機会
- ●新たな施策を構築する機会

議員対応の際に配慮すべきこと──「それはできません」はタブー

議員からの問合せや要望等に対しては、以下の点に配慮したい。

①住民の代表として尊重し、丁寧に対応する

②できる限り迅速に対応する

③複数で対応し、正確な記録を取る

④明確で簡潔、かつ根拠（データや金額等）を示して説明する

⑤説明できる範囲（予算や未確定な施策等）を確認して対応する

⑥実現困難な要求については、即答せず、後日説明する

⑦議員の意向について、上司や関係機関と確実に情報共有する

教育委員会委員の役割

　地教行法には、教育委員会の委員の職業等に偏りが生じないよう配慮することが示されており、各自治体では、学識経験者、元校長、社会教育関係者、保護者（必須）等、幅広い職種をもって委員に任命している。2014（平成26）年に同法が改正され、教育行政の責任等が明確化されたものの、教育委員会の役割が、住民の意向を教育行政に反映していくという「レイマンコントロール」の趣旨であることに変更はない ▶▶ P47 。

指導主事による教育委員会の委員対応

　教育委員会委員の意向は、教育長の下に置かれた事務局の施策立案に直結しており、指導主事にとっての委員対応は業務の中核とも言える。その対応の在り方は、議員対応の基本と大きな違いはない。

　指導主事は、教育長の指揮・監督のもと、定例教育委員会に附議する事案の資料作成、委員への説明に加え、日常的に委員からの依頼に応えて、資料の提示、説明等を適切に行うことが求められる。

（小寺康裕）

民意を代表する議会・長のもとで仕事をする行政

教育委員会制度と指導主事の職務

　教育委員会は、教育・学術・文化に関する事務を行うにあたり、政治的中立性や行政の安定性を確保するとともに、住民の意思を反映するために、すべての地方公共団体に設置される行政委員会である。

　教育長及び教育委員は、住民の選挙によって選ばれた知事や市区町村長（以下、「首長」と記す）が、同じく住民の選挙によって選ばれた議員によって構成される議会の同意を得て任命するものとされている ▶▶ P56。

　教育委員会事務局の職員である指導主事には、政治的中立性などを堅持しながらも、住民の代表である首長や議員の教育への考え方を把握し、必要な情報提供を行うなどして、教育行政組織の一員としての職責を果たすことが求められる。

首長への適切な情報提供

　教育委員会には、教育についての広範な権限が認められているが、予算を編成して執行することや、議会に対して議案を提出することは、首長の権限である。また、首長は、その地域の実情に応じた教育、学術及び文化の振興に関する総合的な施策の大綱を定めなければならない。さらに、総合教育会議を主宰し、大綱の策定に関することや、教育や学術及び文化の振興を図るため重点的に講ずべき施策などについて協議することが求められている。そのほか、議会や定例の記者会見などでも教育に関する質問に対して回答したり、説明したりしなければならない。

　首長が教育に関するこれらの権限を適切に行使できるよう、教育長をはじめ教育委員会の事務局組織をあげて、必要な情報提供と説明が求められる。場合によっては、首長が教育の現状を把握するために、学校等

を視察することもある。

　指導主事は、教育委員会事務局全体の動きを把握するとともに、日頃から基本的なデータ等の資料を収集・管理し、求めに応じて情報提供や説明等を行うことができる準備をしておくなどの対応が求められる。

議員への説明

　議会は、首長が提案した予算、決算、条例の制定や改廃などの議案を審議し、その可否を決定する権限を有している。地方公共団体が処理すべき分野は、広範囲にわたることなどから、議員全員による本会議に先立って、専門的かつ詳細に審査する常任委員会が設置されている。地方公共団体によって委員会の名称は異なるが、たとえば東京都議会では、教育関係について審議する文教委員会が置かれている。

　議員にとって重要な職務は、本会議や文教委員会などにおいて、住民の代表として質問を行い、首長や教育長等から所属する会派や議員が求める内容の答弁を得ることにより、住民の生活や福祉等の向上を図ることにある。また、教育委員会事務局としても、議会での答弁を通して施策の趣旨や内容等を住民に周知することができる。

　そのため、議員は様々な機会をとらえて教育委員会の事務局の担当者に対して、施策の現状や課題についての説明を求めるとともに、住民の意向や自らの求める施策を明らかにし、実現に向けた検討を要請する。

　担当者は、議員と接触する際には、議会担当を通して教育長に報告し、教育委員会事務局としての見解を踏まえて対応しなければならない。議員と教育委員会事務局との考えが一致することもあれば、なかなか折り合いがつかない場合もあるが、こうした話し合いを積み重ねることによって、住民の意思を反映した教育施策が構築されている。

　住民の代表である議員への対応は、行政組織の職員にとって最優先の職務であり、課長など管理職が行うことが多い。指導主事は、電話等による議員からの問い合わせ等を上司に取り次ぐことになる。文教委員を中心に議員の所属会派や課題意識をホームページ等で把握するとともに、議会の動向に対して常に敏感であることが求められる。　　　**（増渕達夫）**

➡102頁から続く

翌朝、保護者の1人が校長室から出て教職員の朝の打合せの場にまで口出ししようとしたそのとき、私の中の何かが変わったように思います。校長との間に割って入って「これ以上、過度の要求はお聞きできません」と強い調子で宣言しました。3人の保護者には、今後の方針を説明し、お引き取り願いました。もっと早くに毅然とした対応ができなかったのか……慙愧の至りでした。

不審者対応の強化については、その日の内に、警察署に事情を説明してお願いし、PTA役員にも経緯を説明しました。その後も、学校に足を運び、過度な要求を続ける1人の保護者には、同じ態度で臨みました。そのようにして、学校は表面的にはすぐに落ち着きを取り戻したのですが、いまでも、もっとよい方法はなかったのかと自問しています。

📝 教育委員会での学び

在庁主任、係長と立場が変わるにつれ、対応は多岐にわたりました。

辛かったのは、全国学力・学習状況調査の次年度実施にあたって、複数ある教職員団体との交渉の窓口になったことです。丁寧に説明をして理解を得る、これが私の役目でした。

ある職員団体の幹部は、連日、私のところにやって来ました。日曜日まで携帯電話に着信がありました。あまりの執拗さに、"仕事をやめたい"とまで思ったこともありました。これまで家で弱音を吐いたことはなかったのですが、このときばかりは、妻の支えで何とか持ち堪えることができたのだと思います。

このように気持ちが萎えることもありましたが、様々な課題対応を通して、行政のキャリア・ノンキャリアを問わず、思いや考え、判断等を肌で感じ、つながりができたことは財産になりました。

また、指導主事の先輩でもある校長の見識に、圧倒されたこともあります。課題対応だけでなく「何もないときにも現場に足を運ぶ」ことで、多くの校長の学校経営の一端を知ることができたことも大きいです。

さらに、市議会対応は学びの場でした。とりわけ、教育長はじめ、次長、部長がおられる局議で、作成した答弁書についての議論を聞いたことは、自身の見方・考え方を広げる貴重な機会になりました。

いま、「教育委員会の魅力は？」と問われたら、私は迷わず、様々な人と出会えたことだと答えます。

7章
施策をおろす

——教育政策の特質を知る

文部科学省通知・中央教育審議会答申、改正法令等の受けとめ方

📖 文部科学省通知を正確に理解するポイント

　都道府県教育委員会には直接、また、市区町村教育委員会には都道府県教育委員会を通じて、文部科学省から様々な通知が送られてくる。

　これらの通知の中には、時として非常に長文なものもあり、何が求められているのか一読しただけでは判断に迷うものもある。

　通知には通常、主文で、通知を発出する背景と目的、具体的な指示が記されているので、まずはこの部分を的確に読み解くことが重要である。その上で、具体的内容が整理されている記書き*を丹念に読み解いていく必要がある。また、その際には通知の内容と関連する情報を紐づけていくことも必要になるので、日頃から教育行政の動向等についての情報を収集しておくことが大切である。

　たとえば、文科省は2021（令和3）年2月19日付で「感染症や災害の発生等の非常時にやむを得ず学校に登校できない児童生徒の学習指導について（通知）」を発出している（通知の内容は文科省のホームページで確認できる）。この通知が発出された背景として、新型コロナウイルス感染症が拡大するなか、同年1月26日にまとめられた中央教育審議会答申において、感染症や自然災害等により、臨時休業等が行われるなど、児童生徒等がやむを得ず登校できない場合においても、児童生徒等の学びの保障を着実に実施するため、制度的

---

*　要点を箇条書きにまとめて示した部分。

な措置等について検討・整理することが必要であること等が示されている。

　また、通知の目的は、非常時に臨時休業又は出席停止等により、やむを得ず学校に登校できない児童生徒に対する学習指導についてまとめたので周知するということであり、具体的な指示として所管の学校、域内の教育委員会等への周知を求めている。

　さらに、記書きで、非常時にやむを得ず学校に登校できない児童生徒に対する学習指導として、(1)基本的な考え方、(2)自宅等における学習の取扱い、(3)指導要録上の取扱い等を記している。なお、本通知をもって従前の「新型コロナウイルス感染症対策のための臨時休業等に伴い学校に登校できない児童生徒の学習指導について（通知）」（2020年4月10日）は廃止することとされた。

　指導主事としては、通知の内容が学校に確実に伝わるよう、新型コロナウイルス感染症対策との関連で重要なポイントや最優先事項を整理し、各教育委員会からの通知や校長会における連絡等で周知の徹底を図っていくことになる。

中央教育審議会答申を読み解くポイント

　中央教育審議会答申には、今後の教育の大きな方向性を示す重要なポイントが示されている。

　中教審答申を読み解くためには、その審議過程を逐次追っていくことが大切である。文部科学大臣からの諮問を受けて、分科会等での審議が始まり、「論点とりまとめ」が行われ、さらに「中間まとめ」が出され、最終的な答申へと至る。2021（令和3）年1月26日に取りまとめられた「『令和の日本型学校教育』の構築を目指して〜全ての子供たちの可能性を引き出す、個別最適な学びと、協働的な学びの実現〜（答申）」では次のような経過をたどっていた（**表1**）。

2019（平成31）年4月	「新しい時代の初等中等教育の在り方について」諮問
2020（令和2）年1月	「新しい時代の初等中等教育の在り方　論点の取りまとめ」報告
10月	「『令和の日本型学校教育』の構築を目指して～全ての子供たちの可能性を引き出す、個別最適な学びと、協働的な学びの実現～」中間まとめ公表
2021（令和3）年1月	答申公表

表1　中央教育審議会の審議過程の例

　中教審答申の本文は膨大であるため、概要が作成される場合が多い。まずは、概要を読んで答申の大きなアウトラインを把握するとよい。その上で、添付されている関連資料も参照しながら、本文を読み進めていくことが大切である。

　中教審答申はその後の教育施策に直接つながる可能性が高い。そのため、答申を読みその内容に即した施策を考えてみることは、指導主事としての施策立案能力の向上にもつながる。

改正法令を理解するポイント

　2006（平成18）年の教育基本法の改正を受け、翌2007（平成19）年には、学校教育法、地教行法、教育職員免許法及び教育公務員特例法のいわゆる教育三法の一部改正が行われた。これらの法改正は社会的にもインパクトが大きいものであり、注目を浴びたが、その後も教育関連法令の改正は続いている。主なものをまとめたのが、次の**表2**である。指導主事としては、アンテナを高くし、こうした法令の改正に敏感でなければならない。

　法令が改正された場合、改正内容を新旧対照表等で確認することはもちろんであるが、改正の背景を押さえておくことが大切である。また、文科省等から改正法令の解釈や運用について記載した施行通

2008（平成20）年	学校保健法の改正［学校保健安全法への改称］
2014（平成26）年	地教行法の改正［教育委員会制度の改正］
2015（平成27）年	学校教育法の改正［義務教育学校の新設］
2016（平成28）年	教育公務員特例法の改正［教員育成指標、教員研修計画、協議会］
2017（平成29）年	学校教育法施行規則の改正［スクールカウンセラー、スクールソーシャルワーカー、部活動指導員の法制化］
2019（令和元）年	児童虐待防止法、児童福祉法の改正［親権者等の体罰禁止］ 給特法の改正［1年単位の変形労働時間制の選択的導入］
2021（令和3）年	義務教育標準法の改正［小学校35人学級］ 学校教育法施行規則の改正［新しい時代の高等学校教育に関する制度改正］ 学校教育法施行規則の改正［医療的ケア看護職員、情報通信技術支援員、特別支援教育支援員、教育業務支援員の法制化］

表2　主な教育関連法令の改正

知が発出されることが多いので、その内容も確認しておくことも重要である。とくに、経過措置が設けられている場合は、経過期間がいつまでなのか確認しておく必要がある。

　また、法令の改正だけでなく、新たな法令の制定にも注意を払う必要がある。たとえば、2016（平成28）年に制定された教育機会確保法や2021（令和3）年に制定された医療的ケア児支援法 ▶ P90 などは、各教育委員会の施策に大きな影響を及ぼすものである。さらに、各自治体の条例についても注意を払っていく必要がある。東京都では、2021年に「東京都こども基本条例」が制定され、子どもを権利の主体として尊重し、子どもの意見が適切に施策に反映される環境を整備することが求められることとなった。　**（増田正弘）**

国の施策や文部科学省通知等を踏まえた事業計画の立て方

 国の施策等の定着を図るためには……

国の施策や文部科学省からの通知を各教育委員会の事業や学校運営に適切に生かしていくためには、その施策や通知等の趣旨をしっかり理解しながら、地域や学校現場の実態に即して、アジャストしていく必要がある。その際に重要な役割を果たすのが、教育委員会と学校現場を「つなぐ」立場にいる指導主事である。

国の施策等を通知や伝達講習会のような形で学校現場に伝えても、なかなか学校現場に定着しないことがある。こうした場合、指導主事が各学校を訪問して、施策の定着状況等を把握していく必要が出てくるが、域内で所管する学校数が多いと、各学校を訪問するだけでもかなりの労力と時間がかかってしまう。ましてや、施策を定着させるとなると、相当期間に何度も学校を訪問することが必要になってしまう。

そこで、国の施策等を域内の学校に定着させるための一つの方法として、その施策を積極的に推進する学校を指定し、予算面等で学校を支援しながら成果をあげさせ、その成果を他の学校に普及させる事業を計画することが有効である。

たとえば、プログラミング教育の小学校への導入についてである。小・中・高等学校学習指導要領では、小中高校を通じてプログラミング教育を行うことが示された。とりわけ、中学校の「技術・家庭」や

高等学校の「情報」のような教科がない小学校では、プログラミング教育の導入は喫緊の教育課題となった。

　そこで東京都教育委員会では、企業等の持つ専門的知見や人的・物的資源を学校教育に効果的に活用し、学習指導要領のねらいに即したプログラミング教育を普及・啓発するため、「プログラミング教育推進校」事業を2017（平成29）年度に小学校7校を指定し開始した。

　2017（平成29）年度は都教育委員会が学校と企業等とのコーディネート役となり、各指定校の取組を支援し、都教委主催の実践報告会を実施した上で、成果報告書を都内公立小学校に配布した。しかしながら、全都の学校で取組を進めるために参考となる実践の不足や推進校の授業を通した教員が研修する機会の不足などの課題が残ったため、2018（平成30）・2019（平成31）年度は、島しょ地区を含む55区市町村に推進校を1校以上、合計75校を推進校に指定した。

　さらに、区市町村教育委員会と連携し、地区ごとに公開授業や研究発表会を実施することとし、前年度の課題解決に取り組んだ。事業の最終年度には、都教委主催の「小学校プログラミング教育フォーラム」を開催し、推進校の事例報告、パネルディスカッション、会場ホールでのポスターセッションを実施した。会場には都内公立小学校の教員等約1,600名が参加し、次年度からのプログラミング教育の実施に向け、活発な議論が繰り広げられた。

　2020（令和2）年度からは、希望する都内公立小中学校にプログラミング教育の専門家を派遣する「プログラミングキャラバン」を実施するなど、学習指導要領に示されているプログラミング教育が学校で適切に実施されるための支援を行っている。

文科省通知等を地域や学校の実情に配慮しておろすには……

　文科省からの通知等で、域内の教育委員会や所管の学校への周知

を求められているものについては、組織として収受し、都道府県教育委員会であれば所管する学校や市区町村教育委員会に、市区町村教育委員会であれば所管する学校に鑑文をつけて送付することですむ場合もある。

　しかしながら、なかには緊急の対応等が必要で、とくに地域や学校の実情に配慮した対応が求められる場合もある。こうした場合、指導主事は、日頃から把握している学校現場の状況はもとより、改めて校長会等と連携を取り、直近の学校現場の状況を確認しながら実効性のある取組を行っていく必要がある。また、遠隔地など特別な事情のある学校に対する配慮も忘れてはならない。

　2020（令和2）年2月末、国は新型コロナウイルス感染症対策として、全国の学校の一斉休業を求めた。この決定を知らせる文科省からの通知に対して、各地の教育委員会は緊急の対応を余儀なくされた。通知が来たのが金曜日で翌月曜日から休業に入れるのか、家庭にいられない子どもはどうするのか、卒業式はどうするのか、様々な課題に適切かつ迅速に対応することが求められた。その後も、文科省からは臨時休業中の児童生徒への学習指導を含めて、矢継ぎ早に様々な感染症対策に関する通知が送付され、その都度、各教育委員会は学校の状況を勘案しながら対応を決定していった。

　その一例をあげてみよう。新型コロナウイルス感染症対策で3月から休業していた学校を再開するにあたり、文科省は2020年3月24日に「学校再開ガイドライン」を通知し、地域のまん延状況を踏まえた対応を求めたが、その後の緊急事態宣言の発出・延長に伴い、東京都等では5月末まで学校の休業が続いた。

　こうしたなか、文科省は2020年5月22日、「学校における新型コロナウイルス感染症に関する衛生管理マニュアル〜『学校の新しい生活様式』〜」を全国の教育委員会に改めて通知し、地域の感染リス

クを３段階に分け、身体的距離の取り方、実施できる教科活動や部活動などの内容を示した。

　これを受け、東京都教育委員会では、都立学校における段階的再開の具体的な段取りや感染症対策予防の具体的内容、教育活動に係る運営方法、感染者が出た場合の対応等をまとめた「新型コロナウイルス感染症対策と学校運営に関するガイドライン〜学校の『新しい日常』の定着に向けて〜」をまとめ、同年５月28日に都立学校長あてに通知した。

　全国的にみても、感染状況が厳しかった東京都においては、学校を再開するにあたっては、一度に全面的に学校を再開するのではなく、分散登校・時差通学を原則とし、３期に分け、一度に集める生徒の割合、在校時間、登校日数を徐々に増やしていく方法を取ることとした。その際、島しょの高校や定時制課程などについては、学校規模に合わせて柔軟な対応をすることとした。その後も、休業期間中の学びを補填するため夏季休業期間を短縮するなどの必要な措置を講じたほか、ガイドラインについても感染状況と学校の状況に合わせて適宜改訂をした。また、こうした方針や措置については、区市町村教育委員会にも情報を提供し、各区市町村の感染状況等に合わせた措置を依頼した。

　この間、全国各地の教育委員会の指導主事は、「100年に一度のパンデミック」に対応するため、まさしく「正解のない課題」に取り組んできた。そこで大切なことは、学校現場を熟知している指導主事が必要な手立てを積極的に提案するとともに、学校や他の教育委員会との日頃からのネットワークを生かし、必要な情報を収集するなかで、従前の決定に固執することなく、柔軟に対応しようとする姿勢を持つことである。

（増田正弘）

国や教育委員会の
各種調査の対応の仕方

国による各種調査

教育政策・施策を検討・企画していくためには、学校現場の実態を把握するとともに、問題の所在を国民や地域住民に明らかにしていく必要がある。そのため、国や教育委員会は各種調査を行い、そのデータを公表している。

国は学校や教員、児童生徒の実態を把握するために、たとえば次のような調査を実施している。

● 学校基本調査　● 学校教員統計調査　● 学校保健統計調査

● 全国学力・学習状況調査　● 体力・運動能力調査

● 児童生徒の問題行動・不登校等生徒指導上の諸課題に関する調査

● 日本語指導が必要な児童生徒の受入れ状況等に関する調査

● 学校における教育の情報化の実態等に関する調査

● 高等学校卒業（予定）者の就職（内定）状況に関する調査

調査事務の流れ

指導主事が実際にどのように調査事務にあたっているかを、前出の児童生徒の問題行動・不登校等生徒指導上の諸課題に関する調査（問題行動等調査）を例に見ていくことにする。

問題行動等調査は、例年３月に文部科学省から都道府県教育委員

会に調査依頼が来て、5月に調査結果をまとめて都道府県教育委員会を通じて文科省に提出することになっている。

　指導主事は文科省または都道府県教育委員会からの依頼通知を受け、まずは、前年度調査との変更点を確認する。次いで、学校及び市区町村教育委員会からの提出締切日を設定し、学校等に調査を依頼することになるが、文科省等に回答を提出する前に、学校等からの回答内容を精査する時間を考慮しておく必要がある。学校等からの回答内容を精査する際には、前年度の数値と大きく違う場合、その理由等を把握しておく必要がある。

　問題行動等調査の公表については、例年10月頃文科省の公表を待って、都道府県、市区町村別のデータを公表することになる。公表にあたっては、いじめの認知件数、不登校の児童生徒数、自殺者数等に注目が集まる傾向があるので、こうしたデータの背景や原因等について分析しておく必要がある。また、データの経年比較等を行い、施策立案・検討の際のバックデータとして用いる準備をしておくことも大切である。

教育委員会独自で行う調査について

　国の調査とは別に、域内の学校等の状況をつぶさに把握するため各教育委員会が独自に調査を行う場合がある。

　調査を実施する際には、調査の目的を明確にするとともに、調査項目をできる限り精査し、回答方法もできるだけ学校等が回答しやすい方法にしておく必要がある。また、同趣旨の調査が他機関等で実施されていないか、悉皆（しっかい）でやる必要性や毎年度実施する必要性等についても確認しておく必要がある。

　調査は実施することが目的でなく、調査結果から課題を抽出し、教育施策に生かしていくことが重要である。

（増田正弘）

中央教育審議会と教育再生実行会議

📺 文部科学省による教育政策の形成過程

　国の教育政策・行政を司るのは主に文部科学省であるが、教育は社会・経済・政治等とも深く関係しており、近年は、首相や官邸、他省庁も教育政策・行政に関して影響力を及ぼすようになっている。

　文部科学省が省内で特定の問題を解決すべき政策課題として認識し、教育政策を形成・決定していく過程においては、関係機関・団体等からのヒアリング等による意向やニーズに関する情報収集、研究機関等によるエビデンスの収集、与党との調整などが必要になる。

　省内での検討は担当局・課・係が中心になるが、学習指導要領の改訂や制度改革などのとくに重要な政策については、文部科学大臣の諮問機関である中央教育審議会に諮問を行い、審議を経て、答申を得たうえで、政策決定に至ることが多い。

　中教審は教育委員会、校長会やPTAの代表者などの教育関係者、首長などの地方自治関係者、学識経験者、民間企業の経営者など約30名の委員で構成されており、文科大臣の諮問に応じて教育の振興及び生涯学習の推進を中核とした豊かな人間性を備えた創造的な人材の育成に関する重要事項を調査審議し、文科大臣に意見を述べることなどを所掌事項としている。中教審は専門的事項も扱うため、教育制度分科会や初等中等教育分科会などの分科会が設置されており、必要に応じて部会が置かれ、実質的な議論は分科会や部会で行われることが多い ▶▶ P50 。

📺 教育再生実行会議の提言

　2001（平成13）年の中央省庁再編に際し、内閣府が設置されるなど内閣機能が強化され、首相や官邸の権限が増大した。こうした政治的な変

化によって、首相や官邸の教育政策に及ぼす影響力が大きくなった。

第1次安倍政権（2006年〜07年）では、内閣直属の諮問機関である教育再生会議が設置され、教育基本法の改正や教育三法（学校教育法など）の改正が行われた。第2次安倍政権（2012〜20年）では、教育再生会議を引き継ぐ教育再生実行会議が首相、官房長官、文部科学大臣及び有識者15名で構成され、自民党の教育再生実行本部が策定したプランをもとに提言を行った。教育再生実行会議の提言を受けて、いじめ防止対策推進法の制定、道徳の教科化（第一次）、教育委員会制度改革（第二次）、高大接続改革（第四次）、義務教育学校の制度化（第五次）など多くの制度改革が実行に移された。

教育再生実行会議と中教審の関係は、教育再生実行会議で教育政策の大きな方向性を定め、具体的な制度の在り方などについては原則として中教審で審議されることとなった。しかしながら、近年は中教審との違いが見えにくいとの指摘もあり、2021（令和3）年6月に示した第十二次提言「ポストコロナ期における新たな学びの在り方について」を最終提言とし、9月の閣議で教育再生実行会議を廃止し、12月の閣議で「教育未来創造会議」を開催することが決定した。

経済産業省の「未来の教室」

Society5.0社会の到来に向けて、新しい教育の在り方を模索する動きが経産省を中心に起こっている。

経済産業省は、「学びの個別最適化」と「学びのSTEAM化」をコンセプトに、新しい学習指導要領のもとで、1人1台端末と様々なEdTech*を活用した新しい学び方を実証する「未来の教室」実証事業を、2018（平成30）年度から全国の学校などと進めている。

政府は「GIGAスクール構想」を中心に、関係省庁を挙げて学校現場のデジタル環境の整備を進めており、今後の教育政策形成過程については、文科省だけでなく、経産省や総務省、デジタル庁、内閣府（Society5.0の実現に向けた教育・人材育成に関する政策パッケージ）の動向にも注視していく必要がある。　　　　　　　　　　　　　　　　**（増田正弘）**

＊　AIや動画、オンライン会話等のデジタル技術を活用した革新的な教育技法を指す。Edtech は、Education と Technology を組み合わせた造語。

コラム●モーレツ指導主事体験記3-1

「すき間産業担当者」としての誇り

J大学非常勤講師 **M・T**

前例のない職務

私は40才のとき、関東地方にあるA市で指導主事を拝命しました。その後、A市で7年、B県で3年、併せて10年間指導主事を務めました。その間は常に「初の」○○担当、と言う冠がつきまといました。

前例のない新規事業を多く担当し「何処にも収まらない仕事はあの人に」との暗黙の了解ができあがるほど、新たな職務への対応の日々でした。A市での主担当職務は当時少なかった「生徒指導専任」、B県では制度設計途上の「指導力向上研修専任」でした。

在任期間のほとんどが「新たな職務」であり、前任者や前例がほぼない状況で、働き方改革が進む現在では考えられないことですが、休日出勤が当然のような状況でした。

"できません"の言葉が嫌いで、好奇心旺盛な私には、そのような状況も、ときに楽しく思えることもありましたが、多くの時間は1人で担当している重圧に押し潰されそうになりながらの毎日でした。

そのような状況から、私は様々な場面で「すき間産業担当者」と自己紹介するようになっていました。

あるとき、「生徒指導専任」を命じた上司から「『すき間産業担当者』はいい言葉ですね。組織にはそのような立場の人がいないと、そのすき間からすぐに組織崩壊が起こります。ぜひ『すき間産業担当者』のプロになってください」と言われました。

この言葉は、日々の職務において、様々な事で悩んでいた私に、仕事への生きがいとやりがいを与えてくれる『金言』となり、その後の職務の根幹となりました。

マイナスをゼロに戻す苦しさ

生徒指導や指導力向上研修は「マイナスにある現状をゼロに戻す」ための取組が、職務の基本です。

職務遂行にあたっては「正確で誠実な対応」が常に求められます。

➡160頁へ続く

8章
指導・助言する①

――指導実務のためのルールと理論

学校訪問

 **指導・助言の中核である学校訪問**

　指導主事は、都道府県の本庁（教育庁や教育局）・教育事務所・市区町村教育委員会・教育センター（教育研究所等を含む）など所属先が多様であり、職務にも違いがある。しかし、専門的教育職員として教職員に指導・助言をする役割を担っている点は共通であり、その指導・助言の中核となるのが学校訪問である ▶ P105。

　なぜなら、学校の体制や児童生徒の実態をよく観察するからこそ把握できることがあること、授業や教育活動の様子を観察することで初めて必要な指導や支援が明確になること、教職員に直接会って対話しなければ把握できない思いや苦労があること、対面で交流するからこそ伝わる内容があることなど、実際の学校現場に足を運ぶことで初めて可能になる指導・助言が多分にあるからである。

　学校訪問は、いくつかに区分して説明されることがあるが、都道府県や機関によってその名称も区分の軸も違いがあり、明確に統一されたものがあるわけではない。

　たとえば、各学校の学級数や研修状況等を考慮し、教育事務所等で訪問人数や訪問日数等を調整して年度初めから計画的に行う「計画訪問」と、各学校が主題研究の内容や学校の課題に応じて特定の内容について指導主事に指導を要請し、研修会講師等として指導・助言を行う「要請訪問」という区分がある。要請訪問のなかでも、教

科指導に関するものや特別支援に関するものなど、さらに分類される機関もある。また、国や都道府県の研究指定を受けた学校に対し、その研究に関する内容で指導・助言を行う「研究指定訪問」や、初任者研修や中堅教諭等資質向上研修など、経験年数に応じた研修の一環としての訪問もあるため、どのように見るかでその種類は様々と言える。

　本項では、それらのどのような学校訪問であっても、共通に大切にすべきことやポイントについて考えてみる。

訪問前の準備のポイント

①地域や学校の実態把握

　各学校に訪問するからには、その学校（教職員）の状況ならではの指導・助言である必要がある。どの学校にでも同様のことをするのであれば、その学校を訪問することの意味をなさない。その学校やその地域ならではの実態を踏まえるからこそ、それにふさわしい指導・助言ができる。現実的には、実際に訪問して初めて気づくこともあるが、少なくとも指導主事は、事前に把握できる実態は可能な限り把握すべきである。地域の自然条件、生活環境の特徴、地域住民や保護者の学校への関心や協力体制などは、教育課程の編成・実施を規定する重要な要素であるため、正しく把握して訪問を行う必要がある。また、学校の規模、教職員の基本情報、経営方針、施設の状況、児童生徒の実態など、訪問前に把握できる学校の基本情報を把握することで適切な準備ができる。

②学校の抱える課題の把握

　学校訪問は、指導主事が適切な指導・助言を行うことによって学校の抱える諸課題について解決をめざし、学校教育の発展・向上に寄与しようとするものである。よって、訪問前に学校の抱える課題

を的確に把握することが求められる。課題は、学校側から提示される課題（教育課程の編成に関わるものや、校内研修に関わる具体的な授業づくりに関するものなど、学校訪問の目的によっても様々である）や、管轄する教育委員会がその学校に対して考えている課題がある。内部が感じている課題と、外部だからこそ感じている課題のそれぞれをとらえておくことが大切である。

③指導・助言の内容の検討と担当指導主事間の打合せ

　学校訪問の目的を踏まえ、さらに学校の課題が明確になれば、その解決に資する指導・助言の具体的内容を検討することができる。学校訪問の内容や形式によっては、指導主事一人で担当することもあれば、複数で担当することもある。複数で担当する場合は、誰が主として指導・助言をするか、役割分担をどうするか等、連携を図っておくことが大切である。内容が重複したり、同様の点について異なる指導・助言を行ったりすると、教職員が混乱するだけでなく、不信感を招きかねない。教職員が気持ちよく指導・助言を受け入れることができるように、共通理解と役割分担を明確にし、正確で無駄のない指導・助言ができるように準備する。また、一人で訪問する場合であっても、指導主事間で各学校の情報や、これまでの指導・助言で効果的だったものを共有すれば、それぞれの学校の実態に合わせてアレンジすることができ、効果的である。

実際の学校訪問における指導・助言のポイント

①実際の訪問によって把握した実態を踏まえた指導・助言

　訪問前の準備として、学校の実態を把握することの重要性について言及したが、実際に訪問し、授業を参観したり、教職員からの説明を聞いたりして初めてわかる実態もある。むしろ、そうしなければわからない実態もあることを自覚しておく必要がある。児童生徒

の実際の様子を見ると、事前に把握したものと異なることもあるかもしれない。また、教職員の思いを聞くことで、事前に準備していた内容と少し変更したほうがよいと感じることもある。もちろん、事前の準備により、これだけは確実に伝える必要があるというものは明確になければならないが、それだけでなく、実際に訪問して気づいたことを、その事実を根拠にしながら伝えるようにする。

　つまり、事前の準備は大切であるが、訪問したからこそ見えてきたことをもとに柔軟に対応することを心がけることが大切だということである。これは、現場の教職員に指導主事の指導・助言を真摯に受けとめてもらうためにも大切な姿勢である。児童生徒や教職員の実態をよく見て、それをもとに伝えようとしている姿勢が信頼を生むことにつながるのである。

②今後の方向性を明確にし、教職員の意欲を高める指導・助言

　実際の指導・助言の内容で最も重要なのは、「学校の抱える課題に応える具体的な方策や役立つ知見が含まれているか」ということである。「ここが不十分なので改善すべきである」という指摘だけでは、教職員は課題を再認識するだけで、具体的なアクションをイメージできない。その学校が具体的に活用できる方策や知見を事前に準備しておくのはもちろん、それをどのように付加修正して伝えたらよいかを考えながら授業や児童生徒の様子を参観したり教職員の説明を聴いたりし、指導・助言につなげることが大切である。

　また指導・助言の方法として、課題に対する対応よりも先に、その学校や教職員のよさやがんばりを十分に価値づけることを心がける。課題への具体的な指導・助言は、「こうすればさらによい学校になる」という伝え方が基本である。「教育は人」、そして「学校も人」である。教職員が最後に「さらにがんばろう」という意欲を持てるかどうかが、学校訪問の成否と言っても過言ではない。**（大村龍太郎）**

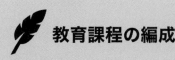

教育課程の編成

各学校における教育課程編成の前提

　「教育課程」とは、学習指導要領解説・総則編において「学校教育の目的や目標を達成するために、教育の内容を児童（生徒）の心身の発達に応じ、授業時数との関連において総合的に組織した各学校の教育計画」と示されている。文部科学省は、教育基本法、学校教育法、学校教育法施行規則に基づき、学習指導要領によって学校が編成する教育課程の大綱的な基準を制定している。

　学校の設置者である教育委員会はそれに基づき、教育課程編成基準など必要な基準を示し、教育課程の届出、同受理、学習指導、生徒指導、指導要録の様式及び取扱い、研修会の実施や指導・助言を通して管轄公立学校の教育課程編成・実施に直接的に関与している。学校（校長）はそれらに基づき、学校や地域、児童生徒の実態等を踏まえ、創意工夫した教育課程を編成・実施することになる。

　指導主事は、これらの関係や内容を前提として十分理解したうえで、各学校の教育課程の編成・実施に助言をしていくことになる。また、教育課程の編成や確実な実施は、教育の機会均等の保障にもつながる重要な行為である。かつて高等学校の未履修が問題となったことがあったが、そのような不正が絶対にあってはならない。教育課程の届出や受理を適正に行い、それが確実に実施されているかの確認を徹底することは指導・助言の前提である。

📋 教育課程編成への指導・助言のポイント

「小学校学習指導要領解説・総則編」には、教育課程編成について以下のように示されている（下線は筆者による）。

> 第1章総則第1の2では、学校の教育活動を進めるに当たっては、各学校において「創意工夫を生かした特色ある教育活動を展開する」ことが示されており、教育課程編成における学校の主体性を発揮する必要性が強調されている。
>
> 学校において教育課程を編成するということは、学校教育法第37条第4項において「校長は、校務をつかさどり、所属職員を監督する。」と規定されていることから、学校の長たる校長が責任者となって編成するということである。これは権限と責任の所在を示したものであり、学校は組織体であるから、教育課程の編成作業は、当然ながら全教職員の協力の下に行わなければならない。「総合的な学習の時間」をはじめとして、創意工夫を生かした教育課程を各学校で編成することが求められており、学級や学年の枠を越えて教師同士が連携協力することがますます重要となっている。

つまり指導主事には、学習指導要領に準じているか、適切に時数等の基準を満たしているか、などの項目に照らして助言をするだけでなく、学校の主体性を発揮できるような関わり方が求められるのである。そのために、以下のようなポイントが考えられる。

①手順や見通し、基準の確認と助言

各学校が主体性を発揮しながら計画的に教育課程を編成するために、「編成の基本的な手順や組織、日程を考慮し、編成を進めるための見通しが持てているか」について確認し、必要な助言を行う必要がある。また、創意工夫を生かした特色ある教育活動を展開すると

言っても、公立学校が共通に満たすべき基準は確実に満たさなければならない。各学校の校長をはじめとした教職員が見通しを持ち、かつ公立学校として満たすべき基準を満たした上での主体性の発揮、特色のある編成ができるように、時数や履修内容の基準が満たされているか、配当は適切かなどを確実に確認しながら助言を行うことも、基本事項として重要である。

②**各学校の実態や意思を尊重しつつ、求めるものに応える助言**

「特色ある」「創意工夫を生かした」教育課程を編成するということは、換言すれば、その地域の特色、学校の実態、校長をはじめとした教職員の思いや願いを反映するということである。そうであるならば、各学校はそのような編成を行うために、「このようなことを組み込んだ編成は可能か」「地域で総合的な学習の時間に活用できそうなひと・もの・ことはどのようなものがあるか」など、実現可能性や地域のリソースに関する情報や助言を求めたり、編成上の課題について相談したりしてくることもあるだろう。あるいは直接相談がなくとも、指導主事が自らそのような情報提供をすることが、各学校の創意工夫や特色ある編成を促進することにもなる。そのためには、指導主事が地域の特色や学校の実態はどのようなものかについて、積極的に情報収集を行う姿勢が求められる。そのことが各学校との協力関係や信頼関係を構築することにもつながるのである。

③**カリキュラム・マネジメントの視点を意識した助言**

学校の教育目標達成（資質・能力の育成）のために、児童生徒の学習の効果の最大化を図るカリキュラム・マネジメントが重視されている。カリキュラム・マネジメントは、学習指導要領においては以下の3つの視点として示されている。

・児童生徒や学校、地域の実態を適切に把握し、教育の目的や目標の実現に必要な教育の内容等を教科等横断的な視点で組み立てる

こと
・教育課程の実施状況を評価してその改善を図っていくこと
・必要な人的または物的な体制を確保するとともにその改善を図っていくこと

　この３つの視点に照らし、編成にあたっては、総合的な学習の時間などに特色を持たせながら、教科等横断的な視点をもって教育内容等を組み立てているか、PDCAサイクルの具体的な進め方・展開の仕方の共通理解がなされているか、人的または物的な体制は確保できているか、などを助言するとともに、そのような視点で常に教育活動全体を見ていくこと自体を助言することも大切である。

教育課程の実施・評価・改善への指導・助言のポイント

　カリキュラム・マネジメントとして、教育課程の「編成」と「実施・評価・改善」は、切り離して考えることはできない。教育課程は常に具体的な教育活動の実施から得られる様々な情報をもとにして更新されるものであり、それは次月や次学期、次年度の教育課程の編成に直結するからである。また、実施しなければ教育課程自体の成果や課題、それに対する改善の方策も見えないからである。

　指導主事は、学校の教職員が教育課程を適切に実施できているかを定期的に確認しながら、課題と感じていることは何かを尋ねたり、その改善のための方策について積極的に相談にのったりする姿勢を持つことが大切である。その際、地域の実態を踏まえつつ参考になる事例を紹介するなど、適切な支援や助言ができるように、管轄内外の学校の事例や研究成果などの情報収集にも努めたい。また、各学校の創意工夫のよさや取組の努力について称賛し、今後の教育活動への意欲を喚起することや、各学校のよさを他校に紹介し、広めていく取組も大切にしたい。

（大村龍太郎）

学校経営への支援

 教育長の名代としての自覚

「指導主事は上司の命を受け、学校〈略〉における教育課程、学習指導その他学校教育に関する専門的事項の指導に関する事務に従事する」（地教行法18条3項）。

指導主事の上司は教育長であり、指導主事は教育長の名代として教育委員会を代表して校長等管理職に指導・助言する。

そのため、指導主事には日常から教育長の方針を的確に理解しておくことが求められる。「教育委員会の教育目標及び基本方針」「教育振興基本計画」等の諸計画については、その自治体に着任後、すぐに確認をする必要がある。

また、定例教育委員会や校長会での教育長の発言、日々の職務を通じた教育長の一言なども心にとめておくとよい。校長・副校長・教頭に指導・助言する際の拠り所となる。

校長等への指導・助言の場面は様々に想定されるが、当該校長が抱えている課題意識を把握し、それを教育委員会の方針と照らした上で、指導・助言にあたるよう心がける。とくに児童生徒の事故、保護者・地域等からの苦情等の緊急的な対応の際は、校長の困り感を上司に伝え、教育委員会としての方針を確認し、即時的かつ具体的に指導・助言する必要がある。常に、自分は教育長の名代として校長を支援するという自覚を持って臨むことが大切である。

校長の学校経営から学ぶ姿勢を持つ

　教育長の名代とはいえ、校長に対して、経験の浅い指導主事が直接、指導・助言に赴くことは、大きなプレッシャーを感じるものである。言うまでもないが、校長は、長年に渡る教育者としての積み重ねをもって校長職を務めている。教諭、副校長・教頭と豊かな経験を持つ校長や、長く指導行政を経験した指導主事の大先輩の校長もいる。

　指導主事としては、敬意をもって指導・助言の場に臨み、逆に校長から学校経営の実際を学ぶ姿勢を持つことが大切である。

呼応の関係を築く

　「校長は、校務をつかさどり、所属職員を監督する」（学校教育法37条4項）が、この場合の校務は、学校運営上必要ないっさいの仕事である。したがって校長は学校の最終責任者として、大きな権限と責任を有するが、それ故に孤独でもある。指導主事には、学校運営上の判断を日々求められている校長から、頼られる存在になってほしい。

　そのためには、校長・副校長・教頭と呼応の関係を築くことである。校長から助言を求められたら、まず話をよく聞く。相談の趣旨を掴んだら、経験の浅い間は即答しないで持ち帰り、先任の指導主事、統括指導主事等の上席に報告する。その上で迅速に具体的な行動に移る。たとえば、講師を紹介してほしいと相談されたとき、各種答申について解釈の講義を教務部の担当教員にしてほしいと依頼されたとき。一つ一つ、校長の呼ぶ声に応えて丁寧に対応する職務行動は校長からの信頼を集め、それが次の指導・助言に向けた足場となる。

　なお、教員人事や学校設備等、指導主事の事務の範囲を超える事項の場合は、担当部署に確実につなぐことが必要である。**（石田　周）**

校内研究への指導・助言

校内研究とは

　教育基本法９条では「法律に定める学校の教員は、自己の崇高な使命を深く自覚し、絶えず研究と修養に励み、その職責の遂行に努めなければならない」と規定されている。校内研究は、教員が一丸となって教育の新しい内容や方法等を発見し創造する取組であり、日々の授業実践や教育活動に直結する、校内研修の中核・基盤となる営みである。

　また、組織的な授業改善や指導力の向上を通して学校教育目標の実現を図るとともに、研究主任等のミドルリーダーを中心に教育課題の解決に取り組むという点において、学校経営上きわめて重要な取組である。そして推進役である研究主任等への指導・助言は、学校を支え教員を育てるという指導主事の使命を果たす上で、重要な職務の一つであると言える。

校内研究の意義

　校内研究は、学校が抱える実践上の課題を取りあげて主題を設定し、全教員が一丸となって取り組む研究活動でもあり、授業改善や児童生徒理解のスキルを向上させるなど学校教育目標の実現に向けて、児童生徒の学びの充実を図るための方策を探る実践的な研究が中心となる。

　校内研究のよさとしては、日々の実践から生じる教育課題の解決に直接取り組むことができること（日常性・直接性）、学校が抱える課題の解決に教員が一丸となって取り組めること（協働性）、学校が直面する課題に焦点をあてるため研究の成果を児童生徒に還元しやすいこと（具体性・実践性・即時性）、校内で実施するため研修のための時間的・空間的条件を整えやすいこと（簡易性）などが挙げられる。

研究主任等の悩みと指導主事に求められる役割

　校内研究をリードするのは、研究主任等の推進リーダーである。しかし、「何に取り組めばよいのかわからない」「研究テーマが決まらない」「教員の参画意欲が低い」といった悩みを抱える研究主任等は多い。指導・助言の際は、校内研究の具体的な手順や、充実した校内研究にするための工夫などについて、研究主任の困り感に寄り添いながら共に考え、提案していく姿勢が求められる。

指導・助言のポイント

●校内研究の手順（マネジメントサイクルによる推進）

　校内研究は、目の前の児童生徒や現時点で学校が抱える実践上の課題を把握し、その解決に向けて組織的に取り組む営みである。全教員が「児童生徒の実態や学校が抱える課題を把握し、その解決を図るために研究に取り組む」という校内研究の目的を理解し、ゴールイメージを明確に持って主体的・協働的に研究活動に取り組むためには、「R-PDCAサイクル」で推進することが有効である。

　①Research：実態把握　学校教育目標を踏まえて、めざす学校像・児童生徒像を明確にするとともに、学校や児童生徒の現状分析を行う。

　②Plan：計画立案　「めざす姿」と「現在の姿」の間を埋めていく

という目的意識に基づき研究主題を設定するとともに、どのような手立てを講じれば研究主題に迫ることができるのかを予測して研究仮説を設定する。開発した手立てを検証するために、「いつ、どの学年・教科で検証授業を実施するか」「どのようにデータを抽出・分析するか」等、研究の方法についても明確にしておく。

③**Do：実践**　研究計画に基づき検証授業やその他の実践を行う。実践の結果や得られた客観的なデータを分科会や全体で共有・分析する。研究授業の実施にあたっては、授業者一人に委ねることなく、学習指導案の立案からデータの収集まで分科会のメンバー全員が責任を持って取り組むことが大切である。また研究協議においては、若手もベテランもかかわりなく全員がフラットに意見を述べ合えることが、様々な視点から研究を深めることにつながる。

④**Check：評価**　全検証授業を通して得られた結果やデータを踏まえ、研究仮説の有効性や妥当性を検証する。研究の成果と課題を明確にする。

⑤**Action：改善**　明らかになった成果と課題に基づき、研究主題や研究仮説を含めた研究の構想、研究計画の見直しを行う。

このように、マネジメントサイクルで研究を推進することにより、校内研究としてだけではなく、学校評価などと連動させて組織的な授業改善の取組として推進することが可能となる。

● **充実した校内研究にするための工夫**

教員一人一人が研究に主体的に取り組むためには、様々な工夫が求められる。とくに「どのような役割を担い、研究に貢献していくか」を自覚し、実践するための工夫が重要である。

第一に、教員一人一人の役割の明確化である。たとえば研究主任は、校内研究の企画立案や研究の円滑な推進のために、研究推進委員会のメンバーと連携しながらリーダーシップを発揮する役割を担

う。各部会・分科会のリーダーは、一人一人が全体の研究とのつながりを意識して授業提案等に協働的に取り組めるよう役割分担を行い、教員間のコミュニケーションや同僚性を促す役割を担う。推進リーダー以外の教員は、教員育成指標等に基づき自分の力を自覚するとともに、研修履歴に基づき身につけてきた知識や技能を振り返り、研究に積極的に活かしていく。このように具体的な役割を明確にすることで、全教員の主体的な取組を促すことにつなげていく。

　第二に、各教員の特性や持ち味を生かすことである。たとえば研究授業の指導・講評や、初任者研修や中堅教諭等資質向上研修など外部研修を通して学んできた知見の教授・伝達などが考えられる。そのために、日頃から各教員の得意分野や専門性について把握するとともに、研修履歴をもとに「いつ、どのような機会に講師を依頼するか」を研究推進委員会等で事前に検討する。こうした人材活用を通して、校内研究の活性化につながることが期待される。

　第三に、研究全体のマネジメントに取り組むことである。教員一人一人が研究の意義を感じながら主体的に取り組むためには、研究主任等を中心とした体制づくりが必須であり、研究推進委員会などのチームが中心となって研究の枠組みや研究計画、ゴールイメージをわかりやすく示しながら計画的・効果的に研究を進められるようマネジメントする必要がある。研究だよりを発行したり、職員室内に研究ブースを設置したりすることで、スケジュールの見える化や実践の共有化が図られ、研究の日常化につなげることが可能になる。

　多忙な学校現場において、限られた時間の中で研究を組織的に推進するためには、研究主任等の困り感に寄り添い、様々な提案に対して積極的に後押しする管理職の役割が大きい。こうした管理職への働きかけも、指導主事の重要な役割の一つと言える。

（浅野あい子）

各教科の学習指導への指導・助言

各教科等に関する指導・助言は「指導主事の晴れ舞台」

　指導主事にとって、専門とする教科等に関する指導・助言や、教育課程届の相談・受付は、まさに「指導主事の晴れ舞台」であり、自身が持つ能力や経験をいかんなく発揮できる場である。

　シャープで切れ味があるだけでなく、自分に自信を持たせてくれる温かな指導・助言に接したことを契機として、指導主事をめざした者も少なくないはずである。

指導・助言のための事前準備

　指導・助言を行う際に、次のことを事前に確認しておきたい。
①学習指導要領の趣旨と当該教科等の改訂のポイント
②本時を含む教材の単元観と単元指導計画
③本時の学習指導案の内容
④本単元・本時と当該校の教育目標との関連
⑤研究授業の授業者の意識（めざす授業や悩み）
⑥研究授業の授業者に対する管理職の期待

学習指導とカリキュラム・マネジメントの関係を意識させる

　①から③についてはこれまでも準備されてきたはずである。では、④の「本単元・本時と当該校の教育目標との関連」についてはどうだ

ろうか。

　従来、教科等の研究授業は、その教科の指導内容・方法について
の議論、検証が主流であり、授業内容が学校の教育目標の実現にど
のように寄与するかなどについて論ぜられることは少なかった。言
い換えると、「教科指導」と「教育目標の実現」を結びつけて考えよ
うという発想が薄かったわけである。

　学習指導要領の柱の一つにカリキュラム・マネジメントの確立が
位置づけられている。言うまでもなく、カリキュラム・マネジメン
トとは、学校の教育目標達成のための教育課程のPDCAである。教
科指導は、教育課程の最も重要な構成要素にあたる。こうしたこと
から、本単元や本時がどのように教育目標の実現につながっていく
かについて、指導主事が事前に確認・整理し、当日に言及すること
は、きわめて重要である。

事前訪問や事前の情報収集の大切さ

　次に、⑤「授業者の意識（めざす授業や悩み）」と⑥「授業者に対す
る管理職の期待」についてはどうだろうか。

　事前にこうした情報を得るには、本人や管理職からの聞き取りが
必要となる。指導主事は忙しいのでそんな時間はなかなか取れない、
と思うかもしれない。しかし、ただ単に学習指導案を事前に眺める
だけでなく、「本人はどのような授業をしたいか」「管理職は本人に
どのような教科指導力を身につけてほしいか」などについて把握し、
多角的な視点で指導・助言を行うと効果的である。

　忙しいなか、何とか時間を割いて学校を事前訪問し、管理職から
教員に関する貴重な情報を得ること、また、教員の指導場面を短時
間でもよいから見て理解を深めることはきわめて重要である。自分
が直接指導した教員が教科等の指導力を身につけ、成長していく姿

を見ることは指導主事としての仕事の醍醐味の一つと言える。

指導主事の指導・助言の本来あるべき効果とは

　当然のことながら、指導主事は自分の専門教科等の指導について長けており、自信を持っている。授業後の協議会では、学習指導要領の趣旨を踏まえ、これまでの経験等も交えながら指導・助言していくわけだが、自分の専門性に自信があるあまり、課題を一方的に指摘し、その解決策として自分の実践や理論を授業者に押しつけていないだろうか（**図1**）。

　指導主事の指導・助言の本来あるべき効果は、「教員が、指導主事の指導・助言を受けたことにより、自ら課題に気づき、自ら改善意欲を持つこと」にある（**図2**）。

　教科指導論に「自分が教わったように教えるな」という格言がある。自分が児童生徒時代に経験してよかったと思う指導方法が、誰にでもあてはまるわけではない。また、この言葉には、指導方法を伝承していくだけでは新たな進歩が生まれない、という意味もある。指導主事の指導・助言にも相通じるものがある。

「大局的な視点を持った」指導・助言を

　学習指導要領総則においては、どの校種においても「単元や題材など内容や時間のまとまりを見通しながら、児童（生徒）の主体的・対話的で深い学びの実現に向けた授業改善を行うこと」とある。教科等の指導・助言の際には、この「単元や題材など内容や時間のまとまりを見通しながら」を肝に銘ずる必要がある。

　これまで、研究授業後の協議会では、本時の授業や指導案について議論、分析、検証することが主であった。しかし、この総則の趣旨に沿えば、本時だけという狭い視点からではなく、単元や題材全

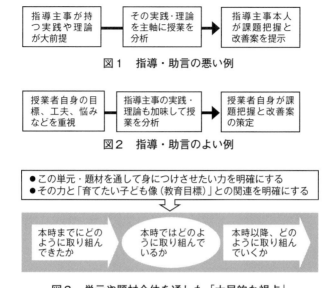

図1　指導・助言の悪い例

図2　指導・助言のよい例

図3　単元や題材全体を通した「大局的な視点」

体を通した「大局的な視点」を持って協議することが求められる。これを図式化すると**図3**のようになる。

　協議会が**図3**のような流れになるよう、事前に管理職、研究主任、授業者に確認しておく。そして、当日は、この流れに沿って指導・助言を行っていく。

　また、この「単元・題材を通して身につけさせたい力と育てたい子ども像との関連」については、教科や学年によらず、すべての教員が発言することができる。協議会では、「『自分の授業では○○している』という発言をしてもらうので準備をしておいてほしい」と事前に学校に伝えておくと活発な協議が期待できる。いわゆる「反転学習」の手法を取り入れるわけだが、このように、学校訪問の当日だけでなく、その事前・事後も含めて意図的・計画的に行う指導・助言はより大きな効果を生む。

（宇田　剛）

専門外の教科、校種、領域にどう対応するのか

🖥 指導主事としての成長の機会

　専門外の指導・講評を依頼されることは、規模の小さい自治体の指導主事にとっては珍しいことではない。その依頼に応えて講師を引き受けることは、指導主事として大きく成長する絶好の機会となる。

　私が指導主事として発令された東京都武蔵村山市は、小中学校合わせて14校、指導主事2名定数の小規模な自治体だった（当時）。私は小学校道徳が専門だったため、講師依頼は道徳の時間の研修会が多かったが、他の教科等にも講師としてたびたび呼んでいただいた。そのたびに準備に大変苦労はした。とくに、専門外の教科等の講師を引き受けたときは、数週間前から校長を通じて授業者とやりとりし、学習指導案を案の段階から入手した。学習指導要領解説を熟読し、プレゼンテーションを作成した。当日配付する資料一式をまとめ、先任の指導主事や室課長に指導を受けるのは、学校訪問の前日ということも多かった。

　当日は大汗をかきながら、なんとか指導・講評の役割を果たした。授業者はもちろん参加者からの質問に即答できないことも多く、宿題として持ち帰り、ときには東京都教育庁の当該教科等を専門とする指導主事にも助言を受けながら回答を作成して、質問者に返したこともあった。

　いま振り返ると、校長を応援したい一心ではあったが、音楽科や英語科等、専門外の指導・講評の依頼をよく引き受けたものだと赤面する。

　しかし、専門外の教科等の講師に呼ばれたことを上司に報告するたびに、「石田さん、ピンチはチャンスだよ」と励まされた。そして、「勉強させてもらうつもりで、学校のニーズを十分に把握し、精一杯の準備をするように」と助言を受けた。この助言は私の内面に深く刻み込まれ、その後の指導主事としての職務の基本姿勢の一つとなった。

ニーズの把握と、ネットワークの活用

　専門外の教科等の講師を引き受けた場合でも、指導・講評に向けた準備の基本は変わらないが、できるだけ早く準備に取りかかることが必要である。まず、なぜ専門外の指導主事を招聘するのかその意図を校長に聞き取る。「専門は違っても、本校の実態をよく知っている指導主事から助言がほしい」「よい点を指摘していただき、授業者に自信を持たせたい」など、校長の指導主事に対する期待を把握する。

　それに応えるためには、当該教科等の学習指導要領解説をしっかりと読むこと、『初等教育資料』等に掲載されている文部科学省教科調査官等の論文を確認すること、学習指導案をしっかりと読み込むことなど事前の勉強を十分にする。その上で、最も有効な準備は、指導主事のネットワークを活用することである。

　やはり餅は餅屋である。近隣自治体はもとより都道府県教育委員会在籍の当該教科等を専門とする指導主事に相談し、助言を求める。たとえば東京都の場合、東京都教職員研修センターでは「教科等領域部会」を組織し、東京都及び区市町村教育委員会指導主事が専門ごとに部会に所属している。専門性のある指導主事に状況を話した上で、指導の要点や東京都教育委員会の既存の指導資料等の活用等、具体的に助言を受けておく。

共に学ぶ姿勢を基本に

　どんなに準備をしても、その教科等の本質的理解、実践的な理解がない専門外の授業の指導・講評は、わからないことを知ったかぶりしないで、授業者と共に学ぶ気持ちを持ちたい。その上で、私の場合は、指導方法の意図と実際の発問内容、子どもの活動・発言・表情、学習内容の理解の状況等について詳細に参観の記録を取り、それをもとに授業の価値づけをすることが自分の役割であると考えた。

　結びの場面では、いわば素人の自分に機会を与えてくれたお礼を述べた。専門であるかないかにかかわらず、指導・講評は、授業者・参観者・指導主事が、その授業の子どもの学びの姿から授業改善について共に学ぶ姿勢を基本としたい。

（石田　周）

➡ 138頁から続く

当時は「生徒指導上の諸問題」の増加や「指導力に課題のある教員」の存在が社会問題となり、教育行政の速やかな対応が求められました。

どちらの問題も、対応如何では、児童生徒・教師の人生を左右してしまう重要な問題です。いい加減な対応は許されませんでした。

私は「常にアンテナを高くし、社会の変化に柔軟に対応し、小中学校の正確な現状把握に努める」ことを信念に職務を遂行しました。様々な生徒指導事案に注意を払い、上司の指導・助言を仰ぎながら、緊張感のある毎日でした。

生徒指導専任となって数年後のある日、市内某学校で大きな生徒指導上の問題が発生しました。校長から「報道機関からの取材依頼」への対応について助言を求められました。

指導主事として数年しか経験していない私に、助言などできるのか、事の重大さと責任の重さに、それまで経験したことのない強いプレッシャーに襲われました。

上司からは「指導主事は教育長の代理者」と指導されていたこともあり、自分の安易な考えで「私はこう思います」と簡単に助言していいはずはない、と限られた時間の中で悩み、回答に躊躇していました。

その状況に上司は「学校の責任者は校長だ。最終判断は常に校長がする。指導主事は、校長がベストでなくても、ベターな判断ができるように、積み上げてきた経験と専門性、高いアンテナで集めた情報をもとに、いまの状況なら、担当者としては○○の対応がよいと考えます」と自信を持って助言しなさいと言われました。

結果的に助言とは若干異なる対応をなされましたが、後日「あの助言が判断の迷いを消してくれた」と感謝の言葉を頂きました。

「常に最悪を想定して準備し、余裕を持って毅然と対応する」。このことの重要性を認識し、後に担当することになる「指導力向上研修」の職務遂行にも、大きな影響を与えられた貴重な経験となりました。

✏ ゼロをプラスにする喜びと誇り

「生徒指導」には消極的な生徒指導と積極的な生徒指導があります。

生徒指導担当の7年間は「生徒指導上の諸問題」の発生が増加し、その内容も複雑化・多様化していた時期でした。したがって「マイナスをゼロに戻す」取組以上に、「ゼロをプラスにする」取組が求められました。

➡ 196頁へ続く

9章
指導・助言する②
──学習指導、生徒指導等への対応

個別最適と協働的な学びの組織化

原理的思考で

　一般に教師は「目の前の児童生徒にとって最も効果的なことは何か」「自分はどのような手立てを講じればいいか」と具体的思考で日々を送っている。その一方、指導主事は「どのような時代になるのだろうか」「どのような資質・能力を育んでいけばいいのだろうか」というメタ認知的な原理的思考を持って、授業実践への意義と目的を理論的に価値づけ、授業の振り返りやカリキュラム評価をアドバイスしていこうとする。

　いま注目すべきは、2021（令和3）年1月の「令和の日本型学校教育」答申で、新しい時代のめざすべき学校教育の姿として「全ての子供たちの可能性を引き出す、個別最適な学びと、協働的な学びの実現」の提言である。この内容を所管する学校で組織的に実現するために、指導主事はどのように近未来を念頭において、学校経営・授業設計を支援していけばいいのだろうか。

　まずはその内容をきちんと把握し、自分事にしていく作業から始めることだ。

「個別最適な学び」と「協働的な学び」

　「個別最適な学び」について、答申では「指導の個別化」と「学習の個性化」に整理されており、児童生徒が自分の適性に応じて学ぶこ

とが重要であると指摘している。

「指導の個別化」とは、支援の必要な児童生徒にはより重点的な指導を行ったり、児童生徒一人一人の特性や学習進度等に応じ、指導方法や教材、学習時間などを工夫したりすることである。

「学習の個性化」は児童生徒の興味・関心、キャリア形成の方向性に対して、教師が児童生徒に応じた学習活動や学習課題を提供することによって、児童生徒自身の学習が最適となることである。

「指導の個別化」と「学習の個性化」を学習者視点から整理した概念が「個別最適な学び」で、これを教師視点から整理した概念が「個に応じた指導」となる。

指導主事は、「指導の個別化」と「学習の個性化」という二つの側面を踏まえ、教師に対して、児童生徒が自分にふさわしい学習方法を模索するような主体的に学習を進められる授業設計になるようアドバイスすることが大切である。すなわち、「個別最適な学び」の本質は、児童生徒が自ら調整しながら学びを進めるための機会を提供することにある。

次に「協働的な学び」について、探究的な学習や体験活動など、児童生徒同士で、あるいは地域の住民など多様な人たちと協働しながら学ぶことである。そこには他者を尊重し、社会の変化を乗り越え、持続可能な社会の創り手となれるような資質・能力を育成することをめざす。

指導主事としては、学校現場での授業支援に際し、「個別最適な学び」と「協働的な学び」を分断するのではなく、その往還によって一体的充実を図るようにアドバイスするべきである。

たとえば、「対話」を通した協働的な学びのシーンとしての「比較して意見が言えた場面」「関連づけて意見が言えた場面」「根拠を示して説明できた場面」「他者に教えた場面」「疑問をもって質問した

場面」等と、個別最適に「他者の意見を聞いて、自分の考えを更新した場面」「対話の末、前の考えからいまの考えに変更した場面」などを往還させる授業設計をアドバイスする。そして一体的に効果を上げているかを確認しながら、主体的・対話的で深い学びの実現に向けた授業改善を支援していくことが考えられる。

📋 ICTの利用

　「個別最適な学び」と「協働的な学び」の考え方はけっして新しいものではない。新しいものが入ったような形をとって、いままでやってきたことを振り返らせて強化するようなものである。ただこれまでと大きく異なることは、GIGAスクール構想により導入されたICTという新しい道具の登場である。「個別最適な学び」を効果的に行うには、ICTを大いに利用したい。児童生徒が自己の関心や能力に応じて最適を図る「自己調整的な学習」ではICTが強力な手段となる。

　たとえば、電子黒板とタブレット端末を利用し、授業プリントや解答、板書内容や授業解説の動画を個別に提供したり、オンライン上で提出された課題に対する解答を添削したりすることも可能である。タブレット端末やスマートフォンがあれば、いつでもどこでも、児童生徒は自分に適したペースで学習することが可能となり、また、教師も個別に対応できる。

　一方、ICT活用について、教師の児童生徒に対する「1対1の個人指導のツール」という発想で受けとめないように留意することが肝要である。すなわち、効率的な個人作業によって児童生徒が孤立することがないように、「協働的な学び」という視点を常に念頭に置き、授業設計することである。

　指導主事が留意すべきところは、個性的で自由度の高い学びと自

[参考文献]
・中央教育審議会「『令和の日本型学校教育』の構築を目指して（答申）」、2021

然な学び合いや対話が生まれるような往還によるICT活用をアドバイスするところにある。ICTを活用すること自体を目的化してしまわないように、あらゆる情報を会得し技能を磨いて範を示してこそ現場の納得が得られるものである。

自由進度学習

　長野県岩村田高等学校の後小路正人教諭は数学で自由進度学習を試みている。自由進度学習とは、授業の進度を学習者が自ら自由に決められる自己調整的な学習で（蓑手2021）、ICTとの親和性が高い特徴を持つ。

　同校ではこれまで、教師から生徒への講義形式が一般的であった。しかし、生徒たちはどうしても受け身になってしまい、主体的な学びになっていないことが課題であった。そこで、1学年数学において、「教師主体の学びから学習者主体の学びへ転換すること」「生徒たちが自立した学習者になること」をめざし、一人一人の学習スタイルの確立を目的とした自由進度学習を試みた。単元の初めに生徒たち各自は大まかな単元計画を立案し、その計画に従って、授業プリントや確認テストをそれぞれのやり方で進めていく。毎時間授業後に振り返りを行い、計画は修正しながら進めている。単元の最後には単元テストを行い、そこで単元の定着度を測っているという流れである。生徒たちはBYOD（Bring Your Own Device）のタブレット端末を用いて、自立的に学習することが可能となっている。

　高校関係の指導主事は、先進的に取り組んでいるこれらの学校を積極的に訪問し、教師主体と生徒主体、個と協働、ICTとの適切な掛け合わせ等に注視し、成果と課題を整理したうえで、各校において個別最適で協働的な学びが広がるように支援・広報活動に尽力することが要諦である。

（青木　一）

・蓑手章吾『子どもが自ら学び出す！　自由進度学習のはじめかた』、学陽書房、2021

学習指導要領と指導要録に基づく
観点別学習状況評価と評定

3観点と育成すべき資質・能力の3つの柱

　学校現場の評価に対する考えは「評価＝成績（評定)」のイメージ
が依然として大きい。しかし、それは評価活動の一部にしか過ぎず、
もっと広義な意味を成す。学習評価の目的は、児童生徒の学習状況
を検証し、児童生徒の学習改善・教師の授業改善をもって教育水準
の維持向上をめざすものである。この目的を達成しつつ、現場の声
に、具体的に回答するために指導主事はどのように助言・アドバイ
スをするべきか。

　まず指導主事は文部科学省の通知・通達、各答申や提言・報告を熟
読することである。そして可能であれば、課長や専門担当者による
ブリーフィングやFD*のような研修会を通して共通理解し、これま
での経緯および今後の方向性を議論していくことが重要である。

　学習評価に関して、学習指導要領の改訂に伴い、従来の4観点か
ら「知識・技能」「思考・判断・表現」「主体的に学習に取り組む態度」
の3観点へと変更された。それは育成すべき資質・能力の3つの柱
に基づき整理されたものである。

　第一の柱は、「何を理解しているか、何ができるか」という生きて
働く「知識・技能」の習得。第二の柱は、「この知識・技能をどう使う
か」という未知の状況にも対応できる「思考・判断・表現」の育成。第
三の柱は「どのように社会・世界とかかわり、よりよい人生を送る

＊　Faculty Development の略で、研究や研修を組織的に行うこと。

か」という学びを人生や社会に生かそうとする「学びに向かう力・人間性等」の涵養である。しかし、感性や思いやりなど学習状況の評価としてなじみにくいものもあり、「主体的に学習に取り組む態度」と観点を絞って評価することになった。これら3観点の評価結果に基づき、評定を示すことになる。

観点別学習状況評価から評定へ

　学校現場の教師が悩むポイントの1つが、観点別学習状況評価から評定を出すというプロセスである。学校ごとに多少異なるが、おおよそABCの組み合わせ、またはABCを数値で表したものに基づいて総括する方法を採用している。たとえば、観点別評価「AAA」あるいは「AAB」は「評定3」（小学校）、「評定5あるいは4」（中学校）、「10段階評価10・9・8から評定5あるいは4」（高等学校）と取り決めているところが多い。この点について、指導主事がアドバイスする余地はあまり残っていない。しかし、こうした単純に数値化し機械的に算出することに際し、質も役割も異なる観点別学習状況評価と評定の関係を念頭にいま一度振り返ってもらい、児童生徒の学習履歴を含む教科の専門的見地を加えながら総括的評定を出していくようアドバイスすることは可能である。たとえば、「AAC」「ABC」「CCA」といった評価結果が生じた場合、そのばらつきの原因を分析し、児童生徒の学習、教師の授業改善等を支援することである。

「主体的に学習に取り組む態度」の評価

　「知識・技能」の評価は、他の知識と結びついて問題解決に使え、変化していく「生きた知識」を習得できたかがポイントである。「思考・判断・表現」の評価は、「知識・技能」を活用しながら、その先を考え、状況を判断し、わかりやすく伝えるために表現する力を見とるもの

である。

　学校現場の教師が最も悩むのは、第三の観点「主体的に学習に取り組む態度」の評価である。「知識・技能」「思考・判断・表現」と比べ、すべての学習の基盤となる重要な要素であるが、具体的にどのような側面でとらえて評価すればいいのだろうか。

　中央教育審議会「児童生徒の学習評価の在り方について（報告）」では、「主体的に学習に取り組む態度」の「意思的側面」を「粘り強い取組」と「自己学習調整力」としている。「粘り強い取組」とは、「知識・技能」を獲得したり、「思考・判断・表現」等を身につけたりすることに粘り強く取り組もうとする意思的側面である。

　もう一つの「自己学習調整力」は、この「粘り強い取組」のなかで、自らの学習を調整しようとする意思的側面である。大事なことはあくまで意思的側面ということで、適切に行われているかどうかではなく、自らの学習を調整しようとしているかどうかを評価する。

　この２つの側面が同時に満たされていれば「十分満足できる」（A）となる。これらを踏まえた上で、指導主事が学校現場の教師に具体的に評価方法をアドバイスするとしたら、「ノートやレポート等の記述」「授業中の発言」「教師による行動観察」「児童生徒による自己評価や相互評価等の状況」のようなパフォーマンス評価が挙げられる。このほか、パフォーマンス評価は西岡（2015）らがまとめた**図**（次頁）を参照するとよい。

指導と評価の一体化

　評価は授業の改善・修正に寄与するものである。たとえば、数多くの出前講座に出向き、評価の指導を行っている千葉市教育センターの菊池麻里指導主事は次のように校内研修を進めている。

　「主体的に学習に取り組む態度」の「意思的側面」について、「粘り

[参考文献]
・千葉市教育センター「Q＆Aでよくわかる新しい学習評価」、2021

強い取組」と「自己学習調整力」に関し、①自分の担当する授業において粘り強さが必要だと思われる単元、あるいは授業の一部を抽出する。続いて、②その中で粘り強く取り組んでいる児童生徒の学習活動を思い起こす。次に③自己学習調整力を自分の教科をイメージして言語化

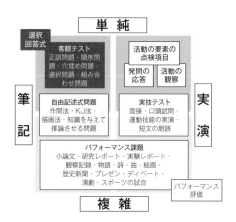

図　様々な評価方法　※西岡加名恵他『新しい教育評価入門』有斐閣、2015 参照

する。これらの活動を経て①②③の場面でそれぞれ思ったことをタブレットに送信してもらう。教師たちは集約された様々な考えに触れ、意見交換する。このプロセスを通し、児童生徒が主体的に学ぶ状況を引き起こすような授業設計になっていないと児童生徒も主体的に取り組まないことがわかり、教師の手立てと評価が表裏一体であることを実感していく。また「自己学習調整力」も「予見（見通し）」「遂行コントロール（学び深める）」「自己省察（振り返り）」の３つのステップを児童生徒自身がメタ認知等できる授業設計になっているかどうかも同様であり、まさしく指導と評価は一体化していることを自分のものとして体験する。

　指導と評価を一体化させるポイントは、①「児童生徒に身につけさせたい力（ねらい）を明確にする」、②「どの児童生徒でもねらいに迫れる手立てを考える」、③「出口の情意を評価する」を踏まえ、各教科等の特質に応じ、児童生徒の発達段階・個性を考慮して授業改善していくようにアドバイスしていくことにある。　　**（青木　一）**

・西岡加名恵・石井英真・田中耕治『新しい教育評価入門』有斐閣、2015
・中央教育審議会「児童生徒の学習評価の在り方について（報告）」、2021

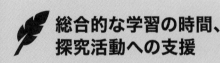

総合的な学習の時間、探究活動への支援

総合的な学習（探究）の時間の特質を踏まえて

　2017（平成29）年（小・中学校）・2018（平成30）年（高等学校）に告示された学習指導要領において、総合的な学習の時間（高等学校では総合的な探究の時間。以下、両者を合わせて「総合的な学習（探究）」とする）は、「探究」を一層重視した改訂となった。総合的な学習（探究）は、よりよく課題を発見し解決していくことや、自己の在り方生き方を考えていくための資質・能力を育成するために、児童生徒の探究（的な）活動を徹底的に重視するのがその特質である。

　また、教科学習と大きく異なるのは、各学校の実態や地域の実態をもとに、その目標及び内容は各学校で定めること、よって当然、検定教科書もないということである。これらのような特質を持つ領域であるからこそ、指導主事は、各学校がよりよい教育活動を行えるように、他教科とは異なる指導・助言や支援が必要となる。

全体計画への支援

　学習指導要領にも示されているように、総合的な学習（探究）は、学校の指導計画として全体計画と年間指導計画の二つを作成する必要がある。全体計画は、「総合的な学習（探究）の時間の教育活動の基本的な在り方を示すもの」であり、三つに分けて考えられる。

①必要要件として示すもの

　各学校の教育目標をもとに総合的な学習（探究）の目標が設定されるが、とくに支援したいのは「内容」である。総合的な学習（探究）の内容は、「目標を実現するにふさわしい探究課題」「探究課題の解決を通して育成を目指す具体的な資質・能力」の二つを定める必要がある。探究（的な）活動が充実したものになるかどうかは、児童生徒の実態、学校や地域（環境や人材等のリソース）の実態を踏まえ、どのような探究課題が設定されるかが重要なポイントである。

　指導主事は、全体計画において、どのような探究課題が設定されているか、それは児童生徒が関心・意欲を持って追究できる課題か、それを探究することはその学校が定める目標の実現にふさわしいものになりうるか、具体的に育もうとしている資質・能力が適切に設定されているかなどを視点とした助言が求められる。

　そのためには、その学校の教育目標は何なのか、総合的な学習（探究）でどのような児童生徒をめざしたいと考えているのかを丁寧に聞き取るとともに、児童生徒や学校、地域の実態をたずね、時には調べ、それをもとに話すという真摯な姿勢が大切であろう。

②基本的な内容や方針等を概括的に示すもの

　学習活動、指導方法、指導体制や評価を示すが、なかでも指導体制は学校の実態が大きく影響するため、主担当者との相談が不可欠である。とくに中学校・高等学校は教科担任制であり、総合的な学習（探究）の専科がいるわけではない。学級担任が授業を行うが、専門の担当教科でないために、その計画や授業の充実に注力することが敬遠されがちな学校も少なくない。誰が中心となって全体を推進するのか、また、一部の人ではなく、全体でどのような協力・連携体制をとるのかということについて、指示するのではなく、難しさに共感しながら指導・助言をしていくことが大切である。また、学校外の人材などを積極的に活用することも勧めたい。

③その他、各学校が必要と考えるもの

　ここは、各学校にゆだねられる内容ではあるが、カリキュラム・マネジメントの視点からも、各教科等との関連や異校種との連携、系統について踏まえることを勧めたい。

年間指導計画・単元計画への支援

　年間指導計画は、1年間の流れの中に単元を位置づけて示したものであり、どのような学習活動を、どのような時期に、どのくらいの時数で実施するのかなど、年間を通しての学習活動に関する指導の計画を示したものである。

　単元計画は、課題の解決や探究的な学習が発展的に繰り返される一連の学習活動のまとまりである単元についての指導計画である。いずれも各学校の実態に合わせてその内容から配列までを設定することになるため、以下のような視点で助言をすることが必要であろう。

　一つは、それぞれの内容（探究課題）の配列が、児童生徒の意識の流れや学年の系統として妥当であるかという点である。探究は、児童生徒の主体的な活動である。探究する必然性があるか、難易度はその学年や実態を踏まえて妥当であるかが重要な視点である。

　二つは、時数配分の妥当性である。探究活動は、児童生徒が自分の課題にじっくりと向き合い、試行錯誤しながら探究できる時間を確保する必要がある。一方で、必要以上に時間を取りすぎる計画も無駄を生み、資質・能力の高まりには適さない。その視点で助言をするとともに、そのような視点で考えること自体も助言したい。

　三つは、単元群の固定化やその弊害がないかという視点である。これは、総合的な学習（探究）を学校全体で推進する上で最も難しい点の一つでもある。

　これまで述べてきたように、各学校で様々な実態を踏まえて年間

指導計画や単元計画を作成することは容易なことではない。そのため、毎年、学年の同じ時期に同じ単元や学習活動を踏襲するという学校も少なくない。もちろん、踏襲する単元や配列が児童生徒の資質・能力を高め、目標を達成するのにふさわしいものであると判断されるのならそれでもよいし、たとえば地域のリソースを考えて伝統文化等を教材化した単元などは、そのようになることもあるだろう。しかし、十分な検討を行うことなく前年度の踏襲が繰り返され、例年通りに活動させること自体が目的化してしまっていることもある。それに対しては、学校の状況や教職員の多忙、総合的な学習（探究）の難しさに共感しつつ、児童生徒が受動的な活動になっていないかを問いかけ、他校の事例紹介や、その学校の実態を踏まえた代案を示すなどして、改善への助言に努力したい。

実践と改善への支援

　学習指導要領には、探究（的な学習）における児童生徒の姿として、「課題の設定→情報の収集→整理・分析→まとめ・表現」が発展的に繰り返されることが示されている。しかし、真に探究している児童生徒は、すんなりとその順序で進むとは限らない。行きつ戻りつとなったり、時には停滞が起こったりするものである。

　指導主事は、そのような探究活動の性質を理解し、児童生徒が迷いなく計画通りに活動しているかではなく、資質・能力の高まりに資する探究の姿が現れているかを見取り、そうなっていないとき、課題が問題なのか、教師の活動への支援が問題なのか等を的確に見極めながら授業者に助言したい。そのためには、指導主事が授業者の計画や指導だけでなく、児童生徒をよく観察する姿勢を誰よりも大切にする必要がある。そして、児童生徒の姿を事実として示しながら、改善・発展のための助言を行うことが大切である。**（大村龍太郎）**

道徳科授業の指導とその評価

道徳科授業の授業像

　道徳科の授業像は小学校・中学校ともに学習指導要領の目標に明記されている。道徳科の授業は、子どもと子ども、子どもと教師の話し合い、語り合いが基本である。それは、子どもが感じたことや考えたことなど（以下「考えなど」）を言語化して検討の俎上にあげるためである。

　まず、考えなどを口頭で言語化することが推奨される。それはなぜか。他の子どもの発言を聴いて自分の考えなどと突き合わせ、比較・検討し、自分の考えなどを見直し、整えて、その時々でその結果を適時、適切、瞬時に明確にさせるためである。

　以上のことを前提として、まず、ここでは道徳科の目標から道徳科の授業像を確認したい。中学校の目標は、次の通りである。

　……よりよく生きるための基盤となる道徳性を養うため、道徳的諸価値についての理解を基に、①自己を見つめ、②物事を広い視野から多面的・多角的に考え、人間としての生き方についての考えを深める学習を通して、道徳的な判断力、心情、実践意欲と態度を育てる。（中学校学習指導要領、下線は筆者）

　まず、①「自己を見つめ」るとは、授業で教材中の登場人物等の行為や行動について、子どもが自分の体験などを踏まえ、自分の考えなどを発表している姿が求められる。次に、②「物事を広い視野か

ら多面的・多角的に考え」るとは、自分の考えなどと、他の子どもの
それらとを突き合わせて検討したり考え直したりする機会を持つこ
とである。そして、ときには自分の考えなどを大きく見直すことに
至る場合もあるということである。この2点は後述の道徳科授業を
評価する際の重要な視点でもある。

道徳科授業の実際とその評価

　指導主事は授業を参観して次のことを見取りたい。まず、検定教
科書の教材をもとに行われる話し合いや語り合いが上記①②の視点
を踏まえてどのように具体化、実践されているか。次に、学習活動
が子ども一人一人の道徳的価値の自覚に至っているか、である。

　この点について適切に授業実践の様子を確認して、指導と助言を
行う。指導とは実践の足りない部分を指摘し根拠を説明すること、助
言とは改善のための具体の手立てを示し提案することである。

　まず、道徳科授業は、外形的には子どもと子どもの話し合い、語
り合いが中心である。子どもたちが自分でよく考える時間を確保す
ることはもちろん、子どもの発表がよく交わされることが大切であ
る。そこで、教師が教材の説明や道徳的な諸価値、さらに、教師自
身の考えなどを滔々と述べていたのではいけない。子どもの発表、す
なわち、子どもが自分でよく考え、言語化し、他の子どもの考えな
どと比較、検討する時間が確保されているかどうかが重要なのであ
る。授業時間中、教師の声のみが45分、または、50分近く響きわた
っていたのでは、それはもう授業とは言えない。

　次に、道徳科の学習指導案についてである。それには様々な形式
がある。ここでは次の3点を確認したい。

(1)　その時間のねらいが明確になっているか。それぞれの内容項目
　を適切に理解し、教材の内容を踏まえたねらいが記されているか。

(2)　発問の文言とその構成が吟味されているか。

(3)　指導案は読みやすいか。

　とくに、(2)の発問の文言と、その構成が子どもの実態を踏まえてよく整えられているかが最も大切な観点である。実際の授業では、これらがどのように具体的に実践されたかを見取ることが求められる。

　たとえば、教材の典型的な構造として、登場人物の行為や行動がある出来事などにより変容する場面、いわゆる中心場面がある。そこで登場人物を突き動かしたものを問うのが「中心的な発問」であり、教材のあらすじや登場人物等の確認、登場人物のその時々の気持ちなどを問うのが「基本的な発問」である。「基本的な発問」は「中心的な発問」の前後に配置することが多い。

　最後に、道徳科の「評価」である。①子どもの学習状況及び道徳性に係る成長の様子についての評価とともに、②授業そのものの評価についての記載があるか、そして、それらを確認、評価する資料（評価資料）が明示され、それらがどのように活用されるかなどについて示されているかどうかを指導主事として確認したい。

　とくに①の道徳性に係る成長の様子は、上記(1)と(2)の視点とともに、授業中の発言や授業の終末で子どもが書き記す振り返り（リフレクション ▶ P274 ）の記述内容が重要な評価資料となる。その蓄積も重要であることを指導・助言することが大切である。

🗂 高等学校における道徳教育と他の教科・科目の授業改善

　高等学校における人間としての在り方生き方指導としての道徳教育も、小学校や中学校と同じように学校の教育活動全体を通じて行うものであり、各教科・科目、総合的な探究の時間及び特別活動のそれぞれの特質に応じて、適切な指導を行うこととされている。

　高校においては、小学校や中学校のように道徳教育の要の時間で

ある「特別の教科 道徳」はない。ただし、公民科の科目として「公共」が新設され、「倫理」及び特別活動がともに道徳教育の中核的な指導の場面であることが示されている。高校の道徳教育について指導・助言する際、少なくとも次の2点を確認することが求められる。

①校長のリーダーシップのもとに、「道徳教育推進教師」を中心に、すべての教師が協力して道徳教育が展開されているか。

②公民科の「倫理」「公共」、特別活動が、人間としての在り方生き方に関する中核的な指導の場面であることが具体化されているか。

以上のことが学習指導要領総則に明記されている。これらを踏まえてそれぞれの授業とともに学校全体として道徳教育に係る教育活動が計画的・継続的・組織的に実施、展開され改善が行われているかを確認することが大切である（「道徳教育の全体計画」）。

また、校種を問わず、教科学習において基本的な知識や技能を学び、大切なことは、それらの知識や技能が日常の生活に生かされる、ということである。たとえば、理科では生命の偶然性と継続性を学ぶ。それを知れば知るほど、自分自身の周りにある生命の営みを大切にして生命を尊重しようとする気持ちが育まれる。また、英語科では英語でのコミュニケーションが求められるが、コミュニケーションの対象である相手の状態・状況を配慮した言葉のやりとりを行わなければコミュニケーションそのものが成立しない。相手を思いやる気持ちが求められる。

日本の教育ではものを学ぶことで人格を陶冶してきた経緯がある。知識を単なる記憶の対象とするのではなく、いま一度、ものを学ぶとはどういうことなのか確認したい。行動変容が見られるような深い学びを日常の授業実践の中で実現していく授業改善が道徳教育につながる重要な場面なのである。これらを踏まえて指導と助言をすることが指導主事には求められている。

（齋藤嘉則）

これからの時代に求められる
生徒指導の在り方

「生徒指導」のとらえ方

　学習指導要領には、「児童（生徒）が、自己の存在感を実感しながら、よりよい人間関係を形成し、有意義で充実した学校生活を送る中で、現在及び将来における自己実現を図っていくことができるよう、児童（生徒）理解を深め、学習指導と関連付けながら、生徒指導の充実を図ること」と示されている。

　これは、「生徒指導提要」（2010年、文部科学省　※2022年3月現在、改訂作業中）が示す「一人一人の児童生徒の人格を尊重し、個性の伸長を図りながら、社会的資質や行動力を高めることを目指して行われる教育活動」という生徒指導の意義につながる記述である。

　「生徒指導提要」には、「集団指導」と「個別指導」のバランスの重要性や、「成長を促す指導」「予防的指導」「課題解決的指導」の三つの目的が詳述されている（図）。指導主事は、学校において重要な意義を持つ生徒指導に関して、指導・助言や支援を行う立場であることから、これらの内容に精通し、自身の具体的な生徒指導の経験に結びつけるなどして、

図　集団指導と個別指導の指導原理
※出典：文部科学省「生徒指導提要」15頁、2010年

自分の言葉で語れるようにすることが求められる。

近年の生徒指導に係る児童生徒の実態を踏まえた生徒指導

　近年、いじめの重大事態や小学校における暴力行為の件数が増加傾向にあり、学校だけでは解決が困難な事例も報告されている。

　中央教育審議会答申「『令和の日本型学校教育』の構築を目指して」（2021年1月）には、こうした課題に対処するための方策として、以下の内容が示されている（以下、要約筆者）。

● 児童生徒の成長を促す指導等の積極的な生徒指導の充実
　・児童生徒主体による自己有用感や社会性を高める活動の促進
　・いじめ等の状況に関する調査結果（データ）活用の促進
　・教員研修や、効果的な対策を講じるための調査研究の実施

● 課題の発生や深刻化につながり得る背景や要因の緩和
　・スクールソーシャルワーカー（SSW）配置の拡充
　・スクールロイヤーの配置など、教育委員会の体制の整備

● 教育相談体制の整備
　・SNS等を活用した相談など、教育相談体制の整備
　・スクールカウンセラー（SC）配置の拡充

● 教育委員会・学校と市区町村、関係機関との連携強化

　これらは、いずれも教育委員会がリーダーシップを発揮して実現すべきものばかりであり、指導主事の役割は大きいと言えよう。

学校の生徒指導を支え、充実化を図るための指導主事の役割

　指導主事の役割の例を、以下に5つの視点から示す。

①魅力ある学校づくりのために——よい授業、よい学級経営の実現

　魅力ある学校づくりが課題防止への最短かつ確実な道程であることは論を待たないが、その実現がいかに困難か、教師経験者の誰も

が実感するところであろう。指導主事は、そうした実感を大切にしながら、以下の項目を実現する方策等について指導・助言を行う。

- ・「主体的・対話的で深い学び」を実現する授業
- ・支持的風土の中で、互いに認め合い高め合える学級・学年経営
- ・「誰一人取り残さない」ようにするための個別支援　等

②児童生徒の成長を促す指導の実現のために──自己指導能力の育成

「生徒指導提要」に示された「児童生徒自ら〈中略〉自己実現を図っていくための自己指導能力の育成を目指すという生徒指導の積極的な意義」を踏まえ、以下の点から指導・助言を行っていく。

- ・人権教育・道徳教育、多様性について考え理解させる指導
- ・キャリア教育、自己選択や自己決定を促す指導
- ・自尊感情や自己肯定感を高める指導　等

③学校の教育相談力を高めるために──相談しやすい環境づくり

教育委員会の施策として考えられることを以下に挙げる。

- ・学校へのSCの配置と活用事例の提示、SCの対応力向上
- ・SCによる特定学年等への全員面接の実施
- ・ロールプレイ等を取り入れた教員対象の教育相談研修の実施

④地域の人的資源活用のために──社会全体で子どもを育てる環境の醸成

2015（平成27）年12月の中教審答申*に、「学校や教員が心理や福祉等の専門家（専門スタッフ）や専門機関と連携・分担する体制を整備し、学校の機能を強化していくことが重要」と示されて6年が経過する。チーム学校の構築に向け、以下の点から教育委員会の丁寧な助言が求められる。

- ・SSWの活用の促進
- ・警察官OB（スクール・サポーター）の活用の促進
- ・全校への「学校サポートチーム（支援会議）」設置の義務化

＊　チームとしての学校の在り方と今後の改善方策について

　　　・関係機関との仲介、教育委員会と関係機関連絡会の主催　等
⑤**教師個人の取組を学校全体に広げるために——教職員の総力を結集**
　滝充氏は「実効的な生徒指導の取組を促す方策」（2021年３月、国立教育政策研究所紀要　第150集）の中で、「（生徒指導面で）成果を上げた学校に共通していたのは、全教職員が自校の現状に対して危機意識を持ち、管理職若しくは生徒指導主事等が中心になって、国等から提供された知識や情報を自分たちで咀嚼し、全教職員が納得して自ら行動しようとする姿であった」と述べている。
　教師一人一人の使命感に支えられて行われる生徒指導を、学校全体に広げるために、指導主事は以下の視点から指導・助言を行う。
　　　・学校全体の取組の成果を見える化する「検証シート」等の作成
　　　・学校ごとの成果と課題を明確にした校内研修での指導・助言
　　　・管理職や生徒指導主事等を対象とした生徒指導研修の充実　等
　また、一つの学校の取組を他の学校にも広げるために、中学校区等を活用し、合同連絡会や研修会を行うなどの方法も考えられる。

「荒れた」学級、学年、学校を立て直すために

　特定の学級、学年、学校が「荒れた」状況に至ってしまうことがある。そうしたときに、教師が疲れ、自信を喪失することも少なくない。指導主事は、けっして学校や教師を見捨ててはならない。
　教育委員会の職員が輪番で、毎日学校を訪問するなどして、支援を続けることが必要である。また、全教職員で共通して取り組むべきことを明確にし、その成果を毎日確認すること、どんな小さなことでも改善された点を評価してあげることなどが大切である。
　生徒指導上の課題解決において、指導主事の最大の役割は、教師が教師としての自分に誇りを持てるようにしてあげることである。

（小寺康裕）

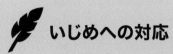

いじめへの対応

「いじめ防止対策推進法」に込められた願い

　2013（平成25）年に「いじめ防止対策推進法」が制定された。陰湿ないじめで自らの命を絶たざるを得なかった生徒の事例を受け、二度と同じことが繰り返されてはならないという国民の強い願いと、学校や教育委員会への警鐘が、法として結実したものである。指導主事は、そのことを肝に銘じ、学校が、法の趣旨を確実に理解した上で取組を行うことができるよう、常に確認と指導を怠ってはならない。

学校のいじめ防止の取組を支える教育委員会の役割

　以下に、教育委員会として、すべての学校に指導すべき項目を示す。

(1) **軽微ないじめも見逃さないようにするために**

　①法に規定された「いじめ」の定義*を確実に理解すること：法の定義は広範である。いじめの件数が多いことは問題であるという誤った認識を払拭し、一人一人の教職員の鋭敏な感覚により、軽微ないじめをも見逃さずに、的確に認知する。

　②対応方針・役割分担を協議し決定すること：疑いを含むいじめの事例について、各学校に置かれている「いじめ対策組織」で対応方針や役割分担を協議する。

---

*　「いじめ」とは、児童等に対して、当該児童等が在籍する学校に在籍している等当該児童等と一定の
　人的関係にある他の児童等が行う心理的又は物理的な影響を与える行為（インターネットを通じて行

⑵　一人で抱え込まず、学校全体で対応できるようにするために

③定期的な教員研修を実施すること（年３回など）：教育委員会が作成したプログラムを活用し、教員研修を実施する。

④「いじめ対策組織」の構成員や役割が明確になっていること：教育委員会が示した組織の構成員、役割、取組例等を参考にする。

⑤「学校いじめ防止基本方針」の趣旨や内容を理解すること：全教職員が、自校の方針をわかりやすく説明できるようにする。

⑥子どもの気になる様子を「いじめ対策組織」に報告すること：児童生徒の気になる様子を把握したら、小さな事例でも報告する。

⑦重大事態の対処の在り方を理解すること：法に定められた定義と対処手続きを正しく理解し、対応する。

⑧教職員間で情報を共有すること：各事案についての指導経過等を、一定の様式に入力し共有する。

⑨いじめ防止の取組について学校評価を行うこと：教育委員会が示した評価の項目例や様式等を参考に実施する。

⑶　相談しやすい環境の中で、いじめから子どもを守り通すために

⑩定期的なアンケートを実施すること（年３回など）：教育委員会が示した項目・様式例を参考に工夫して実施する。

⑪SOSの出し方に関する教育を行うこと：教育委員会が作成した資料を参考に、児童生徒に対し、不安や悩みがある場合は、些細なことでも身近にいる信頼できる大人に相談するよう、計画的に指導する。

⑷　子どもたち自身が、考え行動できるようにするために

⑫いじめに関する授業を実施すること（年３回など）：教育委員会が示したプログラムを参考に全学年で実施する。

⑬いじめを許さない指導を徹底すること：相手が心身の苦痛を感じる行為は「いじめ」であることを理解させる。

われるものを含む。）であって、当該行為の対象となった児童等が心身の苦痛を感じているもの（いじめ防止対策推進法２条）

⑭合意形成や意思決定の場面を設定すること：日常の授業におい
て、多様性や互いのよさを認め合う態度を育む。

(5) 保護者の理解と協力を得て、解決を図れるようにするために

⑮「学校いじめ防止基本方針」を周知すること：保護者会、学校だ
より、ホームページ等を活用し、丁寧に方針を伝える。

⑯保護者に対応方針を理解してもらうこと：いじめが認知された
場合、被害・加害双方の保護者に、解決に向けた対応方針を説明し、
理解を得る。

(6) 社会全体の力で、いじめに対峙できるようにするために

⑰地域や関係機関等と連携して対応すること：学校ごとに、地域
や関係機関の人材で構成される「サポートチーム」を常設し、定例会
議や臨時会議を開催し、対応を協議する。

⑱犯罪行為に該当する事案等に適切に対応すること：暴行、窃盗
等に該当する行為に対しては、警察と連携し対応する。

指導主事は、以上の18項目について、常に各学校の状況を把握し、
課題があれば、具体的な改善策を提示することが求められる。

学校が積極的にいじめを認知できるようにするために

学校が、いじめを認知することに躊躇しがちな理由につながる論
理として、以下のことが考えられる。

①何気ない行為が、結果的に相手を傷つけてしまっただけで「い
じめ」と認定しては、行為を行った子どもや保護者に説明がつかな
い。

②傷ついた子どもも、日常から暴言等が多いなど、人を傷つける
行為を行っており、一方的に「いじめ」と認定するべきではない。

③些細ないじめについてまで、確認した結果を、定められた様式
に従ってすべて教育委員会に報告していては、他の業務が滞ってし

まう。

　①と②は、明らかに法が定める「いじめ」に該当する。仮に好意から行った言動でも、相手が傷つけば「いじめ」になる。「いじめ」のすべてを、許されない悪質な行為ととらえると、認知することに抵抗が生じてしまう。大切なのは、教員が、子どもが傷ついたという状況を把握し、必要に応じて援助することであり、必ずしも「いじめ」という言葉を使って、厳しく指導することを求めるものではない。指導主事は、そのことを、学校にしっかりと指導・助言していかなければならない。

　また、③については、法の規定で、確認した結果を学校の設置者に報告することが義務づけられている（いじめ防止対策推進法23条2項）。学校に過度の負担を強いることのないよう、いじめの重大性や悪質性に応じて、報告方法や様式を柔軟に工夫すべきである。たとえば、単発的な悪口程度であれば、月ごとにまとめて簡易様式で報告することなどが考えられる。

教員がいじめ対応に自信を持って取り組めるようにするために

　意図せずして、学校や教育委員会が「隠蔽している」といった報道がなされることがある。世間からの批判に教員が萎縮してしまい、自信を持って指導することができなくなる例も聞く。

　従来から重大事態への対処を十分に想定し、手続きや対応の不備を防ぐ万全の構えを築いておくことが必要である。

　一方で、ほとんどの学校では、教員が魂のこもった実践を行い、成果を上げていることを忘れてはならない。教員は、日々葛藤しながらも、子どもを成長させている。そのことを、指導主事はきちんと評価し、教員が教員としての誇りを持てるようにしてあげてほしい。

（小寺康裕）

不登校への対応

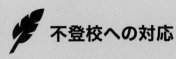

「社会的自立」に向けた不登校児童生徒への支援

学習指導要領には、「不登校児童（生徒）については、〈中略〉社会的自立を目指す観点から、個々の児童（生徒）の実態に応じた情報の提供その他の必要な支援を行うものとする」と記載されている。不登校児童生徒の社会的自立を目的とした支援の重要性が明記された意義は大きい（図）。

指導主事は、学校がこうした目的を理解して、不登校児童生徒への切れ目のない支援を行うことができるよう、適切に指導・助言を行う必要がある。

「大好きな先生」の存在は、不登校の防止につながる

文部科学省の調査では、2012（平成24）年度以降、全国の小中学校の不登校児童生徒数は増加を続け、2020（令和2）年度は、1,000人当たり20.5人が不登校の状況にあることが明らかとなった。

不登校の要因の第一位は、小中学校とも「無気力、不安」であり、「教職員との関係」ととらえている事例はごく少数である。

一方、文科省は、2019（令和元）年度の不登校児童生徒で、翌年度、登校または教育支援センターに通所の実績がある小学6年生と中学2年生の一部を対象に、「最初に学校に行きづらいと感じ始めたきっかけ（複数回答）」を尋ねる調査[1]を行っている。多くの子ども

---

[1] 小学校6年生：①先生のこと（30%）、②身体の不調（27%）、③生活リズムの乱れ（26%）、④友達のこと（25%）／中学校2年生：①身体の不調（33%）、②先生のこと（28%）、③生活リズムの乱れ（26%）、④友達のこと（26%）

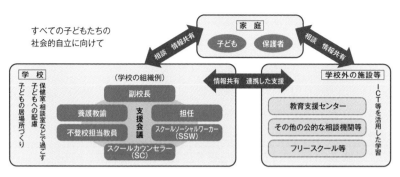

図　子どもの社会的自立に向けた支援

※「未来を創るかけがえのない子供たちの自立に向けて〜不登校の子供たちへの支援のポイント〜」（2021年1月、東京都教育委員会）を参考に作成

が、「先生のこと」を不登校のきっかけに挙げている。学校は、不登校の要因を教員の問題ではないと考える傾向にあるが、実は、児童生徒の実態を正しくとらえきれていないとも言えよう。

　こうした現実を踏まえ、指導主事は教員が自信を失うことのないよう配慮しつつ魅力ある学校づくりを支援するとともに、子どもにとって「大好きな先生」になれるよう教員を育てていく必要がある。

不登校対策に係る教育委員会の役割

　以下に、「未然防止」「アセスメント」「早期支援」「長期化への対応」の各視点から、不登校対策に係る教育委員会の役割を示す。

①未然防止——「すべての児童生徒」にとっての魅力ある学校づくり

　不登校が生じない魅力ある学校・学級づくりに向け、すべての児童生徒にとって安心でき、一人一人が活躍し互いが認められる場になるようにする視点から、指導主事として指導・助言を行う。

● 4月の学年・学級開きにあたっての確認の項目例の提示

　・身体健康面、心理面、環境面等の児童生徒を観察する視点から

　・担任と児童生徒の信頼関係、友人関係を構築する視点から

・配慮を要する児童生徒に関する組織支援体制を構築する視点から

●長期休業明けや３月の進級・進学に向けた確認の項目例の提示

　・学習定着状況と課題把握、課題解決に向けた支援の視点から

　・主体性、役割意識、自尊感情や自己肯定感の視点から

　・将来への夢や希望の形成の視点から

　　●定期的なアンケートや生活意識調査の様式の開発・活用

②アセスメント――「気になる児童生徒」の情報収集、分析

　理由が不明の欠席や遅刻が３日続くなど、児童生徒に気になる様子が見られた場合に、学校として情報を収集・分析した上で、支援計画を立てることができるよう、その具体的方策を示す必要がある。

　　●児童生徒のアセスメントシートの作成・提示

　　●アセスメント結果を踏まえた支援会議の進め方の例示

　　・保護者との連携の在り方、SCやSSW等を含むメンバーの役割、関係機関との連携の在り方、支援方針の決定の手順　等

　　●「児童生徒理解・支援シート」の様式、記載例の提示

③早期支援――「学校の対応が重要な時期」という意識の啓発

　上記のアセスメント及び支援方針・計画を踏まえ、できる限り早く支援を開始できるようにする。とくに欠席や遅刻が見られるようになり始めた時期は、学校による計画的かつ組織的な対応が最も重要な時期であるという意識を持って、教職員が支援にあたれるようにしたい。

　　●アセスメントによる背景や要因別の支援事例の提示・共有

　　●地域等の人的資源や関係機関との連携の在り方の提示、仲介

　　・子ども家庭支援センターや自治体の福祉部局等に対して、早期に児童生徒の情報を提供し、助言や支援を受けられる関係を構築

　　●教員による児童生徒や保護者に対する面接等の対応力向上

　　・若手教員研修や中堅教諭等資質向上研修等において、不登校児童

生徒の対応に係る研修*2を設定

④長期化への対応──児童生徒の社会的自立に向け、関係機関と連携

　不登校の状況が長期化している児童生徒に対しては、多様な機関と柔軟に連携し、社会的自立をめざすことが何よりも大切である。2016（平成28）年に、いわゆる「教育機会確保法」が制定され、不登校の児童生徒が、学校外の場で学ぶ機会を確保することの重要性が示された。また、2019（平成31・令和元）年に文科省は、ICT等を活用して学習を行った場合の指導要録上の出席扱いや学習評価の在り方を通知した。

　指導主事は、学校がこれらの法令や通知の趣旨・内容を十分に理解した上で適正に運用できるよう、指導・助言を行う必要がある。

- ●**教育支援センターの機能の強化に向けた体制と指導の充実**
  - ・タイプ別教育支援センターの設置、在籍校の定期テストの実施 等
- ●**1人1台端末などICTを活用した学習の推進**
  - ・オンラインでの授業参加の促進、出席の取扱いガイドライン作成 等
- ●**フリースクール等との連携**
  - ・校長や教員による訪問や学習状況に関する情報共有、学習評価
  - ・出席の取扱いや通学定期券制度の適用に関するガイドライン作成
  - ・学校とフリースクールの協力による支援計画の作成　等
- ●**不登校特例校（2005年「学校教育法施行規則改正」による）の設置**
  - ・将来的に学校に移行する前提で分教室型設置（東京都内公立学校の例）　等

　誰一人取り残さず、すべての子どもが将来への希望を持って育っていけるようにすることが、指導主事の究極の責務であるという使命感を持って、不登校対策を着実に推進してほしいと願っている。

（小寺康裕）

＊2　［研修例］・不登校に至るまでの具体事例をもとに、グループワークなどを通して、課題を検証、学校としての適切な対応を学ぶ。・欠席して3日目の児童生徒役と、自宅を訪問する担任役に分かれてロールプレイを行い、効果的な声かけの在り方などを学ぶ。等

教育相談への対応

教育相談の意義

　教育相談とは「児童生徒それぞれの発達に即して、好ましい人間関係を育て、生活によく適応させ、自己理解を深めさせ、人格の成長への援助を図るものであり、決して特定の教員だけが行う性質のものではなく、相談室だけで行われるものでもありません」と、「生徒指導提要」には示されている。

　この一文を、より具体的に考えることで、教育相談の意義について正確な理解を図ることができる。まず、教育相談の基本となるのは「児童生徒それぞれの発達に即し」た対応である。たとえば、「いじめ」の問題ひとつとっても、小学生と中学生では、理解や認識できることは異なるだろう。

　教育相談が必要となるケースは、人間関係に起因することが多い。ここで重要なのはケースを通して「好ましい人間関係を育て」る視点である。つまり、トラブルを解決するという直接的な対応だけが教育相談ではない。トラブルを未然防止する、起こったトラブルを通して児童生徒を育てていくようにすることが教育相談の肝だ。

　また、「不登校」のように、学校生活にうまく適応ができないケースもある。学校生活への適応も児童生徒によってはじっくりと時間をかけ、「生活によく適応させ」ていくことが求められる。

　「自己理解を深めさせ」とは、児童生徒が自分には何ができて、何

ができないのか、どうやって支援を求めたらよいかという理解を図ることである。これは、教育相談のプロセスに関わることである。つまり、即時的な問題解決に留まらない、「人格の成長への援助」のための教育相談は、結果以上にプロセスを重視する。

「特定の教員だけが行う性質のものではな」いということは、学校に関わる誰もが教育相談を行うということである。当然、指導主事も教育相談の一翼を担う。

教育相談というと、一般的には相談室にて対面で行われるイメージだが、「相談室だけで行われるものでも」ない。電話や手紙、メール等による教育相談の形態もある。

教育相談体制づくり

教育相談の体制づくりについて、「人・場・物」で整理してみる。

まず「人」、つまり「人」的な体制づくりである。教員が児童生徒に寄り添い、向き合い、その個性を生かす関係がいつでも保たれている状態は、理想的な「人的な体制」が整っている状態と言える。

現実的に学校における状況として、児童生徒が何か問題となる行動を起こしてしまうと、教員はそのケースの解決に向けて「生徒指導」的な対応をしなければならないこともある。その際、「生徒指導」と「教育相談」を両立することに難しさを感じるのはよくあることだ。どの教員も「生徒指導」と「教育相談」の双方の技量を高めていくための研修等を行っていくことが、「人」的な体制づくりでは必要になるだろう。

また、児童生徒は多様な存在である。ケースの内容もまた多様である。その多様性に対応するためには、学校内・学校外の人材を活用した組織的な対応が必要となる。教育相談は「特定の教員だけが行う性質のものではな」い。したがって、学校内・学校外の教育相談

の「人」的な体制づくりを構築していくことが重要だ。

　たとえば、学校内・学校外の人材として、管理職、生徒指導担当教員や養護教諭、スクールカウンセラー、教育委員会の指導主事や相談室のスタッフ等が考えられる。これら教育相談に関わる者たちがお互いに連携しやすくなる「人」的な体制づくりをするとよい。

　次に「場」である。学校は生活の場でもあるので、児童生徒の心情的に、学校ではなかなか話しにくいといったこともあるだろう。多くの自治体では、教育委員会が「教育相談室」といった教育相談体制のハード面を整備しているので、指導主事としてはソフト面の整備や役割を担う必要がある。とくに、学校と教育相談室とをつなぐパイプ役としての機能が期待される。

　最後に、「物」の視点での体制づくりである。教育相談は、「相談室だけで行われるものでも」ない。ある教育委員会では「いじめ相談ミニレター」という事業にて、児童生徒がいじめについて悩んでいることを、直接手紙に書いて投函すれば、教育委員会内の相談機関に届くという仕組みを作っている。同様にメールやSNSでの相談事業の実践事例もある。このように「人」「場」にとらわれずに、児童生徒が使用できる「物」を活用することも考えるとよい。

教育相談の進め方

　教育相談の対象者は、すべての児童生徒である。問題を抱える児童生徒だけが対象ではないことに、まずは留意してほしい。

　すべての児童生徒の教育相談を行うためには、効率的な進め方を検討するとよい。たとえば、健康診断時を利用して、スクールカウンセラーが「全員面接」を行っているという実践事例もある。指導主事は、教育相談が確実に実施されるように、教育課程に位置づける等の指導・助言を行っていくとよい。

スクールカウンセラーとの連携

スクールカウンセラー（SC）は「心理」の専門職である。

教員の立場からすると「どのようにSCと連携をとればよいか」と考えてしまう。しかし、SCの立場になってみると、「どのように学校や教育委員会と連携をとったらよいか」と悩んでいるSCは多い。SCからは「学校の先生方や指導主事はいつも忙しそうにしているから声をかけにくい」という声がよく聞かれる。

SCも教員も指導主事も、皆「専門職」である。専門職同士の連携のポイントは、相手の立場を尊重していくことである。指導主事は、SCの立場に寄り添いながら、指導・助言していくことが望まれる。

スクールソーシャルワーカーとの連携

スクールソーシャルワーカー（SSW）は「福祉」の専門職である。

専門職同士の連携の基本として、SCと同様に、SSWの立場に寄り添っていくことが望まれる。

SSWは、児童生徒の家庭にアプローチをかけることが、その専門性である。このことから、SSWは子どもや保護者の声の「代弁者」でもあるという認識を持つとよい。

たとえば、不登校傾向の児童生徒の事例では、学校は「家庭に問題がある」、一方、子どもや保護者は「学校が信用できないから、学校に行きたくない」と、お互いに平行線をたどることがある。これではなかなか問題は解決しない。このようなケースにおいて、SSWは学校の職員ではあるが、子どもや保護者の声の「代弁者」としての機能を果たす。SSWの「代弁者」としての意見を学校が真摯に受けとめていけるように、指導主事は指導・助言していくことが望まれる。

（増田謙太郎）

指導主事が学んでおくべき学習、カリキュラムの理論

🗨 カリキュラムとは何か——その理論を学ぶ価値

　学習指導要領には、「社会に開かれた教育課程」「カリキュラム・マネジメント」など、カリキュラムに関する言葉がキーワードになっている。しかし、カリキュラムという概念は、とても奥深いものである。

　教育課程は、カリキュラム（curriculum）の訳語として使われている用語であり、教育課程編成とカリキュラム編成は、ほぼ同意に使われていることが多い。しかし、「教育課程」と「カリキュラム」という言葉は、学術研究上では意味合いが異なる。

　「教育課程」とは、学習指導要領において「学校教育の目的や目標を達成するために、教育の内容を児童（生徒）の心身の発達に応じ、授業時数との関連において総合的に組織した各学校の教育計画」と示されている。つまり、各学校の教育の「計画」としての意味を持つ。

　「カリキュラム（curriculum）」は、ラテン語で「走ること」や競技場の「走路」を意味するクレレ（currere）を語源としており、そこから「人生の来歴」という意味も持っていた。それにも由来するように、カリキュラムは、学習者の「学習経験の総体」をさす語であり、教育課程よりも広い概念である。

　IEA（国際教育到達度評価学会、2011）では、カリキュラムを「意図されたカリキュラム」「実施されたカリキュラム」「達成されたカリキュラム」の三つに分類している。つまり、教育課程とは、IEAのとらえでは、ほぼ「意図されたカリキュラム」にあたると言える。「ほぼ」とつけたのは、「意図されたカリキュラム」＝【国や地方の制度で決定された内容】、「実施されたカリキュラム」＝【実施のための各学校の「計画」と「実際」まで含める】と解釈するならば、児童生徒の実態を考慮して各学校で

計画される教育課程は、「実施されたカリキュラム」の計画部分とも考えられるからである。また田中（2001）は、「制度としてのカリキュラム」「計画としてのカリキュラム」「実践としてのカリキュラム」「経験としてのカリキュラム」に分類している。田中の分類ならば、学習指導要領が「制度としてのカリキュラム」、各学校の計画である教育課程が「計画としてのカリキュラム」にあたる。

　このように、カリキュラムの概念のうち、教育課程とは、制度を踏まえた計画部分に特化した概念であることをとらえておきたい。では、このようなカリキュラムの基本的な概念を指導主事が理論的に学んでおくことは、なぜ重要なのであろうか。

　いくつか考えられるが、最も重要なのは、制度や計画としてのカリキュラム、実践としてのカリキュラム、経験としてのカリキュラムのすべてが完璧に一致するなどありえないという枠組み（メガネ）をもって指導・助言ができるという点である。いくらこだわった計画を編成したところで、個々の教師によって、実施されたカリキュラムは異なってくる。さらに、その実施されたカリキュラムは児童生徒にそのままにコピーされるわけではなく、実際に経験されるカリキュラム（学習経験）は異なる。児童生徒個々人でも異なることも容易に想像できるであろう。その視点があれば、カリキュラム・マネジメントとは計画を作成・更新することだけではなく、児童生徒の学習経験の総体からよりよい手立てを考え続ける営みであることを理解できる。それによって、児童生徒の学習経験をよくとらえて指導・助言をしようとする意識が高まるのである。

理論を学ぶということ

　ここではカリキュラムを取りあげたが、他にも教育方法の理論や、近年では学習科学に基づく理論等も多様に生み出されている。学校教育は様々な文脈依存があるため、特定の理論がいつでもどこでも適用可能だとは言えないだろう。しかし多様な理論を学ぶことは、多面的・多角的に授業や教育を見る枠組み（メガネ）を持つことである。指導主事は業務の特質上、常にそれらを学び続けたいものである。　　　**（大村龍太郎）**

➡️ 160頁から続く

そのような新規施策を立案するのも、重要な職務でした。その中の一つに「中学生職場体験活動」がありました。当時実践例がなく、兵庫県の「トライやる・ウィーク」が唯一「職場体験活動」として注目されていました。第1回研究発表会に参加し、情報収集に努めましたが、関東からの参加者は少なく、勤務県からは県教委幹部1名と私だけで、前途多難を感じました。

計画時に重要と考えたのは、①目標を明確にする。②教育課程の位置づけを明確にする。③実施計画例を具体的に明示する。④体験活動の受け入れ先を確保する。⑤評価基準を明確にする。の5点でした。

A市の「職場体験活動」立案では、とくに受け入れ先の確保が最大の課題となっていました。市内ならびに隣接地域関係諸機関への受け入れ依頼は困難を極め、数ヵ月間はほぼ毎日外回りの職務が続きました。

生徒指導担当でもありましたので、生徒指導事案が発生するとその対応が優先され、訪問日程の変更依頼も多くなり、信頼関係の構築にも大変苦労しました。

終業後の訪問を希望される職場も少なからず存在し、勤務終了が21時以降になることも多くありました。

最終的に交換した名刺は300枚近くになったと記憶しています。決裁がおり、次年度からスタートできるとなったときには、これからがスタートなのに、すべてが終わったかのような気持ちになったのを鮮明に覚えています。

活動開始から数年後、A市に校長として赴任しました。「中学生職場体験活動実施について」と題された通知が届き、時間をかけた根幹部分等が、そのまま活用されていることを知り、嬉しさと達成感を感じたことを思いだしました。

当時は、なぜ私だけがこんなに大変な仕事をしなくてはいけないのかと仲間を羨んだり、思うように進まない仕事にくじけそうになったりしたことも、1回や2回ではありませんでした。

しかし、職場体験活動やいくつもの施策が、いまもA市の教育活動に生かされていると聞き、指導主事としては稀な立場での職務でしたが「『すき間産業担当者』のプロになってください」との上司の期待に、少しは報いることができたのかな、といまでは細やかな誇りを持っています。

10章
指導・助言する③

——教育課題への対応

人権教育の推進と
基本的な考え方の指導

人権教育の必要性

　我が国においては、すべての国民に基本的人権の享有を保障する憲法のもとで、人権に関する様々な施策が講じられている。また、教育基本法の前文には、個人の尊厳を重んじ、公共の精神を尊び、豊かな人間性と創造性を備えた人間の育成を期することが明記されている。さらに各教育委員会の教育目標や基本方針には、人権尊重の精神の育成に関連する内容が示されている。

　こうしたことを踏まえ、学校の教職員には、「人権教育及び人権啓発の推進に関する法律」（以下「法律」）や「人権教育・啓発に関する基本計画」（以下「基本計画」）、「人権教育の指導方法等の在り方について」（以下「指導方法等の在り方」）などに基づいて、人権教育の意義や重要性を認識するとともに、日常の教育活動や学校の教育環境を多面的・多角的に点検・評価するなど、不断の改善・充実を図ることが求められている。

人権教育の目標

　人権教育とは、法律2・3条に、人権尊重の精神の涵養を目的とする教育活動であり、発達段階に応じ、人権尊重の理念に対する理解を深め、これを体得することができるようにすることを旨として行うこととされている。

　人権尊重の理念について、基本計画では、自分の人権だけでなく他の人の人権についても正しく理解し、その権利の行使に伴う責任を自覚して、人権を相互に尊重し合う人権共存の考え方として理解すべきであるとしている。また、指導方法等の在り方では、人権尊重の理念を「自分の大切さとともに他の人の大切さを認めること」とわかりやすく表現している。そして、人権教育の目標は、「一人一人の児童生徒がその発達段階に応じ、人権の意義・内容や重要性について理解し、［自分の大切さとともに他の人の大切さを認めること］ができるようになり、それが様々な場面や状況下での具体的な態度や行動に現れるとともに、人権が尊重される社会づくりに向けた行動につながるようにすること」としている。すなわち、人権教育では、人権尊重の理念について、知的理解にとどまることなく、人権問題を直感的にとらえる感性や、日常生活において人権への配慮がその態度や行動に現れるようにすることが求められている。

人権教育を通じて育てたい資質・能力

　人権教育の目標を達成するためには、育てたい資質・能力を明確にして、教育活動全体を通して取り組むことが必要である。指導方法等の在り方では、人権教育は、意識、態度、実践的な行動力など、様々な資質や能力の育成をめざす総合的な教育であるとして、知識的側面、価値的・態度的側面、技能的側面から整理している。

　知識的側面は、自由、責任、権利、義務などの概念の理解、人権の発展や人権侵害等に関する歴史や現状に関する知識、国内法や国際法等に関する知識などが含まれる。人権や人権擁護などに関する内容や意義について正しい理解と認識を図るため、知的理解を徹底し、深化することが重要である。たとえば、社会科や保健体育、技術・家庭などの指導を通して育成することが考えられる。

価値的・態度的側面は、人間の尊厳や自己及び他者の価値を感知する感覚、多様性に対する肯定的評価、正義や自由の実現のために活動しようとする意欲や態度などが含まれる。人権が持つ価値や重要性を直感的に感受して共感的に受けとめるとともに、自分と他の人の人権を擁護しようとする意識や態度を育成することが重要である。たとえば、音楽や図画工作・美術、特別の教科道徳、総合的な学習の時間、特別活動などの指導を通して育成することが考えられる。

技能的側面は、能動的な傾聴や適切な自己表現等を可能にするコミュニケーション技能、他の人と対等で豊かな関係を築くことができる社会的技能などが含まれる。人権の本質や重要性を客観的な知識として知るだけでなく、その内容を直感的に感受し、共感的に受けとめ、それを内面化するためには、これらの技能を育成することが重要である。たとえば、国語や数学、理科、外国語、総合的な学習の時間、特別活動などの指導を通して育成することが考えられる。

学校における人権教育の推進体制の確認

人権教育の目的や目標を達成できるようにするためには、学校が組織的で計画的な指導を行うとともに、それを点検・評価して改善・充実を図ることが必要である。指導主事として、以下の点に留意して学校に指導・助言することが重要である。

●指導計画の作成とその実施状況の確認

学校における人権教育は、各教科等の特質を踏まえつつ教育活動全体を通じて行うことから、教科等横断的な視点が重要である。そのため、人権教育の全体計画や年間指導計画の作成・実施等によるカリキュラム・マネジメントが不可欠である。

指導主事は、学校訪問の機会に授業を見たり、管理職や担当者に聞き取りを行ったりして、学校の指導計画と実施状況を把握し、必

要な指導・助言を行う。その際、文部科学省等の人権教育に関する研究指定校の研究成果などについて情報提供を行い、学校が今後の取組の具体的な方向性を検討できるようにすることが重要である。

●教育環境の整備

　児童生徒の様子、学校の掲示物の内容や取扱いの状況などを把握し、言語環境の適正化をはじめとする人権に配慮した教育環境の整備に対して必要な指導・助言を行う。また、児童生徒の個人情報の収集や保管、廃棄などの管理体制についても確認したい。学校は児童生徒の個人情報を収集し、それを活用しながら指導を進めている。児童生徒の人権を守る観点から適正な保管・管理が厳しく求められる。個人情報紛失事故の事例なども紹介しながら、各学校が実効性のある対応ができるよう指導・助言する必要がある。

●校内研修への支援

　各学校において人権教育を推進するためには、教職員が人権尊重の理念や人権課題について正しい理解と認識を深めることが必要であり、そのための校内研修への支援は指導主事の重要な役割である。

　指導主事が講師を務める場合、法律や基本計画、指導方法等の在り方など、公的な資料や見解に基づいて指導することが基本である。その際、チェックシートの活用や具体的な事例の検討など、教職員が自らの人権感覚を問い直すことができ、さらに調べたり考えたりすることができるよう、内容や方法等を工夫することが重要である。

　外部講師を招聘する校内研修は、専門的な立場からの指導を受けることができる貴重な機会である。そのため、研修の趣旨や教職員の状況を正しく理解し、公平・中立的な立場で研修を行うことのできる講師を選定しなければならない。指導主事は、外部講師の選定にあたっての手順や配慮すべき事項について、管理職や研修担当者等に対して、具体的な指導・助言を行う必要がある。　**（増渕達夫）**

特別支援教育への対応と指導

特別支援教育を推進するための体制づくり

　指導主事には、国の特別支援教育の基本的な考え方や方針等について理解を深めた上で、特別支援教育を推進するための体制づくりを進めていくことが望まれる。

　ここでは、「発達障害を含む障害のある幼児児童生徒に対する教育支援体制整備ガイドライン〜発達障害等の可能性の段階から、教育的ニーズに気付き、支え、つなぐために〜」（2017年、文部科学省）をもとに、特別支援教育を推進するための体制づくりについて確認する。

　本ガイドラインでは、各学校において、特別な支援を必要とする児童生徒に対する教育支援体制の構築において、教育委員会の役割を次の5つの点にて示している。

> ● 特別支援教育に関する基本計画の策定
> ● 特別支援教育に関する教職員の専門性の向上
> ● 特別支援連携協議会の設置・運営及び協力体制の推進
> ● 教育相談体制の整備と充実
> ● 特別支援教育に関する理解啓発

　また、本ガイドラインは、職層や担当等（校長、特別支援教育コ

ーディネーター、通常の学級の担任・教科担任、通級担当教員・特別
支援学級担任及び養護教諭）ごとに、校内の特別支援教育を推進す
る上で、どのようなポイントが必要なのかをまとめている。指導主
事の指導・助言の際に活用できる資料である。

合理的配慮

　合理的配慮については、「文部科学省所管事業分野における障害を
理由とする差別の解消の推進に関する対応指針について（通知）」
（2015年、文部科学省）が参考になる。
　同通知では、「合理的配慮の合意形成に当たっては、権利条約（筆
者注：障害者の権利に関する条約）第24条第１項にある、人間の多様性の
尊重等の強化、障害者が精神的及び身体的な能力等を可能な最大限
度まで発達させ、自由な社会に効果的に参加することを可能とする
といった目的に合致するかどうかの観点から検討が行われることが
重要であること」と示されている。
　同通知の「自由な社会に効果的に参加することを可能とする」とは、
学校教育の文脈で言えば、障害のある児童生徒が、とくに授業に「参
加することを可能とする」ための合理的配慮を講じることとも言え
る。障害のある児童生徒によっては、本人がどんなに努力をしても
乗り越えることができないハードルが、授業にて存在していること
がある。
　たとえば、文字を書くことが難しいLD（学習障害）の児童生徒は、
授業中に板書をノートに写して書くことが大きなハードルとなって
いることが多い。このような児童生徒に対して、「板書の写真撮影を
認める」ことが、授業に「参加することを可能とする」ための合理的
配慮として考えられる。
　一方で、板書を写真撮影さえすれば、この児童生徒の能力は高め

られるのか、という疑問もある。同通知の「障害者が精神的及び身体的な能力等を可能な最大限度まで発達させ」ることができるかという視点、言い換えれば「教育的な視点」である。そもそも、なぜノートを写して書くことが必要なのか、写真撮影したノートをどのように活用していくのかという「教育的な視点」が欠けると、授業で合理的配慮を行う意味そのものが見失われる。ここで言う「教育的な視点」とは、児童生徒の障害の特性に応じて個の伸長を図る「特別支援教育」の視点と同義である。

つまり、「合理的配慮」と「特別支援教育」は、「障害者の権利に関する条約」から導かれる概念的には、別のものと考えた方がよい。学校では、これを混同しているため、有効な手立てに結びついていないケースが多い。

合理的配慮については、事例も集まり始め、インターネット等で情報の入手が可能となっている。次のステップとして、「合理的配慮」と「特別支援教育」の双方が効果的に行われているかが問われるだろう。この視点での指導・助言が、指導主事の専門性であると言える。

📜 インクルーシブ教育システムの構築

ここでは、「障害のある子供の教育支援の手引～子供たち一人一人の教育的ニーズを踏まえた学びの充実に向けて～」（2021年、文部科学省）をもとに、特別な支援を必要とする児童生徒についての指導体制や指導内容・方法等を確認する。

現在、我が国では、インクルーシブ教育システムの構築が進められており、多様で柔軟な仕組みの整備が図られている。具体的に言うと、連続性のある「多様な学びの場」が整備されつつあり、特別な支援が必要な児童生徒は、就学時に「通常の学級」「特別支援学級」

「特別支援学校」等、適切な「多様な学びの場」に就学することが可能となっている。しかし、それは児童生徒の「学びの場」がずっと固定されることを意味するものではない。それぞれの発達の状況や教育的ニーズ等に応じて、たとえば通常の学級に就学しても「通級による指導を開始する」「特別支援学級への転学を行う」、特別支援学級に就学した子どもであれば「通常の学級への転学を行う」「特別支援学校への転学を行う」ことが可能となる「連続性のある」システムなのである。

　指導主事はこのシステム下において、個別の教育支援計画や個別の指導計画の作成、校内委員会の開催といった校内支援体制の整備に関わる指導・助言を行うことが必要である。計画的な指導を行ったり、指導する教師の共通理解を図ったりすることで、児童生徒が連続性のある「多様な学びの場」で円滑に指導を受けることができるようになる。

　また、特別支援学校に就学した児童生徒に対して、居住する地域の学校に副次的な籍を置く取組を進めたり、交流及び共同学習を積極的に行ったりできるように指導・助言を行うことも重要である。

　指導主事として慎むべきは、これまでの自身の学校での経験上の判断だけで「こうしたほうがいい」と解決策のみを指導・助言してしまうことである。なぜなら、学校が、解決策の指導・助言に依存してしまうと、主体的に課題解決を図る力が育たないからである。また、特別な支援の必要な児童生徒の実態等は多様であるため、一方的な指導・助言は当事者の思いを汲み取れないこともある。

　「ケースを通して学校が主体的に問題を解決し、特別支援教育を推進することができる力を高めるためにはどのような指導・助言が効果的か」ということを、指導主事には考えてもらいたい。

（増田謙太郎）

キャリア・パスポートの活用に向けて

 キャリア教育に関する正しい理解を

この項のテーマは、キャリア・パスポートの活用に向けた指導主事としての取組等についてだが、まず初めにキャリア教育に係る課題等について整理する。

1999（平成11）年12月の中央教育審議会答申に、「キャリア教育」という文言が初めて登場してから20年以上経った。全国の学校で価値のあるキャリア教育の取組が進んでいる。しかしその一方で、「職場体験を実施すれば、キャリア教育を十分にやったことになる」「キャリア教育は職業観を育てるものだから、小学校で行う必要はない」などといった誤解も残念ながら存在する。

指導主事としてまず「キャリア教育≠職業教育」であること、キャリア教育で育むのは「４つの基礎的・汎用的能力」 **▶▶ P208** であり、勤労観・職業観だけを育てればよいわけではないことを、校長会、教頭会（副校長会）、進路指導主任会等を通じて再度周知徹底していく必要がある。

とくに、「基礎的・汎用的能力」については、どのような能力なのか、どのような場面で育成されるのか、そして、それがどのように社会的・職業的自立につながっていくのかを、指導主事として、具体的にわかりやすく自分の言葉で説明できるようにしておく必要がある。

キャリア教育に関するカタカナ用語をわかりやすく説明する

　キャリア教育では、カタカナ用語が多用され、それがわかりにくいと言われる。たとえば、キャリア教育の定義は、「一人一人の社会的・職業的自立に向け、必要な基盤となる能力や態度を育てることを通して、キャリア発達を促す教育」となっている。キャリア教育を説明するのに、さらに難解な「キャリア発達」という言葉が用いられており、「キャリア発達」の意味がわからなければ、定義も意味不明になる。指導主事として、「基礎的・汎用的能力」と同様に、「キャリア」「キャリア発達」「キャリアプランニング能力」「キャリア・パスポート」といった用語についてもわかりやすく説明できるようにしておく必要がある*。

「基礎的・汎用的能力」と「生きる力」の関係

　「基礎的・汎用的能力」も「生きる力」の一つではないか、という質問をよく耳にする。指導主事としてその問いにどう答えるか。明確な回答を持っておく必要がある。

　いわゆる「生きる力」は、子どもが大人へと成長していく過程で身につけるべき力であり、「基礎的・汎用的能力」は、社会人・職業人の立場から見て、「将来、社会人・職業人として生きていくのに必要な力」である（図）。視点の違いはあるものの、どちらも子どもたちが変化の激しいこれからの社会を生き抜いていく上で必要な力である。

キャリア・パスポートの登場

　中教審は、2016（平成28）年12月に「幼稚園、小学校、中学校、高等学校及び特別支援学校の学習指導要領等の改善及び必要な方策等について（答申）」を取りまとめたが、その中の特別活動ワーキンググループにおいて、「小学校から高等学校までの特別活動をはじめと

---

*　中教審「今後の学校におけるキャリア教育・職業教育の在り方について（答申）」（2011年）を参照。

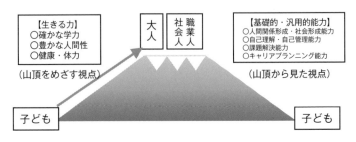

【生きる力】
○確かな学力
○豊かな人間性
○健康・体力

（山頂をめざす視点）

大人　職業人　社会人

【基礎的・汎用的能力】
○人間関係形成・社会形成能力
○自己理解・自己管理能力
○課題解決能力
○キャリアプランニング能力

（山頂から見た視点）

子ども　　　　　　子ども

図　「基礎的・汎用的能力」と「生きる力」のイメージ

したキャリア教育に関する活動について、学びの過程を記述し振り返ることができるポートフォリオ的な教材を作成し、活用することが効果的」という提案がなされた。キャリア・パスポートの誕生はここにある。

キャリア・パスポートの定義と意義

　文部科学省は、キャリア・パスポートを次のように定義している。

「キャリア・パスポート」とは、児童生徒が、小学校から高等学校までのキャリア教育に関わる諸活動について、特別活動の学級活動及びホームルーム活動を中心として、各教科等と往還し、自らの学習状況やキャリア形成を見通したり振り返ったりしながら、自身の変容や成長を自己評価できるよう工夫されたポートフォリオのこと。

　子どもが自分の成長を具体的に感じることができるのは、どのような場面だろうか。たとえば、体の成長に関しては、アルバムの写真や健康診断の記録なとからわかる。心の成長に関しては、通知表の所見欄や作文などからわかるだろうし、学習に関しては、使用してきた教科書、ノート、作品などからわかる。子どもはこうした物を通して自分の成長を振り返り、その成長に喜びと自信を感じながら、今後の自分のあるべき姿についての見通しを立てていく。

　しかし、これまでのキャリア教育にはこうした振り返りや見通しをするための写真や作品などにあたるものがなかった。キャリア教育は、「自分らしい生き方を実現できるようにする（キャリア発達）教育」であることから、振り返りや見通しは必要不可欠となる。そこで登場したのが、子どもたちのキャリア教育に関する学びの軌跡を記録するポートフォリオ（キャリア・パスポート）である。指導主事として、「キャリア・パスポートは当然あって然るべきもので、いままでなかったのが不思議なくらいだ」と学校に説明していきたい。

キャリア・パスポートに関する想定Q＆A

　指導主事として、学校におけるキャリア・パスポートの活用の促進を図るために、次のQ＆Aを参考にされたい。

Q　子どもにとってのキャリア・パスポートのメリットは何か。

A　これまでの自分を振り返り、現在の自分を見つめることにより、自己の生き方や進路を真剣に考えるようになることである。

Q　教師にとってのメリットは何か。

A　一人一人の子どものこれまでの歩みを教師が把握することにより、対話的な関わりがさらに生まれ、児童生徒理解が進み、それぞれの成長を促す系統的な指導が可能となることである。

Q　キャリア・パスポートを小→中→高と引き継いでいくのは、学校にとって負担ではないか。

A　学校はこれまでも、指導要録抄本や健康診断の記録などの引継ぎを行っており、同様な手順を踏めば負担にはならない。

Q　様式は各学校が定めるのか、自治体が統一するのか。

A　各学校の工夫は尊重されるべきだが、複数の小学校から一つの中学校に進学する場合が多いことを考えると、自治体内で統一することも効果的である。

（宇田　剛）

スポーツ、健康、保健、安全への指導と対応

体育・健康に関する指導は、教育活動全体を通じて行う

　学習指導要領総則では、学校における道徳教育と体育・健康に関する指導は、教育活動全体を通じて行うものであることが示されている。また、たとえば中学校学習指導要領には、「特に、学校における食育の推進並びに体力の向上に関する指導、安全に関する指導及び心身の健康の保持増進に関する指導については、保健体育科、技術・家庭科及び特別活動の時間はもとより、各教科、道徳科及び総合的な学習の時間などにおいてもそれぞれの特質に応じて適切に行うよう努めること」とあり、他校種の学習指導要領にもほぼ同様の内容が記載されている。

　道徳教育については、教育活動全体を通して全教員が関わるということを理解しやすい。しかし、体育・健康に関する指導も同様であることに違和感を抱く教員は少なくない。

　そこで、指導主事として、まず、体育・健康に関する指導は、栄養教諭や保健体育科、家庭科といった特定の教科の教員だけが行うのではなく、全教員が関わることを学校に対して丁寧に確認していく必要がある。

　この項では、総則に記載されている「食育の推進」「体力の向上」「安全に関する指導」「心身の健康の保持増進」に関する指導主事としての学校に対する指導・助言のポイントをまとめていく。

「食育の効果」を具体的に示し、教員を啓発する

　学校に対して「食育は重要です。積極的に推進していきましょう」と漫然と言っても推進は望めない。多忙な学校は、「〇〇教育」と呼ばれるものにアレルギー反応を示しがちである。また、「〇〇教育」は教科等横断型であるので、成果が上がっているのか見えにくい。学校は、効果があるのかどうなのかわからない活動に対しては、どうしても二の足を踏んでしまう。

　そこで、食育の推進が子どもたちにとってどれだけ有益であるかわかるデータを具体的に示し、学校の取組を推進していくと効果的である。たとえば、農林水産省が作成した「『食育』ってどんないいことがあるの？」では、共食（誰かと一緒に食事をすること）や朝食の喫食習慣などが、具体的にどのような効果をもたらすかについて、エビデンスを用いて説明している。こうしたデータを用いながら、学校の食育を推進していきたい。子どもにとって効果が確実にあるとわかれば、教員は取り組む意欲を見せる。

体力向上に向けた取組を学校とともに策定する

　指導主事として体力向上に関する施策を策定するには、まず、勤務する地区や各学校が抱える課題を正確に把握する必要がある。その際、有効なのは、国が毎年実施している、いわゆる「全国体力調査[*1]」である。この調査結果から、どの種目に課題があるか、体育の授業以外の運動量はどうか、「運動好き」と「運動嫌い」が二極化していないか、などについて地区全体の分析をするとともに、各学校にも自校のデータ分析を依頼する。その上で改善策を策定するわけだが、その際、留意すべき点が二点ある。

　第一は、体力の向上に向けた取組を、「地区としての一律な取組」だけに終わらせないことである。体力に関する課題は、地区で共通

＊1　全国体力・運動能力、運動習慣等調査（スポーツ庁）

したものもあるが、学校ごと、学年ごとに違うものもある。各学校でも丁寧に結果を分析し、課題を把握した上でその学校独自の改善策を策定するよう助言していく。

第二は、スポーツテストの数値を上げることが、体力の向上ではないことを各学校に強く確認することである。「投てき」に課題がある学校が、調査前に集中的にボールを投げる練習をすれば確実に数値は上昇するだろう。しかし、それは体力の向上ではない。めざすべきは、子どもたちがスポーツへの興味・関心を高め、健康的な運動習慣を身につけていくことである。その結果として自然とスポーツテストの数値が上昇していくことを各学校に確認したい。

重要度を増す「防災教育」

安全教育で身につける力は、「危険を予測し回避する能力」と「他者や社会の安全に貢献できる資質や能力の育成」である。東日本大震災以降、全国の各学校では、安全教育や防災教育の充実が図られてきた。

しかし、近年、異常気象による猛暑日や豪雨の増加、大型台風による風水害、土砂災害など、過去の経験から想定しづらい新たな状況が頻発している。そのため、安全教育の一部である防災教育の重要性がますます高まっており、指導主事には、各学校における防災教育の改善・充実に向けた的確な指導・助言が求められている。

以下、学校が安全指導を実施するに際して、指導主事として行うべき指導・助言のポイントを5点挙げる。

①学校が作成する「学校安全計画」が形骸化していないか

②年間を通じて避難訓練を意図的・計画的に行っているか

③避難訓練は、火災のみでなく、地震や風水害なども含めているか

④避難訓練は授業中だけでなく、様々な時間帯を想定しているか。また、発災場所の設定も工夫しているか

⑤特別の配慮が必要な子どもに対して、日常から個別的な指導を行い安全の確保に努めているか。また、緊急時の介助の体制は確立されているか

「がん教育」と「薬物乱用防止教育」の推進を

　「心身の健康の保持増進」については、がん教育と薬物乱用防止教育を取りあげる。

　がん教育の目標は「がんについて正しく理解することができる」「健康と命の大切さについて主体的に考えることができる」の2つである。第一の「正しい理解」のためには、学校医やがん専門医を講師に招くと効果的である。第二の「健康や命の大切さ」については、がん患者や経験者からの講話を聴くと効果が期待できる。指導主事として、保健福祉担当部局等と連携しながら、医師会やがん経験者の団体から外部講師を招聘していきたい。

　次に、薬物乱用防止教育についてであるが、近年、危険ドラッグの減少に反比例するかのように、若者の大麻使用による検挙者数が増加している。大麻については「依存性が低い」「海外では認められている」といった誤った情報があることから、薬物乱用防止教室等で必ず扱い、正しい理解を促進することが望まれる。

　2018（平成30）年度の国の調査[2]によれば、薬物乱用防止教室を実施しなかった学校のうち、「指導時間が確保できなかった」「適当な講師がいなかった」を開催できなかった理由に挙げた学校が約35%にも上っている。指導主事として、教育課程上の位置づけ、具体的な授業の設定の仕方、また、警察署や薬剤師の団体等と連携した講師派遣の道を切り拓いていきたい。　　　　　　　　**（宇田　剛）**

---

[2]　薬物乱用防止教室開催状況（文部科学省）

外国人児童生徒への対応と指導

 外国人の子どもの就学に関する基本的な考え方

　我が国では、国際人権規約及び児童の権利に関する条約等を踏まえ、各地方公共団体において外国人の子どもの受入れ体制の整備や就学後の教育の充実等についての取組を推進している。

　文部科学省は、2020（令和2）年7月1日に示した「外国人の子供の就学促進及び就学状況の把握等に関する指針」において、学齢の外国人の子どもの保護者には、学校教育法等による就学義務は課されておらず、同法施行令に規定する学齢簿の編製について、外国人の子どもは対象とならないものの、市区町村教育委員会は就学促進等に関する積極的な取組を推進する必要があるとしている。

　また、2021（令和3）年1月の中央教育審議会答申「『令和の日本型学校教育』の構築を目指して」では、外国人の子どもたちが将来にわたって我が国に居住して今後の日本を形成する存在であることを前提として、関連施策の制度設計を行うことが必要であるとしている。

外国人の子どもの在籍状況

　文科省の調査*によると、2018（平成30）年度に公立の小学校、中学校、高等学校、義務教育学校、中等教育学校、特別支援学校に在籍している外国人の子ども（以下「外国人児童生徒等」）は93,133人

＊　日本語指導が必要な児童生徒の受入状況等に関する調査（平成30年度）、学校基本調査

（2008年度75,043人）である。このうち日本語指導が必要な児童生徒は40,755人（同28,575人）でこの10年で約1.5倍に増加している。

外国人児童生徒等の背景の理解

　外国人児童生徒等に対して適切な支援や指導を行うためには、一人一人の背景を具体的に把握することが不可欠である。当該の児童生徒について、以下の観点などから情報収集に努め、教育委員会と学校との間で情報を共有することが必要である。

●言語・文化について

　母語については、同じ国内であっても公用語と民族語を使い分けていたり、地域によって異なっていたりするなど、国籍だけでは判断できないことが多い。そのため、当該の児童生徒の母語について正確に把握する必要がある。

　また、体育や給食などの指導については、保護者の宗教的な判断を尊重して必要な配慮を行うことが求められる。

●日本に来た理由や時期、今後の滞日の見通しなどについて

　永住を念頭に置いている場合、家族の留学や就労で一時的に滞在して母国に帰国することを前提にする場合など、日本に来た理由や時期は家族によって異なる。学校は、外国人児童生徒等の日本語学習や日本文化の理解のための指導計画を作成にするにあたっては、その事情に応じて柔軟に対応する必要がある。

　また、我が国の学校教育は、学習指導だけにとどまらず、給食、清掃、部活動など様々な場面を通して児童生徒の状況を総合的に把握しながら指導することを特徴としている。一方、国や地域によっては音楽や体育などの教科が置かれていないなど、学校の役割が限定的である。そのため、来日前の就学や学習経験についても把握する必要がある。

📖 学校が取り組むべきことと指導主事の役割

　学校が外国人児童生徒等を受入れ、適切な指導を行うことができるようにするためには、以下に例示する事項など様々な対応が求められる。

　指導主事は、当該校の取組や課題を丁寧に把握し、上司に報告・連絡・相談するとともに、学務担当など教育委員会事務局の各部署はもとより、役所内の福祉関連の部署、関係機関等との連携を図りながら学校に指導・助言することが必要である。

●校内における指導体制の確立

　校内においては、外国人児童生徒等への指導を担当する組織を校務分掌に位置づけることが必要である。新たな組織を立ち上げたり、教務部や研究部など既存の組織の中に担当を置いたりすることが考えられる。管理職、在籍学級担任、教務部、生活（徒）指導部、進路指導部、日本語指導や母語支援の担当者、スクールカウンセラーなどを構成員として、学級担任が一人で抱えこまない体制を構築する。

　この組織が中心となって、外国人児童生徒等の指導やその保護者への支援、学級や学年等の児童生徒全体への指導、校内研修の企画・運営、関係機関との連携などに関する業務を行う。

●教育課程の編成・実施

　学習指導要領解説・総則編では、外国人児童生徒の受入れにあたっては、一人一人の実態を的確に把握して、自信や誇りを持って学校生活において自己実現を果たすことができるように配慮することが大切であると示されている。また、日本人児童生徒と外国人児童生徒等が共に学ぶ場面を設定して外国における生活経験を生かすよう配慮することの重要性が指摘されている。さらに、日本語の習得に困難な児童生徒に対して、指導内容や方法の工夫、通級による指導など、具体的な配慮を実施することが求められている。

　学校教育法施行規則では、外国人児童生徒等をはじめ、日本語指導が必要な児童生徒に対して、その日本語の能力に応じた特別の指導を行う場合には、「特別の教育課程」を編成・実施することができることとされている。この制度を活用して、学校生活に必要な基礎的な日本語の習得のための指導や、各教科等の指導と学習のために必要な日本語の習得のための指導を統合して行うなどの取組を推進できるよう指導・助言したい。

●校内研修の企画・推進

　外国人児童生徒等の指導に関する校内研修は、全教職員が基本的な事項や他の学校での実践事例等を理解することを通して、外国人児童生徒等の指導への不安を払拭し、積極的に指導の改善・充実に取り組むことができるようにすることがその目的である。

　校内研修の主題は様々だが、たとえば以下のような内容と講師が考えられる（括弧内は講師の例）。

・外国につながる児童生徒の受入れや指導に関する内容（国際教室設置校校長や大学教員、団体職員等）
・保護者との連携（教育委員会の相談担当等）
・すべての児童生徒にとって安心できる学級づくり（大学教員、臨床心理士等）
・外国人児童生徒等の進路について（教育委員会の進路指導担当者、地域の企業の人事担当者等）
・日本語教育について（大学教員、日本語指導の支援者等）

　文科省では、外国人児童生徒等教育に関する動画コンテンツ及びその資料をホームページに掲載している。動画コンテンツには、外国人児童生徒等の受入れ、外国人児童生徒等教育の考え方、日本語指導の方法、外国人児童生徒等のキャリア教育などに関する内容が収録されており、積極的な活用を促したい。　　　　　**（増渕達夫）**

成年年齢の変更と、新しい学校教育の課題

📺 改正された民法の内容

　成年年齢を20歳から18歳に引き下げること等を内容とする「民法の一部を改正する法律」が2018（平成30）年6月に公布され、2022（令和4）年4月1日から施行される。これにより、単独で有効な契約をすることができる年齢や、親権に服することがなくなる年齢が20歳から18歳に引き下げられる。また、改正法により、女性の婚姻開始年齢が16歳から18歳に引き上げられ、婚姻開始年齢が男女とも18歳に統一される。

📺 改正の主な理由

　日本国憲法の改正手続に関する法律（国民投票法）の制定や公職選挙法の改正などにより、投票権年齢や選挙権年齢が18歳に定められ、若者が国政の重要な事項への判断に参加できる機会が拡大している。こうした流れのなかで、市民生活に関する基本法である民法においても、法制上の措置が求められてきた。また、世界的にも、成年年齢を18歳とするのが主流になっていることなどが、今回の改正の主な理由である。

　成年年齢の引き下げは、18歳、19歳の若者の自己決定権を尊重するものであり、若者の積極的な社会参加が期待されている。

📺 成年年齢の引き下げに伴う課題と教育委員会や学校等の対応

　成年年齢が18歳に引き下げられることで、次に示すような新たな課題への対応が求められる。

●消費者教育の充実

　改正法の施行により、満18歳を迎えて成人となった者は契約の主体となる。たとえば、保護者の同意を得ずに締結した契約の取消については、

従来は20歳未満まで認められていたが、18歳未満までと変更される。

　こうしたことを踏まえ、自立した消費者の育成を図るとともに、若年者の消費者被害の防止・救済のため、消費者教育のさらなる充実が必要である。たとえば、高等学校学習指導要領における「家庭基礎」「家庭総合」の履修学年について、成年となる第3学年よりも前の第1学年及び第2学年のうちに消費生活に関わる内容である「C　持続可能な消費生活・環境」を学習するよう改正が行われた。また、消費者庁作成の消費者教育教材「社会への扉」を活用した授業や、消費生活相談員等の実務経験者に外部講師として協力を依頼する取組などが求められている。

● 生徒指導の充実

　民法で規定される成年年齢は、各種の資格取得等のための基準年齢とされている。そのため、10年有効のパスポートを取得することや、公認会計士や司法書士などの国家資格に基づく職業に就くこと（資格試験への合格等が必要）、家庭裁判所において性別の取扱いの変更の審判を受けることなども可能になる。また、改正法の施行により、18歳になると民法818条に規定する親権に服することがなくなり、その生徒の父母等は学校教育法上の保護者には該当しなくなる。さらに、親権者による居所の指定や職業の許可の規定の適用を受けなくなるなど、若年者の自己決定権が尊重される。

　こうしたことを踏まえ、小学校の段階から、児童生徒が将来における自己実現を図ることができるよう、自己指導能力を育成することが一層重要になる。

　一方、飲酒や喫煙、競馬や競輪などの公営競技の年齢制限については、健康面への影響や非行防止、青少年保護などの観点から、従来の年齢要件が維持されている。

　成年年齢に達したとはいえ、高等学校で学ぶ18歳、19歳の生徒は成長の過程にあり、その健やかな成長を促す観点から、引き続き様々な支援が必要である。学校が生徒指導や進路指導等を行うにあたっては、学校教育法上の保護者に準じて、父母等と緊密な連携を図りながら進めることが重要であることには変わりない。

（増渕達夫）

指導主事としてのやりがい

梅光学院大学特任教授 **江口恵子**

教育センター指導主事に

辞令は、いつも突然やってきます。私に教育センター指導主事を命じる辞令が届いたのは、30代後半のことでした。私は、うろたえました。管理職になる喜びよりも、学級や学年がなくなる悲しみの方が何十倍も大きかったからです。私は、当時中学校国語科教員を務めていたため、もう子どもたちの笑顔を毎日見ることはできないと思うと、断腸の思いでした。

私が仕事をすることになった教育センターは、主に幼稚園、小・中学校、養護学校（現特別支援学校）の先生方が研修に来られる場所でした。また、委嘱研究活動も行っていました。いわば、先生方の学校です。自分も新採研修や6年次研修等でお世話になり、その意義は十分にわかっているつもりでした。しかし、そこで私に何ができるのでしょうか。思い悩む日々が続くなか、私は教育センターに赴任しました。

大きなやりがい

「指導主事の仕事には、大きなやりがいがありますよ。それを見つけ、あなたの力を存分に発揮してください」。

ある日、私は所長にこう言われました。きっといつまでも現場への未練を吹っ切れない私を見かねたのでしょう。この言葉がきっかけとなり、私は徐々にこの状況から脱していきました。ただ、いつまでも現場感覚を失わない指導主事になりたいとも願うようになりました。

それから3年、たくさんの喜びをいただきました。とくにうれしかったのは、新採教員の研修に携わることでした。4泊5日の宿泊研修を含む年間30回にも及ぶ研修のなかで、私は若い先生方が、自分の教え子のような気さえしてきました。もちろん最高の喜びでしたが、それだけに責任も感じました。いい先生方を育てなければ、いい子どもたちは育てられません。それが、指導主事の大きなやりがいだったのです。

➡ 238頁へ続く

11章
指導・助言する④

——ステージ、職層に応じた支援対応

初任者の育成

初任者の育成

　教育公務員特例法23条では、初任者研修について、「任命権者は、初任者研修を受ける者〈略〉の所属する学校の副校長、教頭、主幹教諭〈略〉、指導教諭、教諭〈中略〉又は講師のうちから、指導教員を命じ」（2項）、「指導教員は、初任者に対して教諭〈中略〉の職務の遂行に必要な事項について指導及び助言を行うものとする」（3項）と規定している。校内においては校長の人材育成方針に基づき組織的・計画的に初任者を育成しなければならず、指導教員等に対する指導・助言は、指導主事の重要な職務の一つであると言える。

育成担当者への指導・助言

　指導主事による育成担当者に向けた指導・助言のポイントは以下の三点である。

●コーチングの手法を生かした初任者の育成

　初任者が身につけるべき力は、各自治体が策定する「教員としての資質の向上に関する指標」に明示されている。初任者は、学習指導力、生活（徒）指導力・進路指導力、外部との連携・折衝力、学校運営力・組織貢献力など、基礎的・基本的な力から実践的指導力、組織マネジメント力へと段階的に力量を身につけていく。校内における初任者育成では、指標をもとに個々の目標を設定し、計画的・継続的に

資質向上を図っていく。育成目標や育成計画は、管理職の育成方針に基づき、初任者の実態を踏まえて設定する。育成においては、指導教員等からの一方的な指摘や教え込みではなく、自らの授業や指導場面についての省察を促し、「課題は何か」「どう乗り越えていくか」を初任者自身から引き出す、共感に基づくコーチング ▶▶ P270 が効果的である。そして優れた実践や成長が認められた点について具体的に価値づけた上で、対話を通してさらなる成長に向けた課題を明らかにし、改善に取り組めるよう促していく。課題の自覚、実践、振り返りと価値づけというPDCAサイクルの循環を促すことにより、初任者の主体的・継続的な学びを実現することが重要である。

● **組織の一員としての力量形成**

　初任者が身につけるべき力には、教員として求められる姿勢や考え方、学校組織の一員として求められる行動様式も含まれる。とくに後者については、学校経営方針や家庭・地域との連携の在り方などを内在化することが求められる。組織の一員として校務に積極的に参画し、上司や先輩、同僚と円滑にコミュニケーションを図りながら校務を遂行できるよう促すことが重要である。

● **メンターとしての育成担当者**

　近年、新規採用者の離職が目立っており、４分の１が精神疾患を理由としている。教職に就く前に抱いていた教師という仕事に対するイメージと、教職に就いてから経験する実際とに大きな落差を感じる「リアリティショック」に象徴される、挫折や困難さが主な要因と言える。指導教員には、初任者の悩みや不安に寄り添いながら共に考え解決に向かう伴走者としての在り方が求められる。また、指導教員は初任者にとって最も身近なロールモデルでもある。初任者のよりよい育成のためには、信頼に基づく気軽に相談できる関係性を築くことがきわめて重要である。

（浅野あい子）

ミドルリーダーの育成

ミドルリーダーとは

　2007（平成19）年の学校教育法改正により、校長の権限を強め学校の自律性や組織力を高めるため、「新たな職」として主幹教諭、指導教諭が導入された。主幹教諭の職務は「校長（副校長を置く小学校にあつては、校長及び副校長）及び教頭を助け、命を受けて校務の一部を整理し、並びに児童の教育をつかさどる」、指導教諭の職務は「児童の教育をつかさどり、並びに教諭その他の職員に対して、教育指導の改善及び充実のために必要な指導及び助言を行う」と定められており、「管理職層」と子どもの指導にあたる「実践層」との「中間（ミドル）層」に位置したリーダーであると言える。本稿では、ミドルリーダーを「ミドル層に位置し、学校教育目標の実現に向けて組織の中核として力を発揮することを期待される立場」とする。

ミドルリーダーの役割

　学校経営を取り巻く環境が目まぐるしく変化するなか、ミドルリーダーには、管理職や教職員とコミュニケーションをとりながら組織マネジメントの担い手となることが期待されている。具体的には、校長の経営方針に基づく教育活動の推進、同僚性の向上、同僚教員の育成、地域等との連携など、様々な教育課題に対してチーム学校として解決に取り組むためにリーダーシップを発揮することである。

　その際、管理職のビジョンと、子どもの指導にあたる教員からの情報の両方を踏まえて、「ミドルアップダウンマネジメント*」を推進することが求められる。

ミドルリーダーの育成

　副校長・教頭には、ミドルリーダーの役割や実践を踏まえた上で、校長の人材育成方針に基づく日々の職務を通じた計画的育成が求められる。指導主事の指導・助言のポイントは大きく次の3点である。

　第一は、管理職が、いま解決すべきミッションや組織として今後めざしていく中・長期的なビジョンをミドルリーダーと共有し、その実現に向けてどのような役割を期待するのかを具体的に明示することである。そして組織の実態を踏まえてどのように実践するか、主体的に考え実行できるよう促すことが重要である。

　第二は、取組の過程における支援である。ミドルアップダウンマネジメントにおいては、実態把握や情報収集、組織内外における連携・協働が欠かせない。そのため、ミドルリーダーとの対話を通して進捗状況を把握し各所に協力を求めるなど、管理職による適時適切な支援が重要となる。こうした管理職の姿を見せることで、ロールモデルとしてスクールリーダーへの成長を促すことにもつながる。

　第三は、中・長期的な育成の視点である。若手教員の急増とベテラン教員の大量退職に伴い、ミドルリーダーの早期育成が急務となっている。若手教員の段階から計画的に、組織内外の連携・協働による教育効果を実感する機会を与え、リーダーとして組織をまとめる経験を積ませることが大切である。

　指導主事には、研修会等の機会を活用して各校の中核となり得る人材発掘に努め、管理職との情報共有を通して人材育成を支援することが求められる。

（浅野あい子）

＊　ミドル層に求められるマネジメント。「管理職」と「実践者」両方の視点から、現状を分析・統合して新たな方向性を見いだし、管理職に提案のうえ他の教職員を巻き込みながら実践化を図るなど、トップ層とボトム層をつなぐ役割を期待されている。

ベテラン教員の意欲向上

「困った教員」ではなく「困っている教員」かも

「50歳を超えると自分を変えようとしない」という管理職の声をよく聞く。何十年と続けた自分のスタイルを変えようとせず、管理職の目には「困った教員」と映るベテランは確かに存在する。

しかし、学校教育を取り巻く環境の多様化・複雑化により、その流れについていけずに、人知れず悩んでいるベテラン教員も少なからずいるのではないか。指導主事として、管理職からベテラン教員に関する愚痴を聞いた際には、「確かに管理職にとっては困った教員かもしれませんが、本人も困っているのかもしれませんね。そのあたりを解きほぐしてみませんか」とアドバイスしたい。

相談する機会や相手が少ないベテラン教員たち

現在、全般的に若手教員が増えつつあり、職員構成が20歳代の若手と50歳代のベテラン層に偏り、30〜40歳代の中堅層が薄くなるという現象が見られる学校が多い。もともとベテランと呼ばれる立場になると、自分の悩みなどについて相談しづらくなるが、この二極化状況下ではますます相談する機会も相手も少なくなる。

教頭（副校長）がベテラン教員の相談相手に

そうしたベテラン教員の相談相手には、教頭（副校長）が最適であ

る。普段、管理職に対して非協力的な態度をとる教員でも、管理職が日頃の努力や悩みをじっくりと聴けば感謝するものである。

　そこで、指導主事として、教頭（副校長）に次のことを助言したい。

- ●ベテラン教員一人一人と面談の場を持つこと
- ●とくに悩みや不安などについて、丁寧に聴きとること
- ●校長と共に、そのベテラン教員の「支援計画」を策定すること

ベテラン教員の自己有用感を高める

　人間は誰でも承認欲求がある。そこで、前述の「支援計画」に、たとえば次のようなことを盛り込むよう、指導主事から教頭（副校長）に提案してみたい。

- ●授業観察等で発見した長所や、他の教員から聞いたその教員の強みなどをもとに、適宜褒める
- ●「○○副主任」「教頭（副校長）補佐」など、正式ではない校務分掌を用意し、これまでの本人の経験を生かす
- ●「困った教員」でも、何らかの得意分野があるはず。放課後に若手教員対象に20分程度のミニ講座を設け、その講師を務めてもらい、本人の自己有用感を高めていく

指導主事としてベテラン教員への積極的な声かけを

　指導主事として、学校訪問等の際には、「困った」もしくは「困っている」ベテラン教員に積極的に声をかけていきたい。「指導主事が自分のことを知っている、気にかけてくれている」と感じることは、本人の意欲の向上につながる。

　管理職が、覇気のない年配教員を再生させていくことで、管理職自身の人材育成能力も向上する。指導主事としてその「年配教員再生術」を支援することも重要である。　　　　　　　　　　　（宇田　剛）

各種主任会への指導・助言

各種主任会の運営は指導主事の力量を向上する絶好の機会

　教務主任会、生活（徒）指導主任会といった主任会には、各校のエース級の基幹教員が出席してくる。それぞれに一家言を持っており、主任会の運営は容易ではない。それだけに、主任会を円滑に運営し、有意義な会議にすれば「さすがに教育委員会の指導主事は優秀だ」との評判と信頼を得ることができる。主任会運営は、様々な困難を伴うこともあるが、指導主事の力量をアップさせる、またとないチャンスでもある。

ネットワークを使い、自分が未経験の主任の業務を知る

　しかし、教務主任、生活（徒）指導主任、進路指導主任、研究主任といった主任職をすべて経験したことのある指導主事はなかなかいない。それでは、自分が経験したことのない主任会の運営はどうすればよいのだろうか。

　わからなければ、「その道のエキスパートに教えてもらう」という方法がある。自身の人脈ネットワークから、未経験の主任職に詳しい人物に、その主任職の内容、職務遂行の留意点、効果的と思われる主任会の運営の仕方などについての情報を得ればよい。人に訊くということは恥ずかしいことではない。準備不足のまま主任会の運営に臨むことこそ、指導主事として恥ずべきことである。

主任会を「主任同士が切磋琢磨する場」にする

　現在、各自治体で行われている各種主任会では、「教育委員会からの伝達事項」と「各校の主任による情報交換」「今年度の研究について」などが主な内容となっている。もちろんこの三つはどれも重要であるが、とくに「年間の研究」については、報告書を作成することが目的となってしまっている例が散見される。

　この形骸化した内容を改善するのも担当指導主事の重要な役割である。たとえば年間を通したテーマではなく、各校の主任が協議・検討したい内容を積極的・自発的に選定し、次回のテーマとすることなどが考えられる。

　各校の基幹教員がせっかく集まっているのだから、その英知を結集し、分掌主任としての能力をお互いに切磋琢磨させながら向上させていく。そしてその切磋琢磨は、主任間の連帯感につながっていく。主任会にまとまりができると、「自分の学校がうまくいけばそれでいい」という負の意識が薄れていき、「主任会として地区内の分掌のレベルを向上させよう」という機運が生まれてくる。

　担当する主任会にこのような雰囲気を作り出していくことも指導主事冥利に尽きると言えよう。

担当校長・教頭（副校長）との報・連・相を綿密に

　それぞれの主任会には、担当の校長・教頭（副校長）がいる場合が多い。主任会の円滑な運営には、この担当管理職と報告・連絡・相談を丁寧に行い、教育委員会と管理職が共通理解の下、同一歩調で主任会を運営していく必要がある。主任会の場で意見が対立したり、施策に関する解釈の乖離が露呈したりすると、指導主事だけでなく教育委員会そのものが、学校や主任会からの信頼を大きく損なうことになる。

担当管理職と相談等を行う際、次の３点に留意したい。

①教育委員会が進めたい施策の内容と期待される効果について、隠すことなく真摯に本音で説明する

②学校の立場から見たその施策に関する評価、課題等について、教育委員会に忖度することなく、意見・感想等を率直に述べてもらう

③予定している施策について、主任会で理解が得られ、各学校で着実に実施されるためには、何を、どのようにするべきかを担当管理職と十分に協議する

こうした相談は、電話で行うのではなく、担当管理職の学校に直接赴き、膝を交えて行いたい。

指導主事の日常は忙しいが、そのなかでも時間をつくり、学校を訪問し、準備を怠らないという、指導主事の「誠意」と「本気」を常に持っていたい。

主任会で話題となった課題等について正確に把握する

主任会の情報交換の場では、様々な課題についての報告がある。たとえば、教務主任会では働き方改革と教務関係の事務処理、生活（徒）指導主任会では最近の特徴的な問題行動、進路指導主任会ではキャリア教育の推進などが話題になる。

ここで指導主事として気をつけなければならないのは、一口に「教務関係の事務処理」「最近の問題行動」と言っても、それぞれの学校で、その内容や量・質、頻度、学校全体に及ぼす影響等には「違いがある」ことに気づくことである。

そこで、情報交換の場で報告された事項について、「これは明確にした方がよい」と頭の中でサイレンが鳴ったときは、「もう少し詳しく説明してもらえますか」「他校ではその問題についてどうですか」

と問うていくとよい。情報交換の時間が多少長くなったとしても、効果的な主任会の運営につながる。また、そうした課題については、実際に学校訪問をしてその実情を正確に把握することも必要である。

　主任会の運営に限らず、指導主事として、常にアンテナを高く持ち、学校に関する情報を収集し、課題を感知し解決に導く「頭の中のサイレン」を鍛えていく必要がある。

PDCAサイクルに基づく年間計画の見直し

　自分が担当する主任会の年間計画について、前任者から引き継いだまま、つまり前例踏襲になっていないだろうか。学校においては適切な学校評価が必要であるのと同様、各種主任会の年間計画についても、着実にPDCAサイクルを回し、改善していく必要がある。よく言われる言葉だが、前例踏襲や現状維持は、「後退」である。指導主事の仕事に「後退」があってはならない。

年間計画の見直しのチェックポイント

　最後に、各種主任会の年間計画作成のためのチェックポイントを5点挙げる。

- ●地区の教育目標の実現のための主任会活動になっているか
- ●昨年度挙げられた課題に対応しているか
- ●開催回数は適切か（負担軽減のために減らし過ぎていないか）
- ●研究、検討テーマの設定の仕方は適切か
- ●各主任会参加者（担当管理職や各主任）から運営に関する評価を受けてそれを生かしたか

　上記のチェックポイントを参考にして、よりよい主任会の運営を行い、地区全体の教育力の向上を図られたい。　　　　　**（宇田　剛）**

期限付講師、非常勤講師の研修支援

子どもにとっては、「常勤」も「非常勤」も同じ先生

　子どもたちから見れば常勤も講師も「同じ先生」であり、子どもも保護者も、すべての先生たちが楽しくてよくわかる授業をしてくれることを期待している。

　しかし、現実には非常勤講師等は常勤と比べて、自身の授業力の向上を図る機会を得にくい。指導主事として、常勤の教員だけでなく、非常勤講師等を支え、自信を持たせ、授業力を向上させていくことは重要な仕事の一つである。

非常勤講師等に対する「研修の場」の確保

　2020（令和2）年度から会計年度任用職員制度が開始された。非常勤講師はこの会計年度任用職員に位置づけられており、これまでよりも研修を受ける場が広がった。

　東京都教育委員会では、時間講師が、業務遂行上必要な知識及び技能の習得のために、時間講師を対象に含む研修に管理職の命を受けて勤務時間中に参加することを認めている。

　指導主事として、自分の勤務する自治体における非常勤講師等が研修に参加する際の服務の扱い、また、非常勤講師等を受講対象に含む研修はどのようなものがあるかを正確に把握しておく必要がある。

経験年数や個々のニーズに合った研修の構築を

　東京都教育委員会では、2012（平成24）年度に非常勤講師等を対象として「学習指導に関する説明会」を実施した。事後アンケートでは、「このような勉強の場があって有意義だった」という感想が多かった一方、「既に知っていることが多く、もっと高度なことを学びたかった」という意見もあった。

　一口に非常勤講師といっても、一人一人の経験や力量は様々である。指導主事として研修を計画する際は、非常勤講師等の悩みやニーズを的確に把握し、既存の研修会の受講対象に加えるだけでなく、新たな研修会を構築していくことも必要である。

非常勤講師同士の協議の場も効果的

　研修会において参加者による協議の場がよく設定される。常勤・非常勤を問わず様々な教員間での協議は好ましい。その一方、非常勤講師だけでグループを作るのも効果的である。同じ立場で、悩みを話したり、積み重ねてきた実践例を交換したりして、有意義な協議が期待できる。

指導主事からの非常勤講師への声かけの大切さ

　指導主事は学校訪問をしても、なかなか非常勤講師の授業を見る機会は少ない。そこで、積極的にその講師の授業観察を行い、授業後に短時間でも授業の話をしたり、悩みを聞いたり、声かけをしたい。「教育委員会の指導主事が自分のことを気にかけてくれている」と感じることにより、モチベーションが上がり、子どもたちにとってより魅力的な教員となっていく。

　指導主事は、常勤・非常勤に関係なく子どもの前に立つすべての教員を支えていかなければならない。　　　　　　　　（宇田　　剛）

再任用教員への指導・助言

経験に着目し認める指導・助言を

2021（令和3）年6月に国家公務員法及び地方公務員法の改正案が成立・公布され、国家公務員の定年は2023（令和5）年度以降、段階的に65歳まで引き上げられることが決まった。地方公務員についても、同様に定年が原則として65歳に引き上げられるため、再任用教員制度は廃止される方向にあると聞いている。そこで、ここでは、現行制度の再任用教員に加え、新たな制度下で学校を支える60歳以上の教員を見据えた指導・助言のポイントについて述べる。

その基本は、教員としての豊かな経験や専門性等の持ち味に着目し、それを肯定する態度をもって指導・助言に臨むことである。

たとえば60歳で退職後も勤務している再任用教員の授業研究会で、指導・講評を依頼された場合は、まず、授業者を引き受けた率先垂範の姿勢を評価したい。次に児童生徒理解の妙や発問の仕方等、ベテランならではの持ち味に着目して、それらを褒める話から始める。

前述したように、今後は60歳を過ぎて現場に立つ教員が増えていくことが想定される。その中には、体力や気力の衰えからか、教職に対する熱心さが、定年前に比べて薄れる方もいるだろう。そのような教員に対しても、これまでの経験を活かして頑張っている点、実績等に着目し、それを認める指導から始めたい。

事前のリサーチが鍵となる

　再任用教員の経験に着目した指導・助言をするためには、事前のリサーチが鍵となる。まず確認すべきは先任の指導主事である。これまでの学校訪問等を通して、当該再任用教員を指導した経験がある等、情報を持っている場合がある。

　続いて、事前に校長に話を聞き、当該再任用教員のこれまでの業績に加えて、児童生徒との関係、同僚教員とのかかわり方など現在の勤務状況を可能な限り聞き取り、校長が把握しているよい点や課題を確認する。その上で、今回の指導・助言において、校長がとくに強調してほしいポイントを確認し、それを踏まえて当日の指導・助言の構想を練る。

いま求められている教育の在り方も確実に伝えること

　2021年度、全国の公立小中学校でGIGAスクール構想により1人1台端末の活用が始まった。一括りにすることはいささか乱暴かもしれないが、定年退職が近い教員や再任用教員の消極的な姿勢が聞こえてくることがある。それは、端末を文房具のように使うなど、いま求められる教育の在り方や新しい指導方法を受け入れることに壁があるからだろう。人は、新しいことに理解は示しても、これまでの自分のやり方を変えることについては大きな抵抗を覚えるものである。それを踏まえた上で、再任用教員の立場に立ち、少しでも伝わりやすい指導、やる気を起こさせる助言に努めることが必要だ。

　再任用教員が持つ豊富な知識、技術、経験等、これまで培ってきた教員としての力を最大限に発揮し、所属校の児童生徒のために活躍してもらうためにも、令和の時代にめざすべき学校教育の在り方と、その実現に向けて求められる教員としての資質・能力について的確に伝えていきたい。

（石田　周）

指導主事が学んでおくべき
組織マネジメントの理論

学校組織マネジメント導入の経緯

　1990年代後半の地方分権・規制緩和に伴い、学校教育の責任主体が国から地方へ、各教育委員会や各学校へとシフトされた。「教育改革国民会議報告－教育を変える17の提案－」（2000年）では、学校に組織マネジメントの発想を導入して校長が独自性とリーダーシップを発揮できるようにすることが提言され、自主的・自律的な学校経営による子どもたちの学びの質保証の手段として、学校組織マネジメントが導入されるに至った。制度設計としては、改正学校教育法の施行（2008年）により、新たに「副校長」「主幹教諭」「指導教諭」を置くことが可能となり、ミドル層を中心としたミドルアップダウンマネジメントを通して、校長を中心に全教員が教育に責任を持つ体制の強化が図られた。

学校における組織マネジメントとは

　学校における組織マネジメントは、学校が有する能力や資源を開発・活用し、学校に関与する人たちのニーズに適応させながら学校教育目標を達成していく過程であり、学校教育目標の達成に向けて学校内外の人・物・財・情報などの様々な資源を開発・活用することにより教育活動に成果と効率をもたらす営みである。管理職だけでなく、全教職員が学校教育目標の達成という共通の目的を見据え、コミュニケーションを図りながら主体的・協働的に教育活動に取り組み、学校の組織力を高めながら学びの質の充実につなげていく。

〈目的〉学校教育目標の達成に向けて質の高い学びを提供すること
〈対象〉教育課程、教育活動、教員の育成など学校運営の要素すべて
〈方法〉マネジメントのPDCAサイクルを教職員で推進する

〈資源〉「人的」「物的」「財的」「情報的」「ネットワーク」の各資源

学校における組織マネジメントの手順

まず、学校の実態を客観的に把握することからスタートする。SWOT*分析などを通して学校が抱える課題を明確にするとともに、課題解決のための資源開発や手立ての構築につなげる。次に、校長が示す経営ビジョンを踏まえて教育活動の実施計画を立案するとともに、学びの充実を図るためのマネジメントのしくみを設計し、効果的に運用しながら教育活動を実践する。実践後は実施計画とマネジメントの効果について評価・検証を行い、成果と課題を明確にした上で改善策を構築する。マネジメントを通して学校組織が持てる力を最大限発揮させながら、教育活動のPDCAサイクルを推進し、学校教育目標の達成をめざしていく。

めざす学校像の変化「チームとしての学校」

新たな資質・能力の育成に向けた教育課程の実現、多様化・複雑化する教育課題の解決のために、学校内部のみならず家庭や地域、専門家や関係機関との連携・協働によるチームとしての学校の確立が求められている ▶▶ P292。チームとしての学校においては、教職員一人一人が自らの専門性を発揮するとともに、心理や福祉、医療、法律等の専門スタッフの参画を得て、共に学校教育目標の達成をめざす。地域とともにある学校づくり、子どもも大人も学び合い育ち合う教育体制の構築、学校を核とした地域づくり、学校運営協議会制度（コミュニティ・スクール）等、学校が自らの在り方を柔軟に適応させながら、学校経営をめぐる様々な関係者間をつなぎ、コミュニケーションを促すことが今後一層重視される。

理論を学び実践を価値づける

学校経営を支える上で、組織マネジメントに関する知見は必須である。国の動向を把握し理論を学ぶことで、自主的・自律的な学校経営を支える施策の立案や効果的な指導・助言を実現するとともに、各学校の実践を積極的に価値づけることにつなげたい。 **（浅野あい子）**

---

* Strength Weakness Opportunity Threat：学校の環境を把握・分析する手法。

➡ 220頁から続く

市教委指導部指導主事に

教育センター指導主事から中学校教頭になって2年後、再び辞令が届きました。今度は、市教委指導部指導主事を命じられたのです。

教頭としての仕事もまだおぼつかないまま、再び現場を離れるのは、ショックでした。しかし、指導部は、幼稚園、小・中学校、養護学校（現特別支援学校）の教育の在り方について共に考え、指導する部署で、他の部署に比べるとずっと現場に近いものでした。また、指導部の指導主事が、学校での研修会に来校し、授業研究への指導・助言をされている姿を何度も見ていましたので、前回のような喪失感はありませんでした。ただ、自分にそれが務まるのかという不安は、前より大きくありました。

教員・学級・学校を支える

現場の教員たちの指導主事に対する視線には厳しいものがあります。専門的な深い指導を期待する一方、お決まりの一般論を話して帰るだけというあきらめにも似た冷めた見方も存在します。指導主事になりたての頃、私はその双方の視線を肌で感じました。そのたびに、私は自分がどのような指導主事をめざすのかを自問自答しました。

少なくとも、私は一般論だけ話して帰る指導主事にはなるまいと心に誓いました。そして、現状を少しでもよくしたいと願う教員たちが、相談したいと思うような指導主事でありたいと願いました。そのために、学習指導要領を熟読し、教科調査官や大学の先生方にも教えを請いました。しかし、そんな付け焼き刃の知識よりも、まずはそれぞれの教員の願いや悩みを自分のこととしてとらえ、一緒になって子どもたちのことを考えようと心に決めました。

教員の課題、学級の課題、学校の課題は、どれも違った側面を持ち、一つとして同じものはありません。それだけに、私の指導・助言は、その違いに応じ、教員・学級・学校がそのとき本当に必要としていることでなければなりません。

学校訪問を終えて帰宅の途に就くとき、私の助言はあれでよかったかと考え、落ち込むことが多くありました。それでも、後日お礼の手紙などをいただくと、元気になりました。それは、自分が必要とされているという喜びを感じるからでした。

それが原動力となり、気がつくと5年の月日が経過していました。

➡ 264頁へ続く

12章
危機に対応する

—— 危機管理の諸相と新しい危機への対応

児童虐待

児童虐待防止等の理解と学校の教職員の果たすべき役割

　児童相談所での児童虐待相談対応件数は厚生労働省が統計を取り始めた1990（平成2）年度から一貫して増加しており、きわめて憂慮すべき状況にある*。

　児童虐待防止法では、「児童虐待」とは、暴力行為などの身体的虐待、わいせつ行為などの性的虐待、保護者としての監護を著しく怠るネグレクト、心に長く傷として残る言動等を行う心理的虐待、とされている。

　虐待の有無の調査・確認や、解決に向けた対応方針の検討、保護者への指導・相談・支援は、権限と専門性を有する児童相談所や市区町村の虐待対応担当課が担う。このことを踏まえつつ、学校の教職員は児童虐待を発見しやすい立場にあることを自覚し、虐待の早期発見・早期対応に努め、虐待と思われる事案については児童相談所や市区町村等に速やかに通告や情報提供を行わなければならない。

学校と関係機関との連携の強化

　教育委員会は、虐待の予防や早期発見、虐待を受けた子どもの迅速かつ適切な保護への支援などを行えるよう、関係機関との連携を強化するために必要な体制の整備を図らなければならない。たとえば、児童福祉法に基づいて地方公共団体に設置されている要保護児

＊　令和2年度の児童相談所での児童虐待相談対応件数は205,044件。

童対策地域協議会への参加、弁護士への相談や教育委員会等に配置されているスクールソーシャルワーカーへの協力依頼などが考えられる。指導主事は各学校の状況をきめ細かく把握することにより、関係機関等と円滑に連携できるよう支援することが重要である。

教職員を対象とした研修等の充実

　教育委員会には、児童虐待問題について、教職員の意識啓発と対応スキルの向上を図るために、校内研修の支援や職層に応じた研修の企画・実施などが求められている。

　たとえば、各学校における校内研修においては、文部科学省のホームページに掲載されている虐待防止に関する研修教材を活用した研修を実施する。また、授業中や給食時など学校の生活場面で教職員が児童生徒の変化をとらえることができるようにするためのチェックリストを作成し、日常的に自己点検ができるようにする。さらに、学校における通告までの対応の流れや留意点などについて事例演習を行うことなども考えられる。教育委員会主催の研修会においては、生活（徒）指導主任を対象として児童相談所の職員を講師に招いた研修を実施したり、校長等管理職を対象とした実践的な研修の充実を図ったりすることが重要である。

保護者への対応

　通告等を不服とする保護者が学校や教育委員会に対して、情報元に関する情報の開示を請求することが考えられる。その際は、情報元を保護者に伝えないこととするとともに、児童相談所等と連携しながら対応する。また、保護者から威圧的な要求や暴力の行使等を受ける可能性がある場合は、速やかに児童相談所、警察等の関係機関、弁護士等の専門家と情報を共有し、対応を検討する。**（増渕達夫）**

児童生徒の事故・事件
── 正確に、迅速に

児童生徒の事故

　日常の学校生活において発生する事故には次のようなものがある。
　①児童生徒の指導に関すること（いじめ、自殺、非行、教育活動中の負傷等）、②児童生徒の健康安全に関すること（交通事故、感染症、食中毒、食物アレルギー、熱中症、性被害等）、③その他（盗難、不審者侵入、地域住民からの苦情等）。

事故報告を受けたら

(1)　事故が発生した場合には、校長からの報告がある。第一報は電話が多く、その際には以下の点を聞き取り、詳細については事故報告書（報告書の様式及び報告先は、各自治体で「事故発生報告等事務処理要綱」等で定められている）を提出するよう依頼する。
　　ア：件名は何か（上記①〜③の何に該当するか）
　　イ：関係者は誰か（児童生徒の学年・組・氏名・性別等）
　　ウ：発生日時、場所（授業中か、管理下か、図面があれば入手）
　　エ：事故の状況（現時点で学校が把握している範囲でよい）
　　オ：学校としての対応（児童生徒への指導、保護者、関係機関）
(2)　学校からの報告をまとめ、速やかに上司に報告し、指導主事としての対応の指示を仰ぐ。
(3)　主管課ではない案件であっても聴取し、それぞれの関係部署に

　連絡するとともに上司にも伝える。また、学校にもその旨を伝え、文書による報告は担当部署へ提出するよう指示しておく。

指導主事としての対応

(1)　学校に行く

　事故発生直後、学校は応急措置や指導に追われている。事故の処理とその後の指導や対応を的確に行うためには、上司と相談の上、できるだけ早く学校に行き、学校関係者と共に適切な対応に努める。

(2)　学校への指導・助言

ア：児童生徒への指導

　とくに生命への危険の有無、緊急措置の状況や関係機関との連携を確認する。また、必要に応じて全校集会を開催するなど、他の児童生徒への不安・混乱を解消する措置について配慮を促す。

イ：保護者への対応

　保護者に不安や混乱を招くことのないよう、必要に応じて臨時保護者会を開催する。その際は、マスコミ報道後であっても、学校の公式見解を伝えるために、可能な限り速やかに開催する。

ウ：マスコミへの対応　▶ P254

　報道機関からの取材に適切に対応できるよう、事故の発生状況、児童生徒や学校の指導に関する資料等の作成、記者会見の日時・方法などについて、上司の指示を仰ぎながら管理職と共に準備を行う。

(3)　教訓を生かす

　緊急対応終了後には、事故発生の経過、原因の解明、ヒヤリハット事例の確認、再発防止策などをまとめ、事故の教訓を生かして各学校が組織的な取組を行えるよう、教育委員会としての支援策を上司に提案する。　　　　　　　　　　　　　　　　（金子一彦）

自然災害への対応

　自然災害への対応において指導主事がすべきことは、事前対応としての防災計画等の策定と学校への周知及び発生時の即応的対応である。具体的には、教育行政としての教育委員会内での防災計画の策定や見直しと、学校への周知による各校での危機管理マニュアル作成の促進がある。さらに災害発生時には、学校での児童生徒及び教職員の命を守るための対応の指示、さらに二次災害を防ぐための避難行動の徹底と収束後の対応行動の促進を図ることである。

想定される自然災害

　我が国では、様々な自然災害が多発している。要因の一つとして、国土のほとんどが海底の隆起や火山噴出物の堆積等により形成されたことから、地震や津波、噴火が頻発することがある。さらに、起伏に富む地形から降水量が多く、河川の勾配も急で洪水も発生しやすい。このことから市区町村ごとに、被災を想定したハザードマップが作成されている。

　表は、2019（平成31・令和元）年の1年間に発生した自

人的 被害（人）	死者	155
	行方不明者	4
	負傷者	1,350
建物 被害（棟）	全壊	3,705
	半壊、一部破損	155,763
	床上浸水	8,776
	床下浸水	29,885

表　自然災害[1]による全国の被害状況[2]

[1] 豪雨、洪水、崖崩れ、高潮、地震、津波、噴火等
[2] 令和2年度 消防白書（PDF版）附属資料より

然災害による全国の被災状況である。大雨や地震等により多くの人的被害とともに、建物被害についても全壊や半壊、一部破損そして浸水被害が発生している。

　このことから、指導主事は、担当する都道府県や市区町村等で想定される自然災害の被災状況の把握により、学校の防災対応を促進するとともに、災害発生時には迅速に対応にあたる必要がある。

指導主事としての自然災害への対応

　指導主事の自然災害への対応として、事前にすべきことと発生時にすべきことがある。事前対応としては、教育行政の一員として、都道府県や市区町村教育委員会等で策定された災害対応の手順を踏まえた学校への関わりが求められる。そのためにも、地域のハザードマップを熟知するとともに、自然災害の被災状況を踏まえた対応の手順を地域防災計画として策定し、各学校に提示する必要がある。

　次に、地震や噴火、大雨による洪水等の自然災害発生時の対応である。台風等の大雨による洪水被害等はある程度予想が可能であるが、地震や噴火等の自然災害は予測が困難であり、発生後の迅速な対応が求められる。突発的な自然災害に対しては、各学校の状況を踏まえた対応が大切となる。指導主事の対応として、被災状況の把握や命を守るための行動、さらに収束後の教育活動継続のための対応等をしていくことになる。加えて東日本大震災時には、各学校は想定外の対応に追われた。大川小裁判の判決では、学校防災について教育行政や学校管理職に高いレベルでの知識と経験を求めている。

　自然災害への指導主事の対応として、想定外を意識した平時の防災計画の作成と学校への関わり、さらに災害発生時には命を守るための適切な指示等を普段からシミュレートしておく必要がある。

（鈴木久米男）

教職員の不祥事
──個人の問題を組織として防止する

 不祥事のデータの読み方

　表は文部科学省「令和２年度公立学校教職員の人事行政状況調査」の結果の概要である。この調査は、全国の公立学校教職員（管理職を含む）約92万人を対象としている。懲戒処分等を受けた教職員は、4,100人（0.44％）、「性犯罪・性暴力等」により懲戒処分等を受けた者は、200人（0.02％）で、うち、児童生徒に対する性犯罪・性暴力により懲戒処分を受けた者は96人（免職91人）となっている。

　なお、「懲戒処分等」の「等」は懲戒処分（免職・停職・減給・戒告）ではなく、身分上不利益のない「訓告等」である。

　これらの数を少ないとみるか多いとみるか。「１万人のうち３人が懲戒処分を受けた」と聞いて、どこまで自分事として考えられるか。このことが教職員の不祥事を考えるうえで大きな課題となる。

区分	懲戒処分					訓告等	総計
	免職	停職	減給	戒告	合計		
交通違反・交通事故	14	38	31	74	157	1,975	2,132
体罰	1	12	43	48	104	289	393
性犯罪・性暴力等	113 (91)	45 (5)	17 (0)	3 (0)	178 (96)	22 (0)	200 (96)
上記以外の理由	42	68	99	62	271	1,104	1,375
合計	170	163	190	187	710	3,390	4,100

表　教育職員の懲戒処分等の状況（令和２年度）

※１「性犯罪・性暴力等」の（　）は、児童生徒に対する性犯罪・性暴力による件数で内数
※２「令和２年度公立学校教職員の人事行政状況調査」（文部科学省）より作成

ハインリッヒの法則

　危機管理で忘れてはならない大事な法則がある。ハインリッヒの法則である（**図**）。「一つの重大な事故の背景には、29の軽微な事故があり、その背景には300の異常がある」というものである。

　ある重大な事故が起きる。原因を分析していくと、過去に一つ間違えれば重大事故につながった軽微な事故が発生していたことがわかる。また、事故にはならなかったが当時は見逃されていた、数多くの異常や危険が確認される。

図　ハインリッヒの法則

　何もないところに、ある日突然、重大事故は発生しない。私たちは、とかくその不祥事のみに注目はするが、大事なことはその背後にある危険性であり、不祥事につながりかねない小さな危険（ヒヤリハット）を把握したそのときに解決しなくてはならないのである。

教職員の不祥事の種類

　たとえば、東京都教育委員会の「教職員の主な非行に対する標準的な処分量定」（2020年6月1日改正）では、不祥事を以下のように分類し、それぞれに懲戒処分の量定が定められている。

　①体罰等　②児童生徒へのいじめ　③性的行為、セクシュアル・ハラスメント（児童生徒、保護者、職場等）　④パワー・ハラスメント　⑤公金公物の横領等　⑥収賄、供応等　⑦勤務態度不良　⑧欠勤　⑨秘密の漏洩　⑩個人情報の不適切な取扱い　⑪職場のコンピュータ不正利用　⑫違法な職員団体行動　⑬交通事故　⑭悪質な交通法規違反　⑮傷害・暴行　⑯強盗・恐喝・窃盗・詐欺・麻薬・覚せい剤・危険ドラッグ等の所持・使用、占有離脱物横領、器物損壊　⑰無

許可の兼業・兼職　⑱監督責任

　これらはいずれも教職員としてあってはならない非行等であり、一度起これば学校や教育委員会への信用を失墜することになる。そのため、未然防止（リスクマネジメント）に努めるとともに、不祥事が発生した場合には、影響やダメージを最小限にするために、発生後の対応（クライシスマネジメント）がきわめて重要となる。

指導主事としての対応

①不祥事発生の報告を受けて

　ア：校長から連絡があった場合には、内容を聞き取り、直ちに記録して上司及び所管課に報告する。同時に教育長への報告を行う。

　イ：とくに、生命に関すること、児童生徒への影響、保護者への連絡、関係機関との連携の有無は必ず確認して上司に報告する。

　ウ：議会への説明が必要な場合には、上司と相談しながら、それまでに把握した情報をもとに資料を作成して説明に回る。

②記者会見・緊急保護者会の開催　▶▶ P254

　不祥事について記者会見や緊急保護者会を行う場合には、クライシスマネジメントの観点から、次の点を基本方針として対応する。

　ア：素直に管理責任を認めて謝罪する。責任逃れ、言い訳はしない。

　イ：把握している情報は隠さずに提供する。隠蔽しない。

　ウ：一回で済むように全貌を一挙に公開する。小出しにしない。

③臨時校長会の開催

　当該学校での対応と並行して、域内の各学校に情報を提供し、注意喚起と点検を要請するために臨時校長会を開催する。教育委員会として把握した事実、原因、再発防止策をまとめて配付資料を作成する。教育長への説明を行い、できるだけ速やかに開催する。

再発防止に向けて

①学校への指導・助言

　不祥事発生後の対応については、主に服務担当係が所管するため、指導主事が前面に立って関与することは少ないが、リスクマネジメントの観点から指導主事が学校への指導・助言を行う役割は大きい。

　日頃から学校訪問等により、週案簿や危機管理マニュアルの点検、人事に関する情報共有、とくに処分歴のある教員や、保護者から苦情が寄せられている教員については、授業参観や話を聞く機会を持つなどして状況を把握し、改善すべき点は躊躇なく助言する。

②服務事故防止の企画・運営

　不祥事発生を契機として、校長会や副校長・教頭会等の管理職を対象とした会合はもとより、教務主任や生活（徒）指導主任研修、初任者研修など教育委員会主催の会合、学校訪問などあらゆる機会を利用して注意喚起に努める。その際、教育委員会からの一方的な指示だけではなく、教職員がそれぞれの立場でできることは何かを考え、それを各学校で実行するよう働きかけることが必要である。

③校内研修会の改善

　服務事故防止の校内研修は、すべての学校で毎年行われている。

　一般的に、校長が教育委員会の服務通達を読み上げ、不祥事の事例を取りあげて服務事故を起こさないよう注意喚起をしている。しかしながら、受け身の研修では、冒頭でも述べたように、すべての教職員が不祥事を自分事としてとらえることは困難である。

　たとえば、教師役と児童生徒役となって行うロールプレイング、ヒヤリハット事例の洗い出し、教師の人権感覚の振り返りなど、服務事故防止を自分事としてとらえられるように、参加型の校内研修を企画することが指導主事には求められる。　　　　　　（金子一彦）

保護者・地域からの苦情
—— 学校改善に生かす

A氏への対応から

　私が東京都に在任中、定時制高校に通う成人生徒A氏から電話を受け、その対応で2年を要したことがある。当初は学校からの評価が納得できないという内容だったので、「学校とよく相談してください」と対応し、校長には本人の訴えを伝え、対応を依頼した。

　しかしながら、学校からの説明に納得できなかったA氏は、その後「授業を見に来てほしい」「管理職を指導しろ」、果ては「成績をつけたうえで進級を認めさせろ」とエスカレートしていった。最終的には、別の定時制高校に転校し、学校にも適応して卒業できた。

　こうした対応のなかで、たとえ訴えが理不尽ではあっても、よく聞けば学校側にも問題がなかったとは言えず、改めて初期対応の大切さと、単なる「苦情」と片づけてはならないことを学んだのである。

「苦情」という概念

　「苦情処理」という言葉に代表されるように、苦情は受ける側からすると厄介なもので、できればないに越したことはない。しかしながら、「苦情」は「他から害や不利益などをこうむっていることに対する不平・不満のこと」である。「他からの害や不利益」が事実であり、その責任が学校にあるとすればどうであろうか。

　通常、保護者や地域の方が、わざわざ教育委員会にまで訴えてく

る場合は、よほどのことがあってのことである。だからこそ丁寧に対応しなければならない。受ける指導主事がその対応を誤ると、解決を長引かせるだけでなく、当事者はもとより、学校や教育委員会にも膨大な労力をかけることになる。そこで、苦情を受けた場合、指導主事はどのように対応したらよいかについて述べる。

苦情のとらえ方

①学校改善への意見として受けとめる

　訴えてくる方々は、あるべき姿と現実との乖離があるからこそ訴えてくるのである。また、最近は、法的にもよく調べ上げ、弁護士や専門機関にも相談の上で訴えてくる場合が非常に多くなっている。訴えを単なる「文句や不満」と片づけず、学校の在り方を見つめ直す「意見や要望」として謙虚に受けとめるように心がける。

②一部の意見ではないととらえる

　いきなり教育委員会にまで訴えてくる場合もあるが、大方は学校に相談しても解決しないから教育委員会に訴えてくるのである。また、たとえ不満があっても訴えてこない場合の方が多い。したがって、その訴えはまさに「氷山の一角」なのであって、その他にも不満を持った方が数多くいるものと考えて対応しなくてはならない。

苦情の主な内容

　苦情は大きく以下の３点に分けられる。とくに児童生徒の生命に関わる内容や教職員の服務に関することは速やかに上司に報告するとともに、学校に事実を確認し、当事者には丁寧に回答する。

①教員の資質・適性や対応に関するもの

　「体罰をしている教員がいる。問題ではないか。」
　「思想的に偏った授業をしている教員がいる。調べてほしい。」

「特定の保護者と親密にしている教員がいる。辞めさせるべき。」

②学校の指導体制や管理体制に関するもの

「うちの子がいじめられているのに、学校は何もしてくれない。」

「何の説明もなく、いきなり卒業延期、留年と言われた。」

「運動会の放送の音がうるさい。運動会を中止してほしい。」

③教育委員会に対する要望や苦情・相談に関するもの

「希望する部活動のある学校に転校できるようにしてほしい。」

「PTAに加入しろと言われたが、加入しなくてはいけないのか。」

「学校が体育館を特定の団体に貸し出した。目的外使用ではないか。」

🏫 基本的な対応の原則

①訴えの内容を正確に聞き取る

相手が感情的になっていても丁寧に聞いているうちに落ち着いてくる。そこで、具体的に「何を」「誰に」「どうしてほしいのか」をはっきりさせ、それを復唱して相手にも確認する。

②最後まで遮らないで話を聞くことに徹する

こちらの都合で打ち切ったり、話を遮って頭ごなしに説得したりするのでは、相手の感情を逆なでするだけである。あくまでも親身になって最後まで聞き取ることに徹する。

③匿名の場合でもなるべく名乗っていただく

「匿名だと、訴えの内容と学校の説明に食い違いがあっても、確認ができません。教育委員会としては対応に限界があります」と伝え、できるだけ名乗っていただけるよう働きかける。

④「ありがとうございました」で終わる

どんな相手でも親身になって応接すれば、電話を切るときに「ありがとうございました」という言葉が聞けるはずである。その言葉

があれば、いい聞き方をしたと思ってよい。

学校への指導・助言

①組織として対応する

　学校への苦情について、その対応を当該の教員だけに任せてしまい、管理職や同僚がチームとして対応しない学校がある。そのことで解決が遅れて事態が悪化し、場合によっては孤立した当該教員がメンタルで休職してしまうこともある。問題の解決を特定の教員のみで行わせるのではなく、管理職の指導のもと、組織として対応するよう助言する。とくに若手教員への苦情には注意が必要であり、管理職が必ずバックアップする体制を取るように助言する。

②教員の育成につなげる

　日常的に管理職から指導されていても自分事としてとらえられず、保護者や地域から訴えがあって初めて、自らの指導力不足に気づかされる教員がいる。管理職はこうした保護者・地域からの苦情をよい機会ととらえ、教職員への指導・育成に生かすべきである。また、PTAや学校運営協議会を活用してマイナス情報を公開し、学校運営への協力を求めるきっかけづくりとするよう助言する。

③学校評価に生かす

　学校評価では、保護者や地域の方々からのアンケートを集計・分析するが、なかには批判的とも取れる声が寄せられる。それが理解不足によるものならば、丁寧に説明して理解を得る必要がある。また、指摘が事実であれば、真摯に受けとめ、直ちに改善を図るようにする。学校への苦情についても同様である。内容に応じて学校評価に生かし、校内の共通理解や組織的な取組につなげるよう助言する。

（金子一彦）

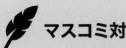

マスコミ対応
──正確に、迅速に、誠実に

マスコミ対応と指導主事

(1) 基本的な姿勢

　事故や事件が発生すると、学校は児童生徒及び教職員の安全確保や保護者への連絡等に追われるなかで、報道各社による取材にも対応することになるが、その際は教育委員会との連携が欠かせない。

　とくに記者会見では、学校との連絡調整を指導主事が行う場合が多い。指導主事が事故等の状況を正しく把握しておくことは、マスコミへの対応ばかりではなく、学校に対する指導・助言を行う際にも重要である。マスコミ対応の基本方針は以下の4点である。

　①事件・事故の全容を迅速かつ正確に発信すること

　②個人情報や人権に配慮したうえで、公開を原則とすること

　③マスコミに対しては信頼関係に基づき、誠実に対応すること

　④報道各社への情報提供は公平に行うこと

(2) 記者会見の目的

　記者会見を行う際には、その目的を明確にしておく必要がある。大きくは以下の4点であり、学校と教育委員会は同じ姿勢で臨む。

　①学校の統一した見解や情報を伝達する

　②学校への不信感を払拭し信頼を維持する

　③情報共有により二次被害などの危機の拡大を防ぐ

　④説明責任（アカウンタビリティ）の姿勢を示す

📋 マスコミ対応の原則

(1)　正確さ

マスコミ対応の基本は５Ｗ１Ｈ（いつ、どこで、誰が、何を、なぜ、どのように）について正確に把握することが重要である。これらは会見での基盤になるため、正確に時系列でまとめておく。このことは単に会見のためではなく、学校における再発防止策の検討や、訴訟が予想される場合の重要な資料となる。

(2)　スピード

テレビ等の報道は早さが生命線であり、マスコミにスクープされ速報されることがある。その後であっても記者会見は必要である。時間を置かずに学校が記者会見で統一した見解を発表することは重要な意味を持つ。また会見までに不要な時間をかけないようにする。マスコミでは原稿や放送の締め切りが迫っているからである。

(3)　誠実さ

マスコミに対しては隠したり小出しにしてはならない。公表すべきことを公表せず、後になって説明したために会見自体が長時間に及んで混乱し、学校への不信感を増幅させる場合がある。また、会見をはじめ、校長が先頭に立って対応することは、学校としての強い姿勢を示す意味でもきわめて重要なことである。

📋 マスコミへの対応の留意点

　①「取材拒否」ではなく「取材協力」で臨む。最初のマスコミへの対応行動がその後の報道論調を左右する。

　②直ちに記者会見の「予定時刻」を公表する。このメッセージがないとマスコミとの間でトラブルが生じる。

　③確認情報は「現時点では」「現段階では」との条件つきで公開する。事態の状況や推移、取組の過程を伝えるうえで重要である。

④会見は状況により「定時・定期」に行う。問題に取り組む強い意志や姿勢を示す上で重要である。

⑤記者会見室や控室はより広い場所を用意する。過密な部屋は心理まで荒々しくする。

⑥公表済の情報は紙に書き、時系列に貼り出す。遅れてきた記者にも最新情報が一目瞭然でわかる。

報道発表資料の作成

(1) ポジションペーパー

ポジションペーパー（**図**）は記者会見に際して報道各社に配付する。発生した事件・事故に関する説明と、それに対する学校としての基本的姿勢を伝えるもので、Ａ４判１枚程度に簡潔にまとめる。主な内容としては以下のとおりである。

①謝罪表明（社会的・道義的責任）

②状況説明（事実関係）

③学校の対応（対処、対応策）

④原因説明（原因や背景等）

⑤今後の対応（再発防止策）

⑥姿勢表明（責任の所在）

(2) 想定問答

想定問答とは、マスコミからの質問に対して、一貫した回答を行うために作成するものである。以下の点に留意して作成する。

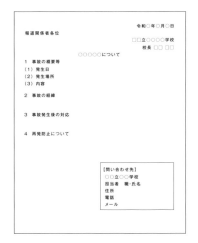

図 ポジションペーパー様式例

①記者の立場に立って質問を考える（住民が知りたい内容）

②回答は短く、明瞭に（二の矢・三の矢を想定して答えていく）

　　③事態が最悪の経過をたどった場合を想定して問答を作成する

　　④一番触れてほしくないことを想定質問にして回答を考える

(3)　補助資料

　ポジションペーパーのほかに、正確な理解に必要な資料（実物、場所がわかる図面、写真など）は積極的に提供する。また、手持ち資料として、学校の指導計画、週案、日誌などを準備しておく。

記者会見時及び事後の留意点

　指導主事として次のことを管理職に指導・助言したい。

(1)　記者会見時の留意点

　　①窓口を一本化し、他の教職員や児童生徒への取材は遠慮願う。

　　②記者への回答は、保護者や住民に話していることと同じであるとの認識を持って回答する。

　　③公表できない内容には答えず、その理由を述べて理解を得る。

　　④人数や日数等の数字や固有名詞は正確に回答する。

　　⑤事実だけを答える。わからないことは憶測で答えない。後ほど確認してから回答すると約束する。

　　⑥回答では、「現時点では」「現段階では」との条件をつけ、結果として事実と異なる回答にならないようにする。

(2)　事後の留意点

　　①報道された情報は直ちに確認し、必ず教育委員会に報告する。

　　②報道された情報が事実と異なる場合は、直ちに訂正を申し入れる。その際は根拠となるデータや事実関係の資料を提示する。

　　③児童生徒や保護者には、マスコミの取材があったことを正しく伝え、誤解や混乱を生じないように配慮する。

　　④報道の内容とマスコミ対応の経過は時系列でまとめ、事後の対応や学校への指導にも活用する。　　　　　　　　　　**（金子一彦）**

情報リテラシーとSNS対応

 児童生徒に「情報リテラシー」を指導するポイントは?

　学校教育の場では、「情報リテラシー」という言葉はなじみが薄く、「メディアリテラシー」という言葉で指導の在り方などが語られることが多い。まず「情報リテラシー」とは、中央教育審議会答申「学士課程教育の構築に向けて」（2008年）において、「情報通信技術（ICT）を用いて、多様な情報を収集・分析して適正に判断し、モラルに則って効果的に活用することができる」技能とされている。このことから、学習指導要領解説・総則編で示されている「情報モラル」に関わる内容と、身の回りにあふれる情報の中から必要な情報を取捨選択し、分析、加工して知識として活用していく能力の育成に関わる内容とが混合した形で語られていることが多いと思われる。

　学習指導要領解説・総則編では、「情報モラルとは、『情報社会で適正な活動を行うための基になる考え方と態度』であり、具体的には、他者への影響を考え、人権、知的財産権など自他の権利を尊重し情報社会での行動に責任をもつことや、犯罪被害を含む危険の回避など情報を正しく安全に利用できること、コンピュータなどの情報機器の使用による健康との関わりを理解することなどである」とされている。

　具体的な教育活動として、「情報発信による他人や社会への影響について考えさせる学習活動、ネットワーク上のルールやマナーを守

ることの意味について考えさせる学習活動、情報には自他の権利があることを考えさせる学習活動、情報には誤ったものや危険なものがあることを考えさせる学習活動、健康を害するような行動について考えさせる学習活動などを通じて、児童（生徒）に情報モラルを確実に身に付けさせるようにすることが必要」としている。

　そもそもインターネットは、便利さという観点から利活用が爆発的に拡大したことから想定外の運用が発生し、利用する主体がモラルを構築していかなければならないという後追い制度設計のシステムである。このことを指導主事ならびに教師はきちんと理解し、子どもたちと共にインターネットの正しい利活用法を考え行動していくことが最大のポイントとなる。

　つまり、インターネットは便利で大きな可能性を持ち、世界中とつながることができるシステムである反面、残念ながらその機能を悪用する人もいる。そのため、利活用にあたっては、一人一人が自分の身を守ること、相手を意識することが大切だということを、具体を通して考え行動することが重要となってくる。

ネットいじめはなぜ起きる?

　SNSを介した「ネットいじめ」は、GIGAスクール構想による1人1台端末の導入などもあり、近年その増加が指摘されている。インターネット上ではネットの特性でもある匿名性が引き金となって不特定多数からの誹謗・中傷など、その安易さから行為がエスカレートしやすい。

　ネット上での情報伝達は、時間と空間の制約を超えてデータを届けることはできるが、息づかいや表情などの微妙な雰囲気といった「気持ち」を伝えることはできない。対面であれば相手の「気持ち」を感じ取りながら対話は進み、双方の「気持ち」が反映されるが、ネ

ット上では相手の「気持ち」を読み取ることができないため（読み取る必要もないため）、一方的に自分の意思を伝えてしまう傾向にある。このことに匿名性が相乗すると、相手の気持ちを考えずに、ネット上のやりとりに同調しやすくなり、結果として短期間で状況がエスカレートしてしまうことも考えられる。このように、ネット上では、子どもたちの誰もが加害者もしくは被害者になってしまう可能性がある。

　指導主事としては、「ネットいじめ」対策について、次のことを教職員に指導・助言していきたい。

①ネット上では無意識のうちに相手の気持ちを無視した情報発信がされやすいこと、いったん発せられた情報を止めたり、回収はできないこと

②被害を受けた子どもが悩み等を話題に出しやすい、相談しやすい環境（信頼関係）を常につくっておくこと

③子どもが被害に遭った際には書き込み等のスクリーンショットを必ず取るなどして証拠を集めておくこと、加害者のアカウント名やIDを記録すること

④③の情報をもとにSNS等の運営会社に連絡し、違反報告や削除依頼を行うこと

教職員のSNSに係る不祥事について

　SNSの普及により、教職員にとって教育に関わる情報が時間と場所を問わず得られるようになったと同時に、自分が考えたことなどを簡単に情報発信でき、即座にフィードバックをもらうことも可能になった。このメリット（便利さ）をコンプライアンス意識が欠如した状態で活用した場合、いわゆる「不祥事」つまり「信用失墜行為」に発展してしまうと言える。

　教職員のライフヒストリーを見ると、大学卒業と同時に教師になっていることが多く、学校から離れた社会環境での経験が少ない傾向にある。そのため、学生生活の延長で行動してしまう可能性があり、一般社会で求められる倫理観や公序良俗などの社会的な規範に従い公正・公平に業務を行うというコンプライアンスに関わる意識がどうしても希薄になりがちである。研修等により守秘義務や著作権・人権についての知識や理解はできているが、行動と結びついていない場合が問題発生につながってしまうと言える。

　SNSに係る不祥事が発生した際の教職員への指導・助言として、まずはコンプライアンスやネット社会における「情報リテラシー」に係る内容の研修を実施し再発防止に努めたい。その際、研修に臨む教職員一人一人が不祥事を自分事としてとらえ、自身の行動を振り返るとともに、同じ内容を児童生徒にどのように指導していくかを考える機会とすることができるかどうかが重要である。

　多忙な校務のなかでの安易な情報伝達手段として、あるいは心のストレスや不平不満の発散の場（ある意味自分を認めてもらいたいという欲求）としてネットを利活用してしまう可能性は誰にでも起こり得る。この前提に立った上で、子どもたちに安心して生活できる環境を提供することと同様に、教職員が安心して働ける職場環境づくりを学校全体で考え実行できるよう、指導主事として指導・助言していきたい。

　その上で、ネット社会の特性を改めて確認したい。

①発信した情報は回収できない（覆水盆に返らず）

②匿名性はあるものの必ず情報の発信元は特定される

③ネット上では、知識（情報データ）は伝達できるが、「気持ち」を伝えることは困難

（小山茂喜）

With ／ After コロナとOODAループ

　従来にはなかった新型コロナウイルス感染症の感染拡大等の危機的状況に対して、指導主事には危機管理を踏まえた対応が求められる。学校への関わりとして、現状把握の要請と対応の指示等を行政の危機対応方針と関連づけて指導する必要がある。

　図1は新型コロナ対応における学校の困り感について、A県の小学校や中学校、高等学校、特別支援学校を対象に調査した結果である（鈴木他2021）。各校ではICTへの対応や、感染対策による教員の負担増、授業での活動制限等、普段の教育活動が実施できない状況による困り感が多くみられた。

📺 危機管理対応の在り方

　危機対応のマネジメントとして、危機を防ぐためのリスクマネジメントと危機発生への対応としてのクライシスマネジメント、そして通常の状況に戻すためのフォローマネジメントがある。

　リスクマネジメントとは、教育活動における危機の発生を防ぐための取組である。指導主事の対応としては、地域の危機発生の可能性の検

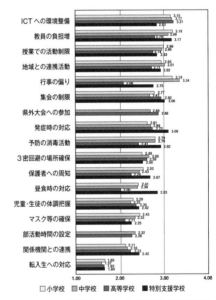

図1　コロナ禍対応における学校の困り感

[文献]・入江仁之『OODAループ思考［入門］』、ダイヤモンド社、2019
・鈴木久米男他「新型コロナウイルス感染症の影響下における小学校、中学校、高等学

討、各学校の危機管理マニュアル作成の基本方針決定、さらに危機管理マニュアルを用いた訓練等の実施状況を確認することがある。これらは、状況把握や計画等の策定が主でありR-PDCAによる実践となる。

次に、危機発生時の対応としてのクライシスマネジメントにおいては、これまでのR-PDCAによる対応の限界、すなわち危機発生における対応の迅速性に課題があるとされる。そこで活用されるのが、OODA（ウーダ）ループである。OODAループについては、次項で検討する。

さらに、危機が収束し、日常の教育活動に戻すための取組がフォローマネジメントである。状況に応じて、緊急性を要する場合はOODAループによる対応であったり、中・長期的な対応が必要である場合はR-PDCAであったりと、必要に応じて使い分けることが求められる。

OODAループの実践

日々感染状況が深刻化していった新型コロナウイルス感染症対応のような緊急性を要する状況では、OODAループがより効果的である（入江2019）。OODAループとは**図2**に示したように、O（Observe）：実態把握により、状況等を把握する。次にO（Orient）：状況判断によりどのように対応すべきかを判断する。さらにD（Decide）：方針決定により対応の手立てを決定する。そしてA（Act）：実践では具体的に行動し、次の実態把握につなげる。加えてOODAループの特色として、**図2**のように状況判断から実践へ、また方針決定から実態把握へのショートカットが可能である。方針決定が必須ではなく実践事項が自明なときや実践の必要がないとした場合は、短絡が起こる。

以上のように指導主事は、被災状況に応じた危機管理としてのR-PDCAやOODAループを踏まえた計画的そして即応的な対応が求められる。

図2　学校におけるOODAループ

（鈴木久米男）

校及び特別支援学校の現状と課題」『岩手大学教育学部　附属教育実践・学校安全学研究開発センター研究紀要』1、29-44、2021

➡ 238頁から続く

📝 授業づくりを支える

　指導主事を務めた5年間、私は中学校国語科の授業をよく参観しました。多くの研修会に参加するうちに気づいたのは、自分の授業を変えたいと願っている教員は予想以上に多いということでした。そういう教員は、何らかの手がかりをほしがっています。指導主事としてこのような教員への支援ができればどれほどうれしいことでしょう。

　そのためには、1度きりの訪問ではなかなか難しいものです。しかし、指導主事はできるだけ多くの学校に片寄りなく行くことを求められます。ただ、私は単発の指導だけでなく、継続的な指導にも力を入れるようにしました。

📝 現場の教員に寄り添う

　忘れられない国語科教員との出会いがあります。彼女は、30代後半の中堅の教員でした。若い頃は、それなりに楽しい授業ができていたけれど、最近は生徒が自発的に活動する授業ができなくなり、生徒との距離が広がってきたと言われるのです。

　私は、さっそく授業を参観させていただきました。確かに、彼女はよい発問をしていました。ただ、それに何人かの生徒が答えると、すぐに次の発問へと移るのです。生徒の自発的な活動を望みながら、待っていられない彼女の現実と悩みが手に取るように伝わりました。

　それは、過去に参観した多くの授業にも共通した課題でした。教員が、何をどう読ませるかという「教えたいこと」に縛られてしまっているのです。何かを教えないと授業をした気持ちになれない教員の性（さが）がこうさせてしまうのかもしれません。

　彼女は、早く自分の望む読みを引き出したいと焦るあまり、生徒の発言や読みが見えなくなっていました。しかし、引き出せなかった生徒の発言には、きっとすばらしい発見や読みが隠されているはずです。

　私が彼女に言ったのは、「結果を急がず、とにかく生徒から生まれてくるものを待つ」ということだけでした。数回の訪問のなかで、彼女は生徒の考えを待ち続けました。そのおかげで私たちは何物にも代えがたい、生徒の発見や読みに出会うことができました。これは、彼女の大きな自信につながりました。また、それは教員に寄り添いながら授業づくりを支えるという私の指導主事としての使命に気づいた瞬間でもありました。

13章
研修手法を
身につける

── 学ぶ教師、学ぶ集団をつくる

校内研修・OJTによる職能開発

学習指導に関する事務

　年度末に突然辞令を言い渡され、心の準備（覚悟）ができていないまま教育行政職に就く。学校訪問 **≫ P140** や議会答弁 **≫ P120** の資料作成など、いままで経験したことのない別世界に組み込まれ、目を丸くする着任当初。何より、無機質な空間の中で児童生徒の声が聞こえない現実を辛く感じる指導主事も少なくないはずである。しかし、学級から学年・学校、さらに自治体と、同心円的拡大に視野を広げ、児童生徒のために教育施策や事業等を担うことができる指導主事の仕事はこの上なく尊い。

　指導主事の最も重要な仕事は、「学習指導」に関する事務に従事することである。地教行法18条４項では「指導主事は、教育に関し識見を有し、かつ、学校における教育課程、学習指導その他学校教育に関する専門的事項について教養と経験がある者でなければならない」とされており、指導主事に任用されるということは、その教科に並々ならぬ力量を持ちあわせているということになる。所管公立学校における教師の資質・能力向上のため、学習指導に関する実効性のある校内研修をどのように推進していけばいいのだろうか。

共同研究型の授業提案（授業前）

　各学校では、年に数度、授業研究を中心とした校内研修が行われ

る。指導主事は学校からの要請を受けて、事前に送られた指導案を
チェックし、授業参観後、指導・助言を行う。

　指導主事の留意すべき点は、事前のやりとりなしでいきなり授業
参観し、教育評論家然として授業をバッサリと切るような指導をし
ないことである。一般的に研究授業者のなり手は若手教師が多い。授
業者は何ヵ月も前から緊張を膨らませており、このような指導を受
けると気持ちが落ち込み意欲が低下してしまう。多忙により限界は
あるのだろうが、可能な限り授業づくりから寄り添い、そのプロセ
スにおいて指導・助言し、できた指導案（仮説）を共同で提案すると
いった共同研究型の授業提案が授業者の安心感・信頼感を得て職能
開発につながる。指導主事の役割には、若手教師へのメンタリング
も含んでいるのである。そのためには研究授業の設計から支援して
いくことが重要であり、いわば指導主事から支援主事への意識と行
動変革が求められる。

📖 授業の常識化への疑問（授業中）

　指導主事は授業参観のなかで、これまで普通に行われてきた指導
方法に見られる授業の常識化に疑問を呈し、一人一人の児童生徒の
リフレクション　▶ P274　につなげるように見直しを図ることも重要
である。

　たとえば、よく観られる「挙手した児童生徒を指名してつなげる
授業」について、わからない児童生徒を基軸に授業を進めることが
難しいため、わかる児童生徒の正しい反応をつなぎあわせる授業を
行うことになる。スムーズに授業が流れるため、教師は全員がわか
ったという錯覚を起こしかねない。しかし、手の挙がらない児童生
徒こそ基軸にすべきで、そのように意図すると当然授業はスムーズ
に流れない。"たどたどしい授業"になることもあるが、たどたどし

くとも、事実として児童生徒が成長し変容している場面があれば、そこを見極め、その成果を指摘し、価値を見いだしてあげるのである。

　また、アクティブ・ラーニングの積極的な導入からグループ協議を行う授業場面でも授業の常識化への疑問が生じることがある。たとえば、わかる児童生徒がわからない児童生徒に教える場面がよく観られるが、風景的には学びが深まり、協働的な学習作業がなされているように観える。

　しかし、そのグループ学習の中身を丁寧に聞いていると、実際のところ、できる児童生徒が一方的に教え込んでいるだけ、聴き側の児童生徒は教え込まれているだけという、まったく学びが深まっていないということが起こっているのかもしれない。授業を風景として観ていくのではなく、本質に切り込みながら児童生徒の細部の学びに変容が観られる授業になるようアドバイスすることである。

研究協議会での分析（授業後）

　指導主事が校内研修で最も力量を発揮するところは、授業後の研究協議会である。まず、はじめに学習指導要領の内容や最新の教育方法等について要点を共有し、それを踏まえて、授業改善の道筋をつける。

　重要なポイントは、授業の雰囲気に言及するといった「授業の風景化」、スムーズにいったかどうかという「授業の流し方」ではない。その場に居合わせた者だけが述べられる事実、すなわち、①「ねらいを達成した児童生徒はどのような児童生徒か。それはどこで達成したか」、②「どこで深い思考が行われたか。そのきっかけとなる発問はなにか」、③「どのような児童生徒が達成できなかったのだろうか。なぜ深く学べなかったのだろうか」、④「どのようにすれば改善することができるのだろうか」という深い分析が重要となる。その

ために①～④に対応した具体的なねらいでなくてはならない。

　すなわち、上述した「共同提案型の授業研究（授業前）」での授業設計上で、協議できるようなピンポイント化したねらいを構築する必要がある。たとえば、国語科の物語文でよく見られる「登場人物の心情の変化を読み取る」というねらいでは、協議が拡散し深まらなくなってしまう。これを「導入での人物設定が山場で伏線として生きることに気づかせる」というねらいに置き換えると、授業者・参観者ともにその点について授業参観し、協議会でも集中して話し合うことができる。

参観者も授業者と同等の研修成果を

　校内研修では、参観者もまた授業者と同等の研修成果が得られるようにしたい。時間的制約がある研究協議では、上述したようにねらいを絞り、この点にのみ集中して協議すれば、参観者も授業が「自分事」になる。そのために、前述した①～④の視点を授業前に提示し、その視点で授業参観し、協議会で小グループに分かれ十分に協議してもらうことである。授業を風景として参観していると気づくことができない微妙なおもむき"授業の機微"を、視点を提供することによって、参観者を傍観者から授業当事者へと変容に導く。

　有意義な研究協議になるためのポイントは、「A：自由闊達な論議ができる少人数グループ討議」、「B：率直に意見交換できる開放性」、「C：研究の進展が実感できる進捗性」、「D：指導案は台本ではなく仮説であるという視点」の４点である。とりわけ、Dの視点は、台本通りに進むことを目的とし、教師側の意図した回答に辿り着くまで「はい、その他に？」を繰り返す教師の意識改革となる。指導案からずれて違う方向へ進むことも、また、仮説検証なのである。

（青木　一）

［参考文献］
・阿部昇「トップレベルの学力を支える大きな柱は質の高い探究型授業と教師の共同研究」『総合教育技術』2018年11月号、小学館

指導主事として身につけておきたい
コーチングスキル

答えは相手の中にある

　コーチングとは、相手の話を傾聴・承認し、適切な質問を投げか
け、相手の内側にある答えや可能性を引き出す手法である。日本で
は、企業での人材育成の手法として注目され始め、現在では、教育
業界でも活用されている。当初、コーチングはティーチングと混同
されたり、二項対立的にとらえられたりした。とくに、教育は「テ
ィーチング＝教えること」と解釈され、教師や指導者は「教える」こ
とが責務だととらえていた。そもそも「education ＝教育」の語源は
「educe ＝（才能・能力などを）引き出す」ことである。コーチングは
「人は無限の可能性を秘めていて、答えは相手の中にある」という考
えが前提になるが、ティーチングは「相手には知識や能力がない」
という考えが前提となりやすい。指導主事として、教員に向き合う
とき、どちらのスタンスが必要か。相手の経験年数や成長段階を見
極め、ティーチングとコーチングのバランスを柔軟に変化させ対応
することも、これからの指導主事に必要な資質となる。

コーチングに必要なコミュニケーションスキル

　コーチングには「傾聴・承認・質問」を柱としたコミュニケーショ
ンスキルが必要となる。「傾聴」は話の内容を理解するのではなく、
そのまま受けとめること。「承認」は褒めるのではなく、ありのまま

を認めること。「質問」は相手に考えさせよう、気づかせようとするのではなく、興味・関心を持つことである。

　目の前にいる人は、それぞれ違う考え方、異なる経験をしてきたひとりの教師・児童生徒である。相手に興味を持ち、いま、あなたにとって何が問題なのか、自分はどうしたいのかといった「質問」をもとに、「傾聴」「承認」を繰り返すことで、相手自身に問題意識が生まれ、主体的に思考し、解決する力が身についていく。

コーチングの実践「あなたはどうしたいのか」

　指導主事として、教員のやる気と能力を引き出し、成長や目標達成を支援するスキルを身につけておきたい。まずは、相手の話を「聴く」。発言内容が「正しいのかどうか」「よいか、悪いか」といった判断・評価を一旦脇に置いて、集中して「傾聴」する。沈黙を大切にする。沈黙は、相手が思考し、感情と向き合う時間ととらえる。相手にとって「安心・安全の場」が創り出せているか。位置取り、呼吸を合わせる、オウム返しといった工夫が必要となる。「質問」は相手に興味を持ってかかわる姿勢が重要となる。「なぜ」ではなく「何」を活用する。「なぜできないの」を「できない原因は何」と変換すると、攻撃性が弱まり、自分の内面に向き合うことにつながる。そして、「あなたはどうしたいのか」という問いかけがコーチングの肝となる質問である。

　相手に新たな気づきが生まれたところで「Ｉメッセージ」を伝える。「Ｙｏｕメッセージ」は主語が相手で、判断・評価などを伝える言葉、「Ｉメッセージ」は主語が自分で、「あなたと話せてうれしい」といった自分の感情をそのまま伝える。最後に「いい顔しているよ」「目力が強くなったよ」と感じたままの「フィードバック」を伝えて、背中を押す。この「フィードバック」こそ、究極の「存在承認」となる。**（藤村祐子）**

ファシリテーション

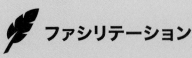 指導主事として身につけておきたいファシリテーションの理論・実践

　ファシリテーションとは、「促進する」「容易にする」という意味である。もう少し砕けた感じで言えば、何かを「しやすくする」ということと考えてもよい。

　ファシリテーションと言えば、ビジネスの世界では主に会議の進行スキルのことを指す。会議の参加者が、意見を「言いやすく」なったり、議題に対して問題解決を「図りやすく」なったりすることが、ビジネスの成果を生み出す。そのような組織開発を担う手法として、ファシリテーションに注目が集まっている。

　そして、ファシリテーションを進める人、つまり何かを「しやすくする人」をファシリテーターと呼ぶ。ビジネスの会議においては、もっぱら司会者役のことをファシリテーターと呼ぶことが多い。

　さて、このファシリテーションを「学校」の文脈に、ファシリテーターを「教師」に置き換えてみよう。

　学校では現在、「主体的・対話的で深い学び」による授業改善が進行中である。いわゆる知識注入型のチョーク＆トークで進行する授業では「主体的・対話的で深い学び」の実現は難しい。

　たとえば、子どもたちが「問い」を立て、その「問い」の解決に向けて子どもたちが調べまとめる作業を行っていくような授業づくりは、「主体的・対話的で深い学び」の実現につながっていくだろう。そ

のような授業づくりへの転換にあたって、教師は従来的な「指導者」から「ファシリテーター」に軸足を移すことが必要である。子どもたちが意見を「言いやすく」なったり、課題に対して問題解決を「図りやすく」なったりできるようにするために、教師が子どもたちの学びを支援するという立場になることへの転換である。

　つまり、教師がファシリテーターとなり、「学びのサポート役」になることが、「主体的・対話的で深い学び」の授業改善へのアプローチのひとつになる可能性がある。

　ファシリテーションの技法は、授業での指導の工夫にも応用することができる。たとえば、ファシリテーションでは全員で考えるに値する「問い」を設定する技法があるが、これは授業での「発問」と同じである。また、参加者の意見を可視化していく「グラフィック・ファシリテーション」の技法は、「板書」の書き方等の参考になる。

　指導主事は、授業観察時の指導・助言の際に、授業者のファシリテーター的な要素に着目するとよいだろう。この視点は「主体的・対話的で深い学び」につながる指導・助言となる。

　また、指導主事が行う指導・助言そのものをファシリテーション化することも考えるとよい。教員に対して、一方的な指導・助言を行うのではなく、ファシリテーター的な指導・助言をするのである。つまり、指導を受ける側の教員が「思考しやすく」「判断しやすく」「表現しやすく」なるための工夫をするということである。

　ファシリテーションの技法を用いて、たとえば「どうしたらもっと子どもたちの学習が進むと思いますか？」という「問い」を指導・助言の中に設けたり、あるいは教員の発言を「グラフィック・ファシリテーション」で可視化したりすることで、教員自らが気づくことができるようにしていくなどの工夫が考えられる。

（増田謙太郎）

リフレクションの意義と指導観の転換

リフレクションとは

　リフレクションとは、自分の活動や経験を「振り返る」ことにより、学習活動を通して「わかったこと」や「わからなかったこと」、さらに「学びを深めていきたいこと」など、自らの学習の在り方を調整しながら学ぶ自己調整学習を可能にする活動である。

　小学校・中学校・高等学校学習指導要領総則では、「児童（生徒）が学習の見通しを立てたり学習したことを振り返ったりする活動を、計画的に取り入れるように工夫すること」とし、単元や授業の目標・ねらいを明確にすることと併せて、学習活動に計画的な振り返りを求めている。現在、学校教育に求められている「主体的・対話的で深い学びの視点に基づく授業改善」を図っていく上で、学習活動へのリフレクション（振り返り）の導入は、個別最適な学びを実現するためにも必須の取組となると言えよう。

リフレクションを可能にするための指導観の転換

　学習活動におけるリフレクション（振り返り）は、1単位時間の授業や各教科等における単元（題材）の指導計画の中で、意図的・計画的に位置づけていくことが重要である。たとえば、毎時間の授業においては、終末段階としての「まとめ」の後に、5分間程度の時間を設定したり、単元（題材）の指導計画の終盤でボリューム感のある時

間を設定したりするなどして、学習活動を「振り返る」ことが考えられる。

　学習活動の中に、こうしたリフレクション（振り返り）の時間を設定することは、これまで、授業が終わる1分・1秒前まで教師が熱弁をふるい、学習内容を教え込んできた授業スタイルや指導観を転換し、学習者である児童生徒の目線に立った指導観を実現する取組となる。また、児童生徒が単元（題材）の指導計画の中でのリフレクション（振り返り）を行うことにより、教師は「まとまりのある学習活動」に対する学習評価を行うことができるようになる。こうした児童生徒が行うリフレクションは、学習者である児童生徒にとっても、指導者である教師にとってもきわめて有益な取組であると言えよう。

リフレクションを推進するための指導・助言

　学校等での指導・助言では、校長をはじめとするすべての教師に対して、学習活動にリフレクション（振り返り）を導入することの必要性や有効性を理解させることが重要である。また、すべての教師がそれぞれの授業の中で、児童生徒にリフレクション（振り返り）の必要性や有効性について説明できるように指導していくことが必要となる。

　教師の中にも、児童生徒の中にも、このような新たな活動に対して否定的な考えや面倒な取組であるという意識を抱く者がいるが、大切なことは、教師も児童生徒もリフレクション（振り返り）の必要性や有効性を理解していないと、その取組が効果的な活動として機能しないということである。理論だけの説明ではなく、文部科学省の見解やエビデンスを交えたわかりやすい説明を通した指導・助言を行っていくことが重要である。　　　　　　　　　　　　**（伊東　哲）**

ワークショップ型教員研修のデザイン

指導主事が実践するワークショップ型教員研修の意義

　ワークショップとは、本来「工場」「作業場」を意味する言葉であるが、最近では「主体的に参加したメンバーが協働体験を通じて創造と学びを生み出す場」ととらえられ、教育業界にも定着している。

　教育委員会主催の研修は、指導主事による講話や研究授業等への指導・助言が多い。受講者のニーズより主催者の意図が優先されがちで、受け身の受講となりやすい。ワークショップを取り入れることで、研修に乗り気でなかった教員が、前向きに取り組んだり、新しい手法を学べたりして効果的であるという報告もあり、受講者が、自分の教育実践に活かせる実質的な研修にすることが可能となる。

　実際、ワークショップ型研修を実践するとなれば、指導主事がプログラムをデザインし、自らがファシリテーター ▶ P272 となって研修を進めることになり、適切な研修プログラムをデザインするスキルが必要となる。

ワークショップ型研修のデザイン

　研修プログラムをデザインする際、どのプログラムを選択するか、組み合わせるか、「やり方」ばかりに目がいってしまうことがある。私が一番大切にしていることは、「誰のための、何のための研修か」ということである。5W1Hで考えてみるとわかりやすい。

　まず、一番にWhy「なぜ研修をするのか」というねらいや目的を考える。研修を実施する意義や理由を関係者全員で協議し、共有する。次は、Who「誰が対象か」。事前に参加者の属性や動機などを把握することもプログラムのデザインに必要となる。続いて、What「何をめざすのか」といったゴール（目標、成果物）を考える。参加者に、どこにたどり着いてほしいのか、何を伝えたいのか、指導主事としての願いを設定し、参加者、運営者、研修に関わる全員でゴールを共有することが重要となる。その後、When「いつ」、Where「どこで」、How「どのように」研修をするのか、まとめて検討する。

　研修プログラムは、以下の①〜⑤の流れを基本にデザインする。【　】内には180分の研修の場合に要する時間の目安を示している。

　①チェックイン、アイスブレイク【20分】　自己紹介を兼ねて、いまの気持ちを分かち合うワークを入れる。その際、設定した５Ｗ１Ｈやグラウンドルールを伝える。グラウンドルールを全体で共有し、「安心・安全な場づくり」がプログラムの進行に大変重要となる。

　②レクチャー・講義（インプット）【30分】　講義や資料を通して新しい情報を収集し、参加者同士の対話を通して知識化する。ここで、参加者の当事者意識を引き出し、次のワークにつなげる。

　③ワーク（協働・創造活動）【90分※適宜、休憩を入れる】　ゴールに向けた創作活動を取り入れる。ワークは想定以上に時間を要する。ワークの数や内容、全体共有の時間等、余裕をもって設定する。

　④リフレクション【20分】　内省と対話を通じて、参加者自らが、何を学んだか、学んだことをどこで活用できるか、振り返る。

　⑤チェックアウト（アウトプット）【10分】　チェックインの際のいまの気持ちが、どのように変容したか分かち合う。

　研修はやりっぱなしにしない。アンケート等のフィードバックを受け、ファシリテーターとしての振り返りが重要となる。**（藤村祐子）**

ワークショップで拡げる
学びの実践コミュニティ

持続可能なコミュニティづくりを意識した研修の在り方

　研修の場は単なるきっかけにすぎず、現場での実践を通して、研修で学んだ知識やスキルが自分のものとなる。受講者が学び続けることの大切さに気づいたり、学びたいものを見いだしたりできる研修を企画し、教員が自ら学び続けられるよう支援することが指導主事としての役割となる。そして、受講者が研修で学んだことを現場での実践につなげられてこそ、研修の成果だと考える。

　しかし、研修後に受講者と直接的にかかわることが難しいのが現状である。だからこそ、指導主事として何かしらの影響を与えるためにできることを考える必要がある。そして、時代の変化に対応できるような持続可能な学びのシステムを構築していくことが重要となる。企画する研修は単発で終わることがないよう、実践報告研修、スキルアップ研修などまで見通して設定できるとよい。研修内容の関連図書や外部の研修を紹介したり、次回に向けた課題を与えたり、研修後、どのように取り組めばよいか、受講者の具体的な実践につながる工夫をすることで、研修のさらなる効果が期待できる。

　また、研修という公の場を設定するのが難しいならば、実践報告などの対話の場を設けたり、メールやSNS等を活用した情報交換できるシステムをつくったりしておくとよいだろう。受講者同士のつながり、学校の壁を超えた仲間づくりができる環境を整えることが

重要となる。研修という場をきっかけにした、新しいコミュニティづくりをフォローしていくことも指導主事の大切な役割となる。

実践コミュニティとは

　実践コミュニティとは、「あるテーマに関する関心や問題、熱意などを共有し、その分野の知識や技能を、持続的な相互交流を通じて深めていく人々の集団のこと」(『コミュニティ・オブ・プラクティス』エティエンヌ・ウェンガー) である。欧米企業で、知識や情報そのものを管理するには限界があり、知識を維持・向上させるためには人と人とをつなぐことが重要だと認識して導入された。実践コミュニティには「領域」「コミュニティ」「実践」という３つの条件がある。「領域」とは熱意をもって取り組む専門分野のこと、「コミュニティ」とは人が同じ関心や熱心さでつながれる場のこと、「実践」とはかかわり合いの中でなされる活動のことである。

　この集団ではコーディネーターの役割が重要で、メンバー間の信頼関係を築き、仲間意識とともに共通の関心や必要性に対する認識を高め、さらにメンバーが公的な研修でも私的な交流でも人脈をつくることが求められる。この概念は、様々な団体・グループの組織の発展と構成員の学び合いに役立つと注目されている。

　実践コミュニティの「領域」を教育とした文脈で考えてみると、指導主事がコーディネーターとなって、教員が興味・関心をもって主体的に参加したくなるテーマ・内容の研修を企画する。この研修に参加した受講者同士の仲間づくりを支援し、研修で学んだことをそれぞれが現場で実践することを通して、組織の壁を超え、自発的につながり拡がる実践コミュニティを創出することが期待される。

　この実践コミュニティは、決まった形態はなく、前例にとらわれず、よりよい型にアップデートし続けていけるとよいだろう。

ワークショップを活用した実践コミュニティの創出

実践コミュニティのスタートの場となる研修に、ワークショップ ▶▶ P276 を活用することで実践コミュニティの創出に効果的な影響を与えられる。しかし、単にワークショップ型研修に参加した集団を実践コミュニティととらえるわけではない。行政の研修は、基本的に1日ないしは半日のプログラムで、参加者が毎回異なることが多く、持続的な相互交流が起きないと考えられるからである。

実践コミュニティの「実践」とは、人々が協働的に何かを創る、想像する、活動することである。まさに、ワークショップの「協働体験を通じて、創りながら学ぶ」といった特徴とぴったりあてはまる。ワークショップにおけるコミュニケーションの方法等を共有することで、受講者は共通の言語、手法、基準などを持つようになり、自分の実践に活かしやすくなる。また、自分の実践をもとに、受講者同士で情報共有を目的として、自発的につながり実践コミュニティを形成していく。同じデザインのワークショップ型研修を何回も開催すると、研修テーマや手法に興味・関心を持つ参加者はリピーターになり、ボランティアとして運営側で参加したり、違う場所で、同様のワークショップを開催したりすることにつながり、ゆるやかに実践コミュニティが形成されたととらえることができる。

指導主事としてはワークショップ型研修を活用し、受講者同士が実践を共有し、さらに発展させるための公的、もしくは私的な場を提供することで、持続可能な実践コミュニティ創出につなげたい。

ワークショップ型授業研究のススメ

授業研究は、日本の小・中学校において学校文化として根づいており、世界でも日本の教師の授業力が高い要因として紹介されている。高等学校においては浸透しているとは言いがたいが、この授業

研究をワークショップ型に変換していくことで、授業研究を領域とした実践コミュニティが形成できると考える。

　授業研究は、①教材検討、②学習指導案検討、③研究授業、④事後協議（省察）といった流れが一般的である。従来の研修だと、研究授業当日に参加し授業を参観、事後協議で感想を言い合うだけで、授業者のみの学びで終わってしまうことも少なくない。

　しかし、ワークショップ型授業研究では、「どんな授業をつくりたいのか」「児童生徒にどのような力をつけたいのか」という指導主事から授業者への「問い」を出発点として、研究授業の目標・テーマを設定する。研究授業に興味・関心を持つ教員が、学校を超えて、時には校種を超えて集まり、①教材検討から関わり、指導案作成に向けて議論し合う。指導主事は新たな課題や視点を拾いあげ、次回までの見通しを立て、学習指導案の検討会へつなげる。②学習指導案検討会では、授業者や参加者の変容を見とりながら問いを投げかけ、検討会の場をファシリテートする。③研究授業では参加者は授業前に授業者の目標や意図を把握し授業を参観する。教師の問いかけや働きかけだけでなく、児童生徒の思考の流れを記録する。④事後協議では授業の感想を述べ合うだけでなく、児童生徒の思考をエビデンスとして、教材、問いや課題、発問を振り返って再検討していく。こういった議論を通して、授業者だけでなく、参加者自身も育っていく。そして、参加者全員がそれぞれの今後の実践につなげる。

　指導主事を中心に、このワークショップ型授業研究のサイクルを繰り返すことで、参加した教員がそれぞれ新しい仲間を集め、授業研究を実践することが可能となり、実践コミュニティが拡がっていく。授業づくりを楽しみながら、仲間とともに成長できる。理想的で、かつ持続可能な実践コミュニティの創出となる。

（**藤村祐子**）

ポジティブ・アプローチによる研修の実践

📺 研修手法の開発に向けて

　私が研修指導主事として総合教育センターに従事していた4年間で、上司より勧められた研修の機会はたったの1回である。独立行政法人教職員支援機構が実施している「カリキュラム・マネジメント指導者養成研修」であった。5日間の研修で、大変有意義な内容ではあったが、ここでの学びを生かす機会も少なく、スキルアップの研修機会の見通しも持てなかった。そこで、私は、民間団体が実施するコーチング、ファシリテーションなどのセミナーを自分で探し、自費で参加し、新しい知見や仲間との出会いを求めて、精力的に活動した。民間企業、NPO団体が主催する研修や多様な参加者との対話を通しての学びが、いままでにない視点に気づけたり、教育の価値を実感できたりと今後につながる貴重な経験となった。そして、自分自身の学びを、日常の業務において、どこで活用できるのか、どのようにすれば、現場の先生方に伝え、拡げられるのか、探究し続ける毎日であった。

　数多く参加した研修のなかで、企業で導入されている組織開発・人材育成の手法は、大変参考になり、その一つであるポジティブ・アプローチを取り入れたワークショップを紹介したい。

📺 ギャップ・アプローチからポジティブ・アプローチへ

　研修の場で、指導主事から「あなたの課題は何ですか」「なぜうまくいかないと思いますか」と問いかけられた記憶がある。従来は、組織や個人の課題や弱み、問題点に注目し、それを解決する問題解決的なアプローチ（ギャップ・アプローチ）を取り入れ、原因を分析し、解決方法を検討する研修形態が主流であった。ギャップ・アプローチは、うまくいか

ない現実に目を向ける必要があり、目標達成に向けてやらなければならないと「やらされ感」を感じやすい。ギャップ・アプローチは、外部環境の変化のスピードが遅く、求められるものが想定内である時代には効果的であったが、いま、時代の変化が激しく、予測不可能

④明日からできるアクションはなにか？ 具体的に、書き出そう！	①どうありたいか？ 目標を達成すると児童生徒にとって、どんないいことがあるか？	
（中央）教科を通して育てたい児童生徒の姿		現時点の到達度（%）
③目標達成に向けて、さらにできることはなにか？ ○成功の場合→続けよう ×失敗の場合→やり方を見直そう ☆未着手→やってみるしかない	②いまどんな取り組みをしているか？ いままでどんなことをやってきた？	

図　ポジティブ・アプローチの例

な時代、さらには、学校や教育委員会に求められることも多種多様になってきている。学校として、教員として、最適解・納得解を見いだしてアクションを導くためには、ポジティブ・アプローチをお勧めしたい。

　ポジティブ・アプローチとは、組織やメンバーの価値や強み、可能性などのポジティブな面に注目し、組織のパフォーマンスを高める方法である。メンバーでの対話を通して、「ありたい姿」を共有化するというプロセスを取ることで、共通の目的意識や方向性を合わせることができる。肯定的な雰囲気を醸成し、メンバーの当事者意識を引き出し、新しいアイデアや戦略、解決策を生み出す手法である。

　ワークショップでは、最初に「そもそも、教科を学ぶのは何のためか」や「教員としてどうありたいか」といった本質的な問いを設定している。本質的な問いは、忙しい日々のなか、考える機会がほぼない教員にとって、自分の価値や教育の可能性を再確認することにつながる。それをメンバーで共有することで、共通の目的意識や当事者意識を引き出しやすく、前向きに取り組める。そこから、**図**のように、①〜④の順に、問いかけていくことで、自分にできること、具体的なアクションを組織の最適解として導くことが可能となる。

　ワークショップ型研修を実施する際、テーマが何であっても、ポジティブ・アプローチの手法をもとに、研修プログラムをデザインしている。そして、私が一番大切にしていることは、研修を通して学び得た「場をつくり、場を守り、場の力を信じ、場に委ねる」といったファシリテーターとしての在り方である。　　　　　　　　**（藤村祐子）**

指導主事必読の総合研修誌
月刊『教職研修』ご購読のススメ

『教職研修』の特徴

☑ 最新の教育施策を学校目線で解説
☑ 不易と流行の学校の対応課題を解明
☑ 管理職の資質を高める特集と連載
☑ 全国の学校や管理職の実践も充実

Society5.0時代の到来、そしてVUCA時代に向け、学校は大きな節目を迎えようとしています。学校と教育委員会をつなぎ、学校教育を支え、教職員を育成する指導主事にとって最新の教育事情を押さえることは不可欠です。月刊『教職研修』では、現場を知りつくした管理職や各分野で第一線に立つ専門家が最新教育情報等をわかりやすく解説。あなたの指導主事としての職務実践を力強くサポートします。ぜひ、この機会にご購読を始めてみませんか。

特典① 年間購読料が **1ヵ月分無料**に

年間購読料 ~~13,200円~~ ➡ **特価 12,100円**

※特価は小社への直接注文に限ります。書店では特価になりません。

特典② 『教職研修』**電子版を無料**で読める

特典③ **送料無料**で毎月ご指定の場所にお届け

特典④ 好評図書を特価（**最大25%引**）で定期的にご案内

特典⑤ 教育管理職研修会に**割引価格で参加**できる

特典⑥ 教職研修オンラインセミナーに**無料で参加**できる

特典⑦ HPで**管理職選考の過去問が閲覧**できる

※『教職研修』の定期購読は自動更新となっています。中止の場合はお手続きが必要となります。

※価格は予告なく変更される場合がございます。最新情報は小社HPでご確認ください。

教育開発研究所 〒113-0033 東京都文京区本郷2-15-13

TEL：03-3815-7041 無料FAX：0120-462-488

オンラインショップ： 教育開発研究所 検索

14章
連携・調整する

——多機関・多職種間の連携

働き方改革の促進

教員の長時間勤務の弊害

　東京都教育委員会が2017（平成29）年に行った調査では、週当たりの在校時間が60時間を超える、いわゆる「過労死ライン」相当にある教員が小学校で37.4％、中学校で68.2％存在していた。こうした長時間勤務は子どもたちの学びを支える教員の心身の健康に影響を及ぼすとともに、日々の教育活動の質にも係わる重大な問題となっている。また、教員の勤務実態が明らかになるにつれ、「教育現場はブラック職場」とのイメージが広まり、教育学部の志願者減少、教員採用試験の受験者減少につながっているとの見方も一部にある。

　そもそも、公立学校教員の勤務時間は条例で1日当たり7時間45分と定められており、給特法（政令）では、①生徒の実習に関する業務、②学校行事に関する業務、③職員会議に関する業務、④非常災害の場合、児童生徒の指導に関し緊急の措置を必要とする場合（超勤4項目）以外には、原則教員には時間外勤務を命じないこととされている。しかしながら、必ずしも超勤4項目に該当しない時間外勤務が常態化しているのが実態である。

国や自治体による「学校の働き方改革」の取組

　看過できない深刻な状況にある教員の長時間勤務の改善に早急に取り組み、学校教育の質の維持向上を図ることが必要である。

　国は2018（平成30）年１月、学校における働き方改革の総合的な方策の一環として、勤務時間の上限に関するガイドラインを各教育委員会に通知し、原則月45時間、年間360時間を教育職員の時間外在校等時間の上限の目安として示した。さらに、翌年12月に給特法を改正し、ガイドラインを法的根拠のある指針＊に格上げするとともに、「１年単位の変形労働時間制」を条例で選択的に活用できるようにした。

　東京都においても、学校職員の勤務時間等に関する条例の施行規則に上記時間等を規定するとともに、その実現に向けて様々な取組を行っている。具体的には、学校閉庁日の設定、部活動指導員の配置や教員の授業準備をサポートするスタッフの導入、副校長を補佐する非常勤職員の配置などである。

指導主事として「学校の働き方改革」を支える

　上記指針では、教育委員会が所管する学校の取組状況を踏まえ、在校等時間の長時間化を防ぐための業務の分担の見直しや適正化、必要な環境整備等の取組を実施すること、とされている。

　指導主事として、所管の学校の管理職と連携し、教員の勤務実態を正確に把握するとともに、長時間勤務の改善に向けた教員の意識改革と職場風土の醸成に努め、各教育委員会の取組を有効に機能させる必要がある。そのためには、ICTを活用した校務改善、「チーム学校」としての体制の整備や小学校における教科担任制の導入など、学校の働き方改革に有効な手立てを好事例とともに学校に提示していくことも大切である。また、教育委員会として各種の事業を計画する際には、学校の働き方改革にどのような影響を及ぼすか考慮する必要がある。

（増田正弘）

＊　公立学校の教育職員の業務量の適切な管理その他教育職員の服務を監督する教育委員会が教育職員の健康及び福祉の確保を図るために講ずべき措置に関する指針（文部科学省）

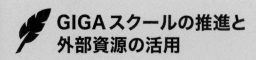

GIGAスクールの推進と外部資源の活用

GIGAスクール構想推進に向けて

　教育の情報化は、教育実践の充実を目的に実践研究を進めていくうちに「こんな環境が必要だ」と端末（含ソフト）や通信環境といったハード面の充実に研究者も実践者も目が向きがちであった。指導主事も同様にハード面の整備に業務意識が向いていたと言える。

　そのため、アナログ的な授業改善という経験知では、デジタル的なICT活用による授業改善に教職員が一歩踏み出すためのスイッチングコスト*が高く、教育の情報化が遅々として進まなかった。ICT活用は一部の教員が積極的に実践しているのみで、学校全体での取組にはなかなか発展しなかったというのが実際であった。

　しかし、コロナ禍によりGIGAスクール構想が前倒しとなり「児童生徒向けの1人1台端末の導入」と「高速大容量通信ネットワークの整備」が進んだ。これまでハード面での整備に意識が向きがちであった指導主事は、ICTを活用した「個別最適化された創造性を育む教育の実現」というソフト面に意識を向けなければならない。

　デジタル世代の子どもたちは自ら操作方法等を習得し、教師が気づかないような活用法までも体験的に学ぶ。このような状況下で指導主事が展開すべき主たる業務として、次のことが挙げられる。

　①各教室で展開されている授業実践やそれら授業実践の底流を支えた教師の授業設計やICT活用に関わるノウハウを整理・周知

---

* これまでの経験知に基づいた教育実践から、新たな知見を取り入れた新しい教育実践にチャレンジしていく際の心理的負担。

し、他の先生方の参考に資すること
②教師や子どもたちが発想した学びの構想が実現できるよう、教育方法学的な助言・支援を行ったり、民間企業と協働で挑戦的な授業実践を試みたりして参考例を広報すること

　ポイントは、高度なテクニックを紹介するのではなく、「私もできそう」という活用法に重点を置くことである。教師より子どもたちの方がICT活用について柔軟に発想し学びを深めていくものである。子どもたちの主体的な学びを受け入れられる教師の育成が、指導主事としての支援業務と考えた方が推進しやすいと言える。

　なお、機材等のハード面の整備については、行政や学校現場は機材を管理するという発想になりがちである。指導主事として、いかにICT機器を活用しやすい環境を設定するかという発想の転換を促すことも重要になってくる。

外部人材の活用等について

　端末の管理や児童生徒の個別対応をすべて教員の業務とすると、教師のスイッチングコストが高くなり多忙化が進むことが懸念される。そこで、地域の教育資源の活用となるが、「地域指導者」と大上段に振りかざしてしまうとハードルが上がってしまう。たとえば、生涯学習の観点で子どもたちと学び直しをしてみようという「地域シニア」も含めて、教育活動の支援に地域の方が関わる「地域とともにある学校」づくりを展開することも一策として考えられる。

　また、教育委員会としては、ICT機器等ハード面の維持整備費確保に目が向きがちであるが、ICT支援員の人件費確保も財源確保の重要な項目となってくる。教育実践の実績が予算要求 ≫ P116 の原資になるので、指導主事として、予算要求に向けての関連データの整理も日々の業務として意識したい。　　　　　　（小山茂喜）

コミュニティ・スクールと
保護者・地域との連携・調整

コミュニティ・スクールとは

　コミュニティ・スクールとは、学校と地域住民等が力を合わせて学校の運営に取り組み、地域の声を積極的に学校運営に生かし、特色ある学校づくりを進め、地域とともにある学校への転換を図るための仕組みである。コミュニティ・スクールには、保護者や地域住民の代表者等で構成される学校運営協議会という組織が必ず設置される。学校運営協議会については地教行法47条の5で詳細な規定が示されており、主な役割として、①校長が作成する学校運営の基本方針を承認すること、②学校運営について、教育委員会または校長に意見を述べることができること、③教職員の任用に関して、教育委員会規則で定める事項について、教育委員会に意見を述べることができることが明記されている。

　また、同法においては、「教育委員会は、教育委員会規則で定めるところにより、その所管に属する学校ごとに、当該学校の運営及び当該運営への必要な支援に関して協議する機関として、学校運営協議会を置くように努めなければならない」とし、今後、すべての公立学校がコミュニティ・スクールをめざすべき努力義務であることが明示されている。

　ちなみに2021（令和3）年5月1日現在におけるコミュニティ・スクールの導入状況は11,856校であり、全国の学校のうち33.3％が

コミュニティ・スクールを導入している。また、コミュニティ・スクールを導入している学校設置者数は1,041となっており、全国の学校設置者数の57.4％となっている。

　一方、校長が必要に応じて学校運営に関する保護者や地域の方々の意見を聞くための制度である学校評議員制度（学校教育法施行規則49条で規定）については、これまで多くの公立学校が導入している。コミュニティ・スクールでは、「地域とともにある学校への転換」「子どもも大人も学び合い育ち合う教育体制の構築」「学校を核とした地域づくりの推進」などといった、これからの学校と地域のめざすべき連携・協働の姿が示されているが、学校や設置者である教育委員会としては、学校評議員制度でも十分に地域に開かれた学校づくりが可能であるとともに、学校運営協議会に類似する機能を有しているとの認識があることが伺われる。

保護者・地域との連携・調整を図るために

　教育委員会事務局内における役割分担としては、指導主事が学校運営協議会や地域連携に関わる業務を担当することはそれほど多くないものと考えられる。しかしながら、学校経営や学校運営などのガバナンス機能を充実させるとともに、学習指導要領の基本理念でもある「社会に開かれた教育課程」を実現していくためには、コミュニティ・スクールや地域学校協働本部などの仕組みが必要になってくるだろう。また、いじめ問題の解決や教員の働き方改革を進めていく上でも、保護者や地域の方々の教育力を取り入れ、社会総がかりで児童生徒の成長・発達を支援するシステムづくりが望まれるところである。今後はこれまで以上にコミュニティ・スクール導入の動きが加速し、指導主事の役割が一層高まっていくことが予想されるところである。

（伊東　哲）

チーム学校と
関係諸機関との連携・協働

多機関連携の基盤としての「チーム学校」

　中央教育審議会は2015（平成27）年12月、「チームとしての学校の在り方と今後の改善方策について」を答申し、これからの学校に求められる「チームとしての学校」像を次のように掲げた。

> 校長のリーダーシップの下、カリキュラム、日々の教育活動、学校の資源が一体的にマネジメントされ、教職員や学校内の多様な人材が、それぞれの専門性を生かして能力を発揮し、子供たちに必要な資質・能力を確実に身に付けさせることができる学校

　こうした学校像の実現には「専門性に基づくチーム体制の構築」が必要であるとされ、その構造として次の三つが提言されている。

　第一は教職員の指導体制の充実、第二は教員以外の専門スタッフ参画、第三が地域との連携体制の整備である。そして、こうしたチーム体制の構築を通して学校の中に協働の文化を形成し、多様な関係機関等と連携することで、複雑化・多様化した課題の解決や社会総がかりの教育を実現していくことが指向されている。

　つまり新たな「チーム学校」づくりは、学校組織に多様な専門性を取り入れ連携・協働の基盤を整えることで、関係機関等との連携を促進し、総体として教育力や対応力を向上させることを企図した、いわば資源の「結び目」機能の強化であると言えよう。

「チーム学校」と多機関連携の実際

　学校と関係機関との連携に関し、答申は、生徒指導や子どもの健康・安全、青少年の健全育成等の観点からの警察や保健所、児童相談所等との連携をさらに「組織的に」行うことを提言している。とくに生徒指導を巡っては、2017（平成29）年に「児童生徒の教育相談の充実について～学校の教育力を高める組織的な教育相談体制づくり～」（教育相談等に関する調査研究協力者会議報告）が出され、「チーム学校」における教育相談体制が示された。

　具体的には、早期から学校組織として事案を把握する「スクリーニング会議」や個別事案に対応する「ケース会議」の実施、当該会議への関係教職員（生徒指導・教育相談担当教員、養護教諭、特別支援教育コーディネーター、スクールカウンセラー〈SC〉、スクールソーシャルワーカー〈SSW〉等）と校外の関係機関職員の参加、教育相談コーディネーターの配置、「児童生徒理解・支援シート」を活用した関係機関等との情報共有などである。

　近年、いじめ、不登校、児童虐待等の深刻化に伴い、次々と国の対応方針が示されているが、課題の要因は複雑に絡み合っている場合も多く、包括的に対応できる「チーム体制」を如何に構築し、多機関等連携の駆動力を高められるかが鍵となる。以下では、二つの課題事象を例に挙げ、行政－学校－個別事案の各連携段階を設定し、「チーム学校」と関係機関等との連携・協働の構造を解説する。

●事例①──不登校支援における民間団体との連携

　「教育機会確保法」の施行により、従来、学校的な価値規範に囚われない立場から公的機関とは独立した存在と解されてきたフリースクール等の民間団体と教育委員会・学校の連携が広がりつつある。

　行政レベルの連携には、情報交換を目的とした協議会や公民連携による施設設置・運営等がある。行政からフリースクールへの事業

委託の例では、公的な認証が得られることにより、フリースクールへの参加経路が学校からの紹介だけでなく児童相談所や福祉事務所からの紹介にも広がり、家庭に困難を抱えるケースの受け皿機能や民間団体と関係機関とのネットワークが拡張したことが報告されている（武井、2016）。

　また、個別事案レベルでの連携では、不登校の背景に家庭の困難がある場合に、保健・福祉機関とのネットワークを持つ民間団体の担当者が学校のケース会議に参画することで、児童生徒の支援と保護者支援の状況を学校が把握でき、学校、民間団体、保健所、福祉機関等が行う支援の分担・連携を明確にできる例などがある。

　このように「行政レベルの連携」は学習機会の門戸や関係機関等のネットワークの広がりに、「個別事案レベルの連携」はネットワークを生かした多面的なアセスメントや支援策につながっている。

●事例②──いじめ、非行防止における警察との連携

　学校と警察の連携においても、市区町村や警察署域に設置される「学校警察連絡協議会」、個人情報の相互提供を可能にする「学校警察連絡制度」、退職警察官が学校巡回や教師への助言を行う「スクール・サポーター（SS）」の派遣などが進められている。

　問題行動が多発する学校へのSS派遣では、当初はSSへの抵抗や被害届を巡る校長の迷いなどがみられるものの、SSが教員の対応を尊重しつつ、警察の専門性を生かして一致性・一貫性のある指導の呼びかけを行うことにより、教師とSSの間に相談関係が生まれ、校長の迷いの緩和や教員同士の協働性の高まりが生じ、問題行動が緩和されたことが報告されている（芹田、2018）。

　これは、外部専門職派遣による「学校組織レベルの連携」であるが、チームへの日常的な参画を通した学校組織に適合的な専門性の発揮が「協働文化」を形成し、組織的対応力を高めた例と言えよう。

［引用・参考文献］・芹田卓身「スクール・サポーターから見た中学校の変化のプロセスについて─学校と警察の連携による授業抜け出し、暴力の変化について─」『犯罪心理

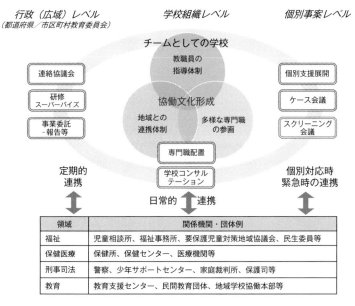

図　「チーム学校」と関係機関等との連携・協働システム

多機関連携の駆動力を高める指導主事の役割

　事例のように、学校と関係機関との連携には、定期的な連携から個別対応・緊急時まで、また「行政レベル」「学校組織レベル」「個別事案レベル」などの段階があり、これらが有機的に結びついていることが重要である。とくに、定期的な連携が個別対応や緊急時の機動的な連携につながるためには、学校組織と多様な専門性が日常的に交流し「協働文化」を形成していることが必要である（**図**）。

　「チーム学校」と多機関連携の駆動力は、これらを踏まえた教育委員会における連携・協働体制の全体設計、学校が抱える課題の把握や対応の支援、SSW等の活動支援等によって規定されていく。指導主事にはその中核としての役割が求められている。　　**（入江優子）**

学研究』55(2)、15-27、2018　・武井哲郎「不登校児童生徒への対応にフリースクールが果たす役割の変容−行政との連携による影響に着目して−」『日本教育行政学会年報』42、113-129、2016

民間企業との連携・協働

「社会に開かれた教育課程」と民間企業等との連携・協働

「社会に開かれた教育課程」では、よりよい学校教育を通してよりよい社会を創るという理念を学校と社会とが共有し、これからの時代に求められる教育を社会との連携及び協働により実現していくことが掲げられている。また、ICTの活用により学習指導要領の趣旨の実現をめざす「GIGAスクール構想」 ▶▶ P288 においても、授業支援や校務支援等を担うICT支援員等の派遣や、教育産業が開発を進めるEdTechサービス（AI等を活用した革新的な教材や技法）の導入など、学校と民間企業等との連携・協働が求められている。

学校と民間企業等による教育活動の事例

文部科学省は、こうした学習指導要領改訂に先立ち、実社会での経験や専門知識・技術を生かした企業等による教育活動を教育課程内外の様々な機会に導入できるよう登録制度を設けている。現在800以上の企業等が登録し多様な教育活動を展開している*。

また、東京学芸大学では、教員、企業と教育委員会がワンチームとなってSociety5.0に向けた新しい学校システム創りに挑戦する「未来の学校みんなで創ろう。プロジェクト」を始動した。現在、大学、附属学校教員とNEC、コクヨ、内田洋行、博報堂などの企業及び岡山県津山市、岩手県山田町等の教育委員会が連携し現場教員、企業

＊ 学校と民間企業等による教育活動の事例　出典：文部科学省（2017）地域と
　学校の連携・協働の推進に向けた民間企業・団体等による参考事例集（2頁）

学校内コワーキングスペース設置	企業・外部人材とのコワーキングスペースが可能な職員室
オンラインPBL	PBL／探究学習をオンラインで、汎用化させるシステム開発／環境整備
リモートクラスルーム	遠隔の教育がネットワークにより繋がる、新しい学校システムのあり方開発
指導案AIシステム	指導案と授業履歴をAIで分析するレコードシステムの開発

表　プロジェクトの一例

※出典：東京学芸大学（2020）公教育を変革する「未来の学校みんなで創ろう。プロジェクト」の始動

発の様々なプロジェクトを推進している（**表**）。

民間企業等と連携・協働する仕組み

　民間企業等と連携・協働した教育活動や学校システム改革を進めていくためには、行政レベルでの積極的な連携に基づく基本方針や施策の提示、研修など、学校の教育実践の選択肢の広がりやマネジメントを支える機能が不可欠である。

　その上で学校においては、「チーム学校」の一機能である地域連携担当教職員の配置による「地域との連携体制」等を生かし、当該教職員と、地域や企業等のコーディネーター（地域学校協働活動推進員等）が連携して「カリキュラム・マネジメント」を行ったり、ICT支援員のように教員の日常の教育実践を支える人材の配置を行うことが重要となる。

　また、近年設置が努力義務化された学校運営協議会制度（コミュニティ・スクール） ▶▶ P290 においては、学校運営の基本方針の承認や学校運営に必要な支援の協議が可能であり、地域や企業等の多様な関係者の協議のもとで必要な連携・協働を学校運営の方針に位置づけていくことも重要である。　　　　　　　　　　**（入江優子）**

多機関・多職種間連携の原理
―― 補助・連携・協働

📺 学校空間の変容と「連携・協働」

　日本の教職の特徴は「不確実性」あるいは「無限定性」といった言葉で語られてきた。その職務は子どもとの関係や状況に依存的で終わりがなく、子どものために必要であればどんなことでも取り組もうとする、いわばオールラウンダーとしての教師像である。

　他方で、学校は「無限定性」を可能とする空間的特徴を備えてきたとも言える。近代学校は、実社会から一旦子どもを切り離し、平等的で規律的に組み替えられた空間の中で全人的な教育を施し、再び実社会に送り出していくという産業社会が求める機能を果たしてきた。

　今日「Society5.0」が叫ばれ、制度や実社会空間を越えて人々や情報がいきかうなかで、閉じた空間で教育を施される存在であった子どもは、この社会をリアルタイムで生きる存在としてとらえ返され、学校もまた社会とシームレスであることが求められていく。学校が抱える課題が複雑化・多様化したのは、前提の囲いを失った学校が社会の諸事象に直接向き合うこととなった証左でもある。この中にあっては、教員個人が正に無限定に諸事象に翻弄される危険性が生じ、学校は旧来とは異なるシステムを備えることを要求される。「連携・協働」の希求は、こうした学校空間の変容と結びついていることをまず踏まえる必要がある。

📺 学校教育支援における3つのつながり――「補助」「連携」「協働」

　学校に求められる「連携・協働」とはどのようなものであろうか。松田（2016）は、学校教育の支援においてなされる「補助」「連携」「協働」について次のように説明している。

　「補助的教育支援」とは、登下校の安全管理や環境整備、行事等の手助

［引用・参考文献］
・久冨善之編著『教員文化の社会学的研究』多賀出版、1988

けなど教員の補助を行う活動、「連携的教育支援」とは、学校とは異なる主体がそれぞれの活動を行うにあたって学校と連絡を取り合い協力して行う活動、そして「協働的教育支援」とは、学校とは異なる主体が学校教育を担う一員として教員と協働する（一つの目標を共有し力を合わせて行う）活動である。

▶▶ P293 で挙げた不登校支援の例で言えば、学校が民間団体を紹介し、民間団体が独自の活動に生徒を受け入れる場合には「連携」、民間団体がケース会議の成員となり教員と共によりよい支援を協議する場合には「協働」になるであろう。また、「協働」は活動の過程で各主体に変化や新たな価値を生じさせる。警察のスクール・サポーター（SS）の例では、SSが生徒指導の主体としての教員を尊重する一方で、「被害届を出す」など教員が躊躇する場面で毅然とした姿勢を示すことで、教員の指導方針の迷いの緩和につながり、結果的に教員のチームワークが向上し、PTAの協力が得られるなどの変化や新たな実践が生まれている。

重要なのは、「被害届」のように指導を重んじる教員の対応方針に葛藤が生じる場面で、「協働」により他職種の専門性が生かされ、チームとして必要な対応がなされることで、教員の葛藤が軽減し指導力を高めている点である。

「協働」の創出が生み出す好循環に向けて

これからの教員が葛藤に直面する場面は、福祉との関係における指導とケア、学習指導における対面とオンラインなど様々想定される。学校には、その際多職種が「チームとして」対応することで、教員の対応力が高まるような「協働」機能が備わることが求められる。

「チーム学校」の意義を多職種の「結び目」機能に見いだすのは、「結び目」となる多職種が学校機能に内在化され「協働」が豊かになることで、それぞれ異なる目的や制度の下で行われる各主体の「連携」の営みもまた豊かになり、総体として子どもを育む資源が豊かになっていく好循環を学校が生み出すことが期待されるからである。

（入江優子）

・松田恵示、大澤克美、加瀬進編『教育支援とチームアプローチ―社会と協働する学校と子ども支援』書肆クラルテ、2016

編著者紹介

佐々木幸寿 (ささき・こうじゅ)
東京学芸大学理事・副学長／元岩手県教育委員会主任管理主事

　1960年岩手県生まれ。東北大学大学院教育学研究科博士課程修了。博士（教育学）。岩手県立高校の地歴・公民科の教師から、岩手県教育委員会事務局指導主事、主任管理主事となる。その後、信州大学准教授、東京学芸大学准教授を経て、東京学芸大学教授。また、現在、東京学芸大学で理事・副学長、教職大学院長を務めている。日本学校教育学会・2016〜2019年期会長。

　高校教師時代は、長く硬式野球部の監督・部長を務め、生徒指導、進路指導にも力を注いできた。学校現場、指導行政、人事管理、教員養成、大学運営などの幅広い経験を生かし、学校法、学校法務、地方教育行政に関する研究、次世代を見据えた教員養成改革に取り組んでいる。趣味は、スポーツ観戦。大のコーヒー党。

伊東　哲 (いとう・さとる)
東京学芸大学教職大学院教授／元東京都教育庁教育監

　1957年東京都生まれ。明治大学法学部法律学科卒。東京都公立中学校の社会科教員から、東京都世田谷区教育委員会指導主事、東京都教育庁指導部指導主事、東京都教職員研修センター統括指導主事、東京都教育庁指導部主任指導主事、東京都教育庁総務部副参事、東京都教育庁指導部義務教育特別支援教育指導課長、東京都教職員研修センター研修部長、東京都教育庁指導部長、東京都教職員研修センター所長、教育監等を歴任し、現在、東京学芸大学教職大学院教授。

　これまでの学校と教育行政での経験を踏まえ、市区町村教育委員会における現職教員研修の支援に取り組んでいる。趣味は旅行、音楽鑑賞など。

執筆者一覧

五十音順
2022年3月現在

青木　一（あおき・はじめ）　信州大学教職大学院准教授／元千葉市教育センター主任指導主事

浅野あい子（あさの・あいこ）　東京学芸大学准教授／元東京都教育庁指導部統括指導主事

石田　周（いしだ・まこと）　福生市教育委員会教育長／前東京都教職員研修センター研修部長

入江優子（いりえ・ゆうこ）　東京学芸大学准教授／元文部科学省職員

宇田　剛（うだ・たけし）　大妻女子大学教授、教職総合支援センター所長／元東京都教育庁教育監

大村龍太郎（おおむら・りょうたろう）　東京学芸大学准教授／元福岡県教育センター指導主事

金子一彦（かねこ・かずひろ）　東京学芸大学教職大学院教授／元東京都教育庁教育監

小寺康裕（こでら・やすひろ）　東京都教職員研修センター研修部長

小山茂喜（こやま・しげき）　信州大学学術研究院教授／元長野市教育委員会指導主事

齋藤嘉則（さいとう・よしのり）　東京学芸大学教職大学院教授／元仙台市教育局教育指導課長

鈴木久米男（すずき・くめお）　岩手大学教職大学院教授／元福島県教育センター主任指導主事

廣瀬裕一（ひろせ・ひろかず）　上越教育大学名誉教授／元富山県教育委員会教職員課主幹

藤岡宏章（ふじおか・ひろあき）　岩手県立図書館長／元岩手県立総合教育センター所長

藤村祐子（ふじむら・ゆうこ）　東京学芸大学助教／元滋賀県総合教育センター研修指導主事

増田謙太郎（ますだ・けんたろう）　東京学芸大学教職大学院准教授／元東京都北区教育委員会指導主事

増田正弘（ますだ・まさひろ）　東京都教育庁教育監

増渕達夫（ますぶち・たつお）　帝京大学教授／元東京都教育庁教育監

若き指導主事の方々、そして、
これから指導主事をめざそうと考えている先生方へ

　本書は、新任の指導主事や任用されて間もない若き指導主事の方々を対象にして作成された「指導主事のための手引書」である。指導主事の職務の内容や指導・助言の在り方に関する手引書は、過去にも何度か刊行されているが、本書は、これまでの指導主事像にとらわれることなく、新しい時代における学校教育の課題に対応できる指導主事像を示すとともに、教育行政の最前線において活躍をされている任用後間もない指導主事の方々を対象として編集・作成されたものである。

　指導主事という職は、「地方教育行政の組織及び運営に関する法律」に規定されている職であり、全国の教育委員会において、学校教育に関わる教育行政の中心的な職務を担っている存在ではあるが、一般の認知度は低く、職務の内容についてもあまり知られていないといった実態がある。

　そのため、指導主事に任用された本人であっても、指導主事という仕事の使命や職務の内容について不明な点が多く、任用前や任用後においても、不安な毎日を送っている場合が多いように思われる。とりわけ、指導主事への任用が異動の一環として行われる自治体の場合には、自分の意志や希望とは裏腹に、突然、学校の教員から教育行政職場に転出することになり、本人や家族の動揺は大きいのではないかと考えている。

　こうした背景のなかで、本書の内容や構成については、これから指導主事に任用される方や、任用後数年が経過したなかで、多くの悩みや疑問を抱えている方々を対象にして編集されたものであり、指

導主事の職務の基礎的・基本的な事項や指導・助言の内容が中心となっている。ベテラン層の指導主事や管理職になられた指導主事経験者の方々から見れば、とるに足らないものと言われるかもしれないが、それでも、指導主事の使命や、過去の指導主事像にとらわれることなく、新しい時代における指導主事の理想像などについても提案したところであり、ご一読いただく価値は十分あるものと自負している。また、指導主事が学校等での指導・助言において活用できる最新の手法を盛り込んでおり、指導主事が最も専門性を発揮する指導・助言の際に大いに役立つものと考えている。

　新型コロナウイルス感染症が蔓延するなかで、学校の教育活動の在り方は大きく変化した。また、GIGAスクール構想による児童生徒への1人1台端末の配布、さらには個別最適な学びと協働的な学びの実現など、教育行政が抱えている課題の解決は指導主事の力に頼るところが大きい。指導主事の仕事には多くの困難と課題はあるが、きわめてやりがいのある仕事である。その仕事を遂行する一助として、本書が若き指導主事の方々へのお役に立てることを願ってやまない。

　最後に、本書の作成にあたり、公務ご多用のなか、御尽力をいただきました執筆者の方々に、心より感謝申し上げます。本当にありがとうございました。

2022年3月
東京学芸大学教職大学院教授
伊東　哲

指導主事の仕事大全
——次世代の教育を切り拓く実務・技能・知識

2022年3月18日　初版発行

編著者 …………………… 佐々木幸寿・伊東　哲
発行者 …………………… 福山孝弘
発行所 …………………… 株式会社教育開発研究所
〒113-0033　東京都文京区本郷2-15-13
TEL：03-3815-7041㈹　FAX：03-3816-2488
URL：http://www.kyouiku-kaihatu.co.jp
E-mail：sales@kyouiku-kaihatu.co.jp
振替　00180-3-101434
ブックデザイン ……… 渡部　伸（スローガンPK2）
DTP ………………………… shi to fu design
編集担当 …………………… 大沼和幸
印刷所 …………………… 中央精版印刷株式会社

Printed in Japan　ISBN 978-4-86560-550-1　C3037